NCS 한국전력공사

특별부록

전기/ICT 전공문제

박문각

전공문제(전기)

01 전선의 지지물 간의 경간은 360[m]이며, 이도가 8[m]인 송전선로가 있다. 만일 이도를 10[m]로 증가시키고자 한다면, 늘려줘야 할 경간[m]은?

① 0.2[m]
② 0.25[m]
③ 0.27[m]
④ 0.34[m]
⑤ 0.36[m]

02 어떤 공장의 3상 부하는 20[kW]이며, 역률(지상)은 60[%]이다. 역률 80%로 개선하기 위해 필요한 콘덴서의 용량[kVA]은? (단, 소수점 첫째 자리에서 반올림한다.)

① 6[kVA]
② 10[kVA]
③ 12[kVA]
④ 15[kVA]
⑤ 18[kVA]

03 다음 글의 빈칸 ㉠~㉤에 들어갈 말이 바르게 짝지어진 것은?

> 동기조상기는 동기전동기를 (㉠)로 운전하여 역률을 개선하는 것이다. 구체적으로 경부하 시에는 (㉡)(으)로 (㉢)전류를 공급하고, 중부하 시에는 (㉣)으로 (㉤) 전류를 공급한다.

	㉠	㉡	㉢	㉣	㉤
①	부하	과여자 운전	진상	부족여자 운전	지상
②	부하	부족여자 운전	지상	과여자 운전	진상
③	무부하	과여자 운전	지상	과여자 운전	지상
④	무부하	부족여자 운전	지상	과여자 운전	진상
⑤	무부하	부족여자 운전	진상	부족여자 운전	지상

04 피뢰침을 접지하기 위한 피뢰도선을 동선으로 할 경우의 단면적은 최소 몇 [mm^2] 이상인가?

① 14[mm^2]
② 22[mm^2]
③ 30[mm^2]
④ 42[mm^2]
⑤ 50[mm^2]

05 옥내에 시설하는 관등회로의 사용전압이 1,500[V]인 방전등 공사 시의 네온 변압기 외함은 몇 종 접지 공사인가?

① 제1종 접지공사
② 제2종 접지공사
③ 제3종 접지공사
④ 특별 제3종 접지공사
⑤ 제4종 접지공사

06 평행판 커패시터 사이에 절연물질을 공기에서 종이로 변경할 때, 변화하지 않는 것을 모두 고르면? (단, 전하량은 일정하다.)

㉠ 전기력선 수(N)	㉡ 전계(E)
㉢ 전속밀도(D)	㉣ 전위차(V)
㉤ 저장된 에너지(W)	

① ㉡
② ㉢
③ ㉠, ㉢
④ ㉡, ㉣
⑤ ㉡, ㉢, ㉤

07 용량 200[kVA]의 단상변압기에서 전부하시의 동손은 1.4[kW], 철손은 1.6[kW]이다. 지금 역률이 0.8이라고 하면 변압기의 효율[%]은? (단, 소수점 셋째 자리에서 반올림한다.)

① 97.85[%]
② 98.16[%]
③ 98.27[%]
④ 98.32[%]
⑤ 98.38[%]

08 **콘덴서에 대한 설명으로 옳지 않은 것은?**

① 용량이 같은 콘덴서 n개를 병렬연결하면 용량은 n배가 된다.
② 용량이 같은 콘덴서 n개를 직렬연결하면 내압은 n배가 된다.
③ 용량이 같은 콘덴서 n개를 병렬연결하면 내압은 일정하다.
④ 2개의 평행판 사이에 교류전압을 인가했을 때 평행판 콘덴서 정전용량은 $\epsilon\dfrac{S}{d}[F]$이다.
⑤ 용량이 다른 콘덴서를 직렬로 연결하고 인가전압을 서서히 높일 때, 용량이 가장 작은 콘덴서가 먼저 파괴될 것이다.

09 **직렬공진에 대한 설명으로 옳지 않은 것은?**

① 직렬공진 시 전류는 최대가 된다.
② 전압과 전류의 위상차는 0이다.
③ 직렬공진 시 임피던스는 최소가 된다.
④ 공진주파수는 $\dfrac{1}{2\pi\sqrt{LC}}[Hz]$이다.
⑤ 전압의 양호도는 $\dfrac{w_0C}{R}=\dfrac{1}{w_0LR}=\dfrac{1}{R}\sqrt{\dfrac{L}{C}}$ 이다.

10 **교류전류가 도체에 흐를 때 전선의 중심부로 가까울수록 쇄교자속의 양이 많아져 그로 인한 인덕턴스가 증가한다. 그 결과 전선의 표면으로 갈수록 전류가 많이 흐르게 되는 현상은?**

① 표피 효과
② 홀 효과
③ 핀치 효과
④ 스트레치 효과
⑤ 펠티어 효과

11 다음은 환상 솔레노이드를 나타낸 것이다. 중심자계의 세기[AT/m]는 얼마인가? (단, I = 8π[A], r = 10[cm], N = 400이다.)

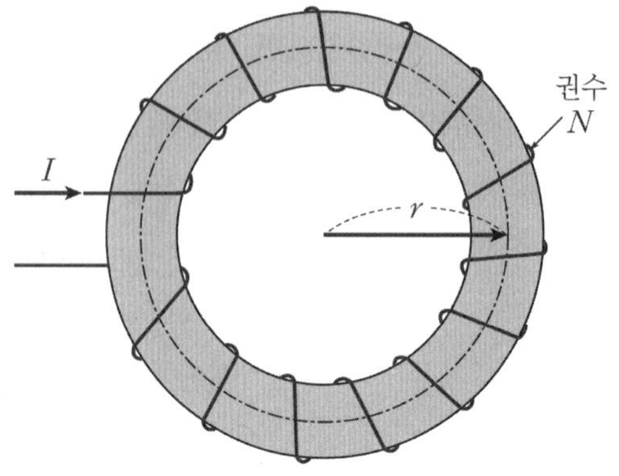

① 600[AT/m]
② 1,200[AT/m]
③ 1,600[AT/m]
④ 2,400[AT/m]
⑤ 3,200[AT/m]

12 다음 빈칸 ㉠, ㉡에 들어갈 말이 바르게 짝지어진 것은?

• 패러데이 법칙: 유도기전력은 쇄교자속수의 시간에 대한 (㉠)에 비례하고, 권수비에 비례한다. 이는 유도기전력의 (㉡)을/를 나타내는 것이다.
• 렌츠의 법칙: 유도기전력은 쇄교자속을 (㉢)으로 발생한다.

	㉠	㉡	㉢
①	감쇠율	크기	방해하는 방향
②	증가율	크기	방해하는 방향
③	감쇠율	방향	같은 방향
④	증가율	방향	방해하는 방향
⑤	증가율	방향	같은 방향

13 도전율 k[℧/m], 유전율 ϵ[F/m]인 매질에 교류 전압을 가할 때, 전도 전류와 변위 전류의 크기가 같아지는 임계주파수[Hz]는? (단, 전계는 균일하다고 가정한다.)

① $\frac{k}{\pi\epsilon}$[Hz]
② $\frac{k}{2\pi\epsilon}$[Hz]
③ $\frac{\epsilon}{\pi k}$[Hz]
④ $\frac{\epsilon}{2\pi k}$[Hz]
⑤ $\frac{2\epsilon}{\pi k}$[Hz]

14 슬립의 상태에 따른 유도기의 형태로 알맞은 것은?

	s<0	0<s<1	1<s
①	유도발전기	유도전동기	유도제동기
②	유도발전기	유도전동기	유도원동기
③	유도제동기	유도전동기	유도제동기
④	유도제동기	유도발전기	유도원동기
⑤	유도원동기	유도제동기	유도발전기

15 가공 전선로의 지지물에 시설하는 지선에 대한 내용으로 옳지 않은 것은?

① 지선을 사용하는 목적은 지지물의 강도를 보강하기 위해서이다.
② 지선의 안전율을 2.5 이상, 허용 인장하중은 최저 4.31[kN]로 한다.
③ 3가닥 이상의 소선을 사용하며, 소선 지름은 2[mm] 이상인 금속선을 사용해야 한다.
④ 교통에 지장을 초래할 우려가 없는 경우, 도로를 횡단하여 시설하는 지선의 높이는 4.5[m] 이상이어야 한다.
⑤ 지표상 30[cm]까지의 부분에는 내식성이 있는 것 또는 아연도금을 한 철봉을 사용해야 한다.

16 다음 상황에서 지선에 걸리는 장력[kg]은?

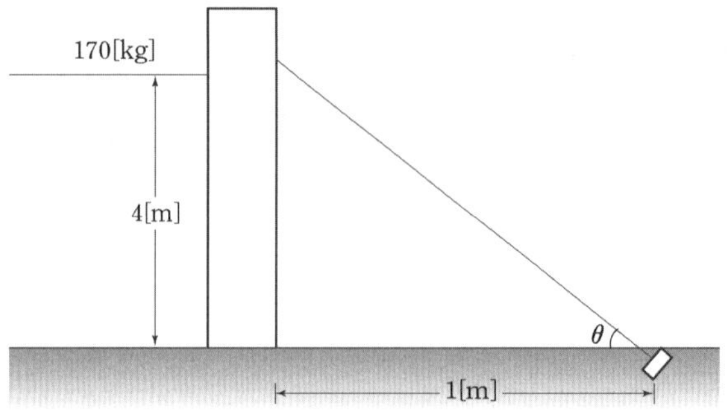

① 10[kg]
② $4\sqrt{17}$[kg]
③ 40[kg]
④ $170\sqrt{17}$[kg]
⑤ 680[kg]

17 단상 2선식과 단상 3선식에 관한 설명으로 옳지 않은 것은?

① 단상 2선식은 주로 전등에 전력을 공급하기 위해 사용되는 방식이다.
② 단상 3선식에서 중성선 단선 시, 전압 불평형이 발생될 수 있어서 저압밸런서를 설치해준다.
③ 소요 전선량은 단상 3선식이 단상 2선식보다 많이 든다.
④ 단상 3선식은 중성선과 전선 간의 전압, 전선과 전선 간의 전압 2가지 종류의 전압을 공급할 수 있다.
⑤ 단상 3선식은 단상 2선식에 비해 전압강하 및 전력손실이 감소한다.

18 전기를 생산하고 소비하는 전체 전력계통에서 사용하는 용어와 그 용어의 정의가 옳지 않은 것은?

① 조상설비: 무효전력을 조정하는 전기기계기구
② 급전소: 전력계통의 운용에 관한 지시 및 급전조작을 하는 곳
③ 연접 인입선: 수용장소의 인입선에서 분기하여 지지물을 거치지 않고, 다른 수용장소의 인입구에 이르는 부분의 전선
④ 지중 관로: 지중 전선로·지중 약전류 전선로·지중 광섬유 케이블 선로·지중에 시설하는 수관 및 가스관과 이와 유사한 것 및 이들에 부속하는 지중함
⑤ 관등회로: 방전등용 안전기로부터 방전관까지의 전로(단, 방전등용 안전기에 방전등용 변압기는 포함하지 않는다.)

19 스코트 결선은 단상변압기 2대를 사용해서 3상에서 2상으로 변환하는 방법이다. 이때 2대의 변압기 중에서 T좌 변압기의 한 연결점은 전체 권선수의 (㉠)배가 되는 점을 선택해야 하고, 다른 연결점은 주좌 변압기의 (㉡)배가 되는 점에 각각 연결해야 한다. ㉠과 ㉡에 들어갈 값으로 적절한 것은?

	㉠	㉡
①	$\frac{\sqrt{3}}{2}$	$\frac{1}{2}$
②	$\frac{1}{2}$	$\frac{\sqrt{3}}{2}$
③	$\frac{1}{2}$	$\frac{1}{2}$
④	$\frac{\sqrt{3}}{2}$	$\frac{1}{3}$
⑤	$\frac{1}{3}$	$\frac{\sqrt{3}}{2}$

20 가공전선로에 사용하는 지지물의 강도 계산에 적용하는 풍압하중에 대한 설명으로 옳지 않은 것은?

① 풍압하중의 종류에는 갑종, 을종, 병종이 있다.
② 갑종 풍압하중은 구성체의 수직투영면적 1[mm^2]에 대한 풍압을 기초로 하여 계산한다.
③ 병종 풍압하중은 갑종 풍압하중의 2분의 1을 기초로 계산한다.
④ 빙설이 많은 지역의 저온계절에서는 을종 풍압하중을 적용한다.
⑤ 빙설이 많은 지방 이외의 지방에서는 저온계절에서는 을종 풍압하중을 적용한다.

21 154[kV]인 특고압 가공전선이 삭도와 제1차 접근상태로 시설되는 경우에 이 특고압 가공전선과 삭도 또는 삭도용 지주 사이의 이격거리[m]는?

① 3.12[m]
② 3.18[m]
③ 3.2[m]
④ 3.32[m]
⑤ 3.4[m]

22 2차 출력이 50[kW]인 3상 유도전동기가 있다. 이 전동기의 회전자 속도가 975[rpm]이라고 할 때, 3상 유도전동기의 토크[N · m]는? (단, 소수점 첫째 자리에서 반올림한다.)

① 480[N · m]
② 490[N · m]
③ 500[N · m]
④ 510[N · m]
⑤ 520[N · m]

23 동축케이블의 내도체의 반지름은 a[m]이고, 외도체의 반지름은 b[m]일 때, 동축케이블의 단위길이당 인덕턴스[H/m]는?

① $\frac{u_0}{\pi}\ln\frac{b}{a}$[H/m]
② $\frac{u_0}{4\pi}\ln\frac{b}{a}$[H/m]
③ $\frac{2\pi}{u_0}\ln\frac{b}{a}$[H/m]
④ $\frac{u_0}{2\pi}\ln\frac{b}{a}$[H/m]
⑤ $\frac{4\pi}{u_0}\ln\frac{b}{a}$[H/m]

24 과전류 차단기로 저압선로에 사용하는 배선용 차단기에 관한 설명으로 옳은 것은?

① 정격전류의 1.5배의 전류에 견딜 것
② 정격전류의 1.1배의 전류에 자동적으로 동작하지 아니할 것
③ 정격전류 50[A]의 2배의 전류가 통할 때 8분 이내로 동작할 것
④ 정격전류 50[A]의 1.25배의 전류가 통할 때 120분 이내로 동작할 것
⑤ 정격전류 50[A]의 2배의 전류가 통할 때 4분 이내로 동작할 것

25 22.9[kV] 특고압 전로와 저압 전로가 결합되어 있는 주상변압기가 있다. 변압기 저압 측에 연동선을 사용하는 접지선의 최소 굵기[mm^2]는?

① 2.5[mm^2]
② 6[mm^2]
③ 10[mm^2]
④ 12[mm^2]
⑤ 16[mm^2]

26 **회로를 폐회로로 만들고 이 회로에 유기기전력이 유기될 때, 이에 대한 설명으로 옳지 않은 것은?**

① 평등자계 내에 폐회로를 넣고 물리적인 힘으로 이동한다면 폐회로에 기전력이 발생한다.
② 패러데이 법칙과 렌츠의 법칙은 유기기전력의 크기와 방향을 나타내는 법칙이다.
③ 유기기전력은 쇄교자속을 방해하는 방향으로 유기된다.
④ 유기기전력의 크기는 폐회로에 쇄교하는 자속의 시간적 변화율에 비례한다.
⑤ 평등전계 내에 폐회로를 넣고 물리적인 힘으로 이동한다면 폐회로에 기전력이 발생한다.

27 **다음은 톰슨 효과에 대한 설명이다. 빈칸 ㉠~㉣에 들어갈 내용이 바르게 짝지어진 것은?**

> 톰슨 효과는 (㉠) 금속을 접합하여 (㉡)을/를 만들고 두 접합점 사이에 (㉢)을/를 흘리면, 접합점에서 (㉣)이/가 되는 현상을 말한다.

	㉠	㉡	㉢	㉣
①	동일한	폐회로	전류	열의 흡수 또는 발생
②	동일한	개방회로	열의 흡수 또는 발생	전류
③	동일한	폐회로	열의 흡수 또는 발생	전류
④	다른	폐회로	전류	열의 흡수 또는 발생
⑤	다른	개방회로	전류	열의 흡수 또는 발생

28 **통신선의 유도장해를 경감시키기 위한 대책으로 옳은 것은?**

	전력선 측 대책	통신선 측 대책
①	연피케이블 사용	절연변압기를 사용
②	우수한 피뢰기 사용	전력선과 통신선의 이격거리 증대
③	배류코일 설치	소호리액터접지 사용
④	지중전선로 방식 채용	절연성능 강화
⑤	차폐선 설치	고속도 지락보호 계전기 채용

29 단락전류를 정격전류의 5배로 제한하기 위한 '%임피던스'는?

① 0.2[%]
② 2[%]
③ 4[%]
④ 10[%]
⑤ 20[%]

30 정류회로로 정류된 출력전압은 100[V]이며, 맥동률은 5[%]이다. 출력전압에 포함되어 있는 교류전압 [V]은?

① 5[V]
② $\frac{5}{\pi}$[V]
③ 10[V]
④ $\frac{10}{\pi}$[V]
⑤ 15[V]

전공문제(ICT)

01 다음 두 릴레이션은 어느 회사의 부서와 직원 정보를 유지하고 있다. 여기서 부서 릴레이션의 부서 번호와 직원 릴레이션의 사번은 기본키이고, 직원 릴레이션의 부서 번호는 외래키이다. 릴레이션을 update하려고 할 때, 다음 중 튜플을 성공적으로 수정할 수 있는 명령어는 무엇인가?

부서

부서 번호	부서명	전화번호	위치
1	경영지원부	111-2222	12층
2	교육부	222-3333	5층
3	마케팅부	333-4444	7층
4	디자인부	444-5555	3층

직원

사번	이름	나이	직급
100	박대리	30	대리
101	이사원	27	사원
102	김과장	33	과장
103	최사원	25	사원

① update 직원 set 부서 번호 = 1 where 직급 = '과장'
② update 직원 set 사번 = 103 where 사번 = 100
③ update 부서 set 부서 번호 = 3 where 부서명 = '교육부'
④ update 직원 set 부서 번호 = 5 where 사번 = 100
⑤ update 부서 set 부서 번호 = 5 where 부서명 = '교육부'

02 다음 회로에서 Y의 출력 값은?

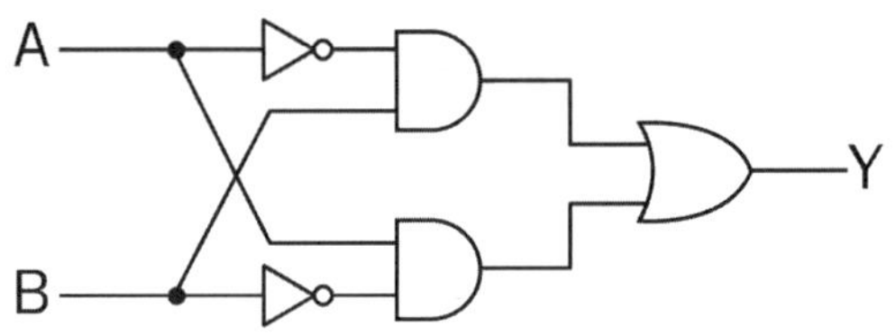

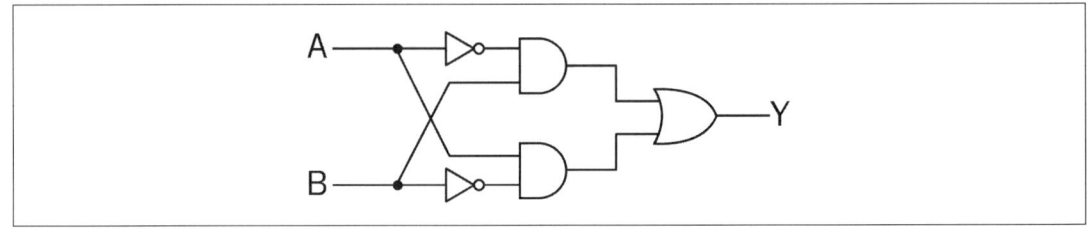

① $Y = AB + \overline{A}\,\overline{B}$

② $Y = \overline{A}\,\overline{B} + A\overline{B}$

③ $Y = A\overline{B} + AB$

④ $Y = A\overline{B} + \overline{A}B$

⑤ $Y = \overline{A}B + A\overline{B}$

03 캐시와 주기억 장치로 구성된 컴퓨터에서 주기억 장치의 접근 시간이 200ns, 캐시 적중률이 0.9, 평균 접근 시간이 30ns일 때 캐시 메모리의 접근 시간은?

① 9ns

② 10ns

③ 11ns

④ 12ns

⑤ 13ns

04 커버로스(Kerberos) 버전 4 인증 시스템에서 클라이언트가 응용서버에게 제시하는 티켓에 포함되는 구성요소가 아닌 것은?

① 클라이언트 ID

② 티켓의 유효기간

③ 접속하고자 하는 서버의 ID

④ 인증 서버의 네트워크 주소

⑤ 클라이언트와 응용 서버 간의 세션키

05 비용 산정 기법 중 소프트웨어 각 기능의 원시 코드라인 수의 비관치, 낙관치, 기대치를 측정하여 예측치를 구하고 이를 이용하여 비용을 산정하는 기법은?

① Effort Per Task 기법

② 전문가 감정 기법

③ COCOMO 기법

④ 델파이 기법

⑤ LOC 기법

06 64Kbyte인 주소 공간(Address Space)과 4Kbyte인 기억 공간(Memory Space)을 가진 컴퓨터의 경우 한 페이지(page)가 512byte로 구성되었다면 페이지와 블록 수는 각각 얼마인가?

① 16페이지, 4블록
② 128페이지, 8블록
③ 256페이지, 8블록
④ 64페이지, 4블록
⑤ 32페이지, 12블록

07 패킷 교환 표준 프로토콜 X.25의 구성 계층 중 OSI의 계층 3과 계층 4의 일부 기능을 포함하는 것은?

① 패킷 계층
② 링크 계층
③ 물리 계층
④ 인터넷 계층
⑤ 응용 계층

08 다음 트리의 차수(Degree)와 터미널 노드의 수가 옳게 짝지어진 것은?

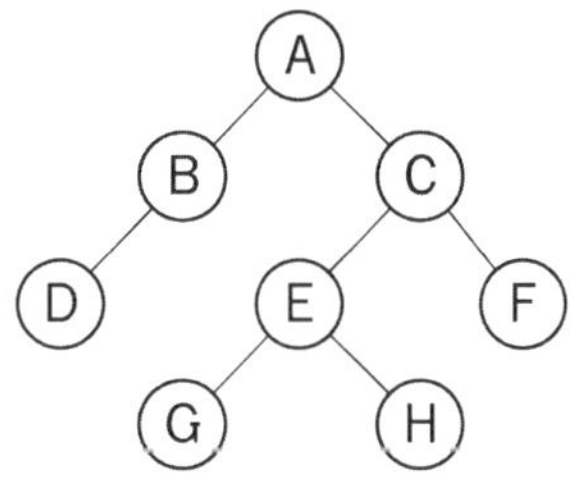

① 차수: 4, 터미널 노드: 8
② 차수: 2, 터미널 노드: 4
③ 차수: 4, 터미널 노드: 4
④ 차수: 2, 터미널 노드: 8
⑤ 차수: 4, 터미널 노드: 2

09 유닉스 시스템 명령어에 대한 설명으로 옳지 않은 것은?

① grep – 파일 내 정규 표현식을 포함한 모든 행을 검색·출력하는 명령
② write – 지정한 사용자에게 메시지를 전송하는 명령
③ chmod – 파일이나 디렉토리의 접근 권한을 변경하는 명령
④ man – 각종 명령의 사용법을 출력하는 명령
⑤ mesg – 모든 로그인 사용자에게 메시지를 전송하는 명령

10 LAN을 망의 형상(Topology)으로 구분할 때, 각 노드에서 발생한 송신 요구가 충돌을 일으킬 경우에 재전송하거나 충돌을 피하기 위한 매체 액세스 방식으로 주로 CSMA/CD 방식을 사용하는 것은?

① Star형 ② Bus형
③ Ring형 ④ Loop형
⑤ Mesh형

11 소프트웨어 유지 보수 유형 중 현재 수행 중인 기능의 수정, 새로운 기능의 추가, 전반적인 기능 개선 등의 요구를 사용자로부터 받았을 때 수행되는 유형으로서, 유지 보수 유형 중 제일 많은 비용이 소요되는 것은?

① Perfective Maintenance
② Adaptive Maintenance
③ Corrective Maintenance
④ Preventive Maintenance
⑤ Performance Maintenance

12 논리 마이크로 연산에 있어서 레지스터 A와 B의 값이 다음과 같이 주어졌을 때 Selective-set 연산을 수행하면 어떻게 되는가? (단, A는 프로세서 레지스터이고, B는 논리 오퍼랜드이다.)

A = 0011, B = 1010

① 1100 ② 1011
③ 0011 ④ 1010
⑤ 0101

13 다음은 1, 1, 2, 3, 5, 8, 13, …의 항을 갖는 피보나치 수열에 대하여 100번째 항까지의 합을 구하는 알고리즘이다. ⓐ, ⓑ, ⓒ를 바르게 짝지은 것은?

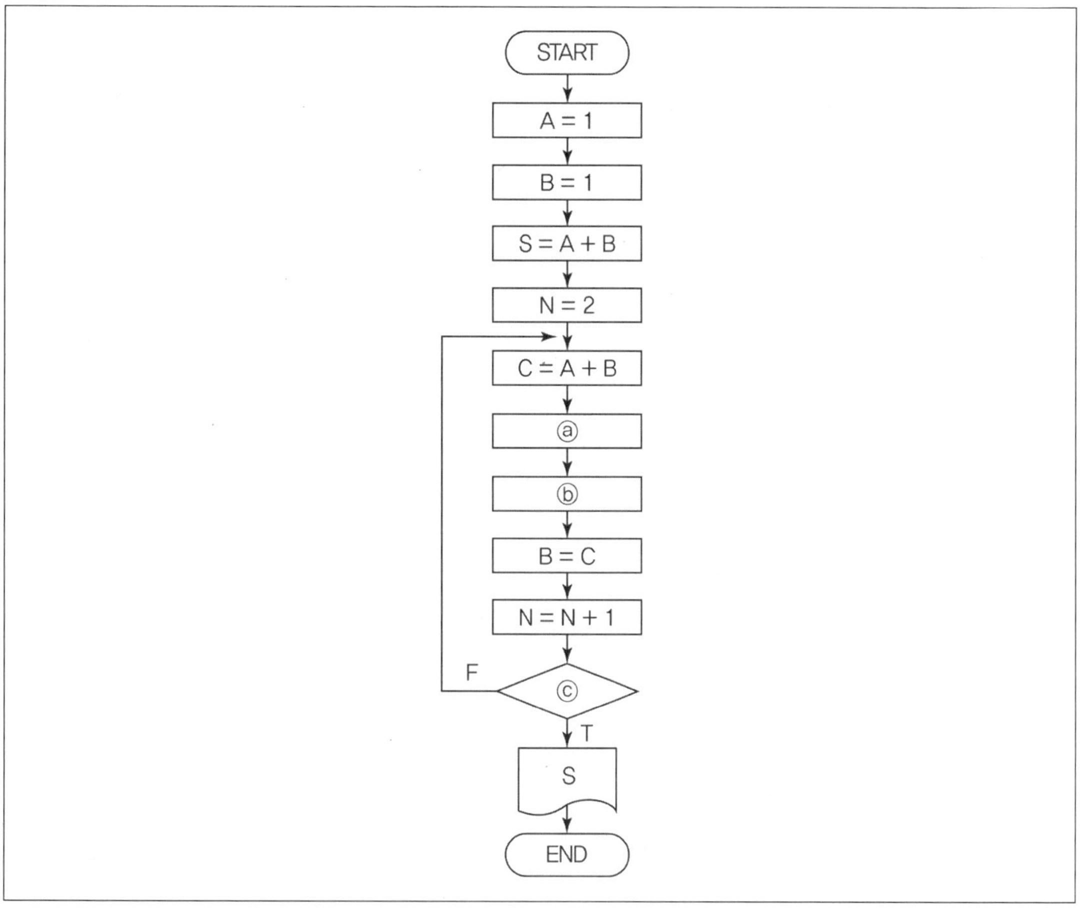

① ⓐ: S = S + 1, ⓑ: A = B, ⓒ: N = 101
② ⓐ: S = S + N, ⓑ: A = B, ⓒ: N = 100
③ ⓐ: S = S + C, ⓑ: A = B, ⓒ: N = 100
④ ⓐ: S = S + N, ⓑ: C = A, ⓒ: N = 101
⑤ ⓐ: S = S + C, ⓑ: C = A, ⓒ: N = 101

14 Gray Code 1111을 2진 코드로 변환하면?

① 1010
② 1011
③ 0111
④ 1001
⑤ 0101

15 응집도의 종류 중 서로 간에 어떠한 의미 있는 연관 관계도 지니지 않은 기능 요소로 구성되는 경우이며, 서로 다른 상위 모듈에 의해 호출되어 처리상의 연관성이 없는 서로 다른 기능을 수행하는 경우의 응집도는 무엇인가?

① Functional Cohesion
② Sequential Cohesion
③ Logical Cohesion
④ Coincidental Cohesion
⑤ Temporal Cohesion

16 통신 사업자의 회선을 임차하여 단순한 전송 기능 이상의 부가가치를 부여한 데이터 등 복합적인 서비스를 제공하는 정보통신망은 무엇인가?

① MAN
② VAN
③ BAN
④ WAN
⑤ LAN

17 다음 표와 같은 판매 실적 테이블에 대하여 서울 지역에 한하여 판매액 내림차순으로 지점명과 판매액을 출력하고자 한다. 가장 적절한 SQL 문은 무엇인가?

테이블명 : 판매 실적

도시	지점명	판매액
서울	강남 지점	330
서울	강북 지점	168
광주	광주 지점	197
서울	강서 지점	158
서울	강동 지점	197
대전	대전 지점	165

① SELECT 지점명, 판매액 FROM 판매 실적 WHERE 도시 = "서울" ORDER BY 판매액 DESC;
② SELECT 지점명, 판매액 FROM 판매 실적 ORDER BY 판매액 DESC;
③ SELECT 지점명, 판매액 FROM 판매 실적 WHERE 도시 = "서울" ASC;
④ SELECT * FROM 판매 실적 WHEN 도시 = "서울" ORDER BY 판매액 DESC;
⑤ SELECT * FROM 판매 실적 WHERE 도시 = "서울" ASC;

18 채널 대역폭이 150kHz이고 S/N 비가 15일 때, 채널 용량(kbps)은?

① 150
② 300
③ 430
④ 600
⑤ 750

19 다음은 (1, 1)부터 열 우선으로 원소를 나열하는 5행 5열의 배열을 나타내는 알고리즘이다. ⓐ, ⓑ를 바르게 짝지은 것은?

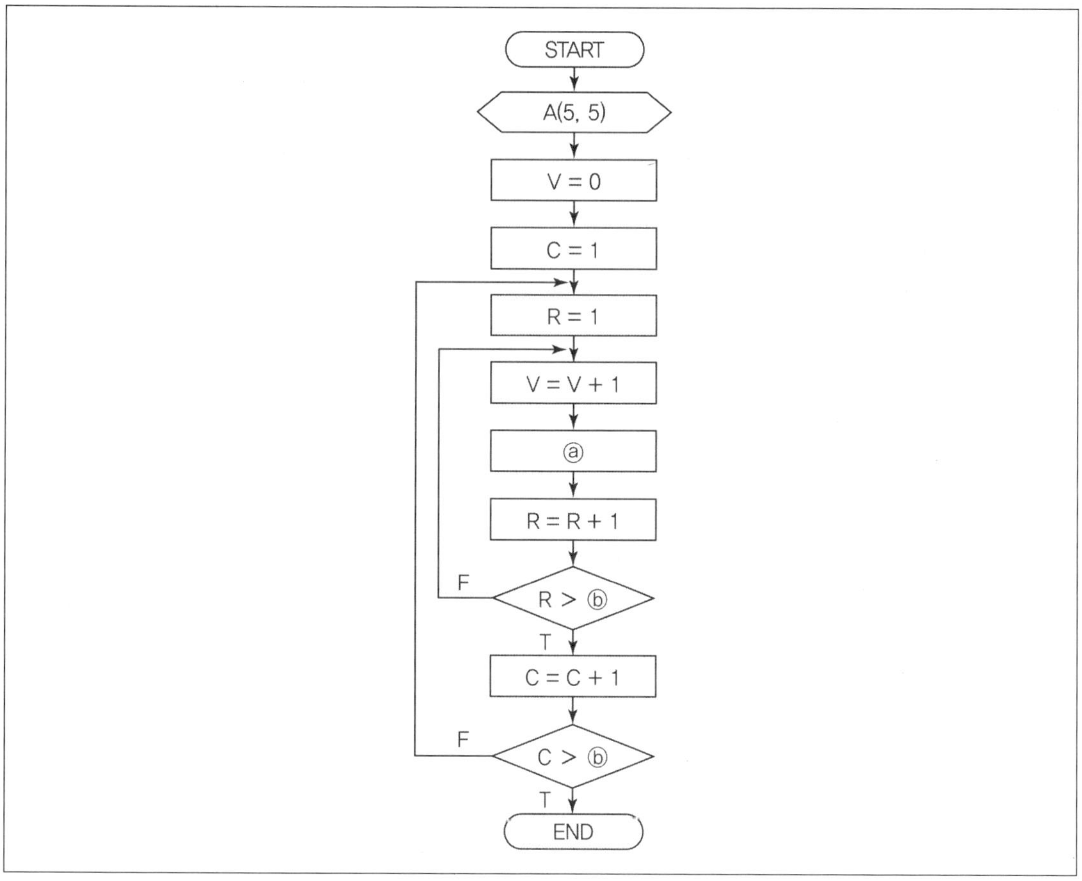

① ⓐ : A(C, R) = V, ⓑ : 5
② ⓐ : A(R, C) = V, ⓑ : 5
③ ⓐ : A(C, R) = V, ⓑ : 6
④ ⓐ : A(R, C) = V, ⓑ : 6
⑤ ⓐ : A(C, R) = V + 1, ⓑ : 6

20 3개의 페이지 프레임으로 구성된 기억장치에서 다음과 같은 순서대로 페이지 요청이 일어날 때, LRU(Least Recently Used)를 사용한다면 몇 번의 페이지 부재가 발생하는가? (단, 초기 페이지 프레임은 비어있다고 가정한다.)

> 요청된 페이지 번호의 순서 : 3, 1, 2, 1, 2, 4, 1, 3, 2, 4, 3

① 5 ② 6
③ 7 ④ 8
⑤ 9

21 컴퓨터의 중앙 처리 장치(CPU)는 4가지 단계를 반복적으로 거치면서 동작한다. 4가지 단계에 속하지 않는 것은?

① Fetch Cycle ② Direct Cycle
③ Interrupt Cycle ④ Execute Cycle
⑤ Indirect Cycle

22 어떤 프로그램을 재공학 기술을 적용하여 보수하고자 할 때 Flow Graph가 사용될 수 있다. 샘플 프로그램에 대한 Flow Graph가 다음 그림과 같을 때 McCabe식의 Cyclomatic Complexity를 구하면?

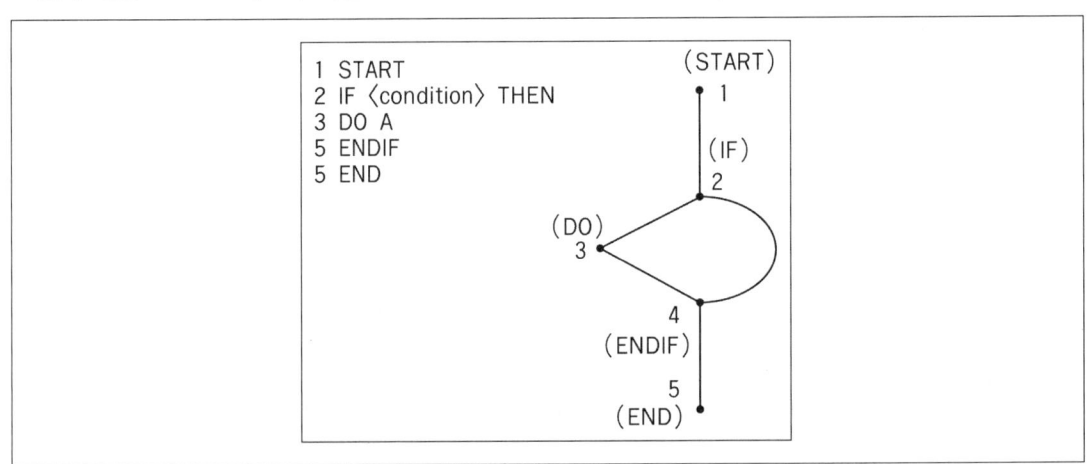

```
1 START
2 IF 〈condition〉 THEN
3 DO A
5 ENDIF
5 END
```

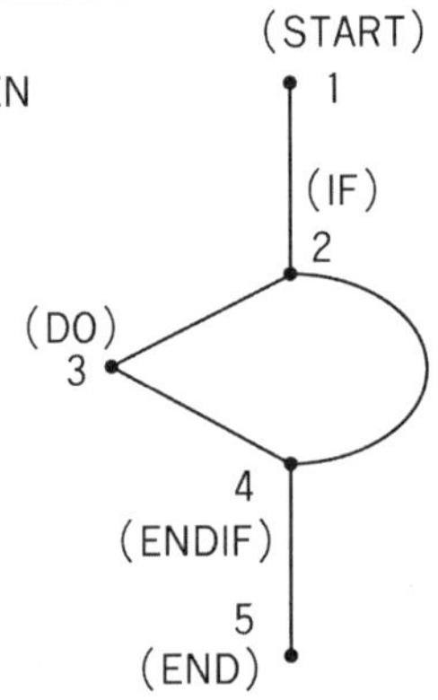

① 1 ② 2
③ 3 ④ 4
⑤ 5

23 다음 자료를 버블 정렬을 이용하여 오름차순으로 정렬할 경우 PASS 1의 결과는?

9, 6, 7, 3, 5

① 6, 9, 7, 3, 5
② 3, 9, 6, 7, 5
③ 3, 6, 7, 9, 5
④ 6, 7, 3, 5, 9
⑤ 3, 5, 6, 7, 9

24 다음은 클라우드 컴퓨팅과 관련된 기술을 설명한 것이다. 이에 해당하는 것을 고르면?

- 인터넷을 통해 서비스를 이용하고 서비스 간의 정보공유를 지원하는 인터페이스 기술을 말한다.
- 클라우드 기반의 SaaS, PaaS 등에서 기존 서비스에 대한 확장 및 기능 변경에 적용이 가능하다.
- 요소 기술에는 SOA, Open API, Web Service 등이 있다.

① 가상화 기술
② 서비스 프로비저닝
③ SLA(서비스 수준관리)
④ 오픈 인터페이스
⑤ 자원 유틸리티

25 RIP의 한계를 극복하기 위해 IETF에서 고안한 것으로 네트워크의 변화가 있을 때에만 갱신함으로써 대역을 효과적으로 사용할 수 있는 라우팅 프로토콜은 무엇인가?

① BGP
② IGRP
③ OSPF
④ RTP
⑤ SNMP

26 주기억 장치 관리 기법인 First-fit, Best-fit, Worst-fit 방법을 각각 적용할 경우 10K의 프로그램이 할당될 영역이 순서대로 바르게 짝지어진 것은?

영역 1	9K
영역 2	15K
영역 3	10K
영역 4	30K

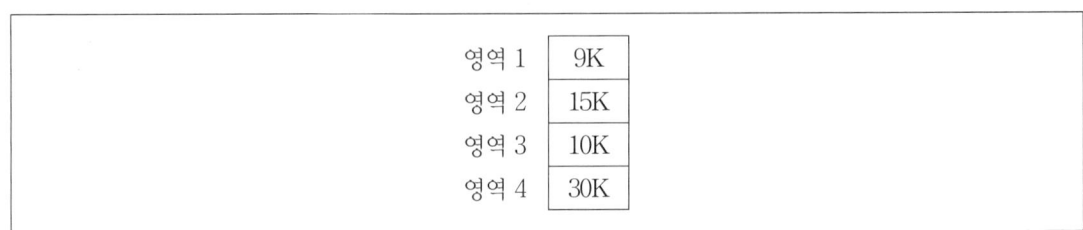

① 2, 4, 2
② 2, 3, 2
③ 3, 3, 3
④ 2, 3, 4
⑤ 3, 4, 2

27 짝수 패리티 비트의 해밍 코드로 0011011을 받았을 때 오류가 수정된 정확한 코드는?

① 0111011
② 0001011
③ 0011001
④ 0010101
⑤ 0101011

28 릴레이션 R1에 저장된 튜플이 릴레이션 R2에 있는 튜플을 참조하려면 참조되는 튜플이 반드시 R2에 존재해야 한다는 무결성 규칙은?

① 개체 무결성 규칙
② 영역 무결성 규칙
③ 트리거 규칙
④ 관계 무결성 규칙
⑤ 참조 무결성 규칙

29 프로세스들의 도착시간과 실행시간이 다음 표와 같다. 프로세스 간의 문맥 교환에 따른 오버헤드는 무시한다고 할 때, SRT(Shortest Remaining Time) 스케줄링 알고리즘을 사용한 경우 P1~P4 프로세스의 평균 반환시간(turnaround time)은?

프로세스	도착시간	실행시간
P1	0	8
P2	1	4
P3	2	9
P4	3	5

① 13　② 13.5
③ 14　④ 14.5
⑤ 15

30 CPU 내부의 레지스터 중 프로그램 제어와 관련 있는 것은?

① Memory Address Register　② Index Register
③ Accumulator　④ Status Register
⑤ Program Counter

KEPCO

한국전력공사

직무능력검사

박문각

KEPCO
한국전력공사

직무능력검사
봉투모의고사
/
1회

박문각

제1회 직무능력검사

(50문항 / 70분)

의사소통능력 | 01 ~ 10번

01 다음 글의 내용과 일치하는 것은?

> 미국의 루즈벨트 대통령이 달러의 금 태환량을 낮추었을 때 그 주된 목적은 물가를 인상하는 것이었다. 달러 가치가 떨어지자 미국의 국고에 약 28억 달러의 이익이 생겼다는 것은 부수적인 일이었다. 그러나 중세의 국왕들에게는 이익을 얻는 것이 주화의 가치를 떨어뜨린 주된 목적이었다. 그들은 물가 인상을 바라지는 않았지만 화폐 가치가 떨어짐으로써 물가가 상승했다. 이처럼 화폐의 가치를 떨어뜨리는 것은 수백 년 동안 이루어진 관습이다. 건드리는 것마다 황금으로 만드는 '미다스 왕의 손'을 원했지만 갖지 못했던 중세의 국왕들은 주화의 가치를 떨어뜨림으로써 편리하게 돈을 얻었다.
> 주화의 가치를 떨어뜨린다는 것은 간단히 말해 주화 속에 들어있는 금이나 은의 양을 줄이는 것을 의미한다. 전에는 한 개의 주화에 들어있던 은을 질 낮은 금속을 섞어서 두 개의 주화에 들어가도록 나누면, 국왕은 한 개의 주화 대신 두 개의 주화를 가질 수 있었다. 명목상 가치는 변함이 없고 주화는 여전히 1크라운이나 1리브르라고 불렸지만, 그 실제 가치는 절반으로 떨어졌다. 주화의 가치가 더 작다는 것은 같은 주화로 전보다 더 적은 물건을 사게 된다는 것을 뜻한다. 다시 말해, 물가가 오르는 것이다.
> 화폐의 가치가 급격하게 변하면 상업이 피해를 본다. 그리고 물가가 오르면 가난한 사람들과 고정적인 수입을 가진 사람들이 고통을 겪는다. 이런 사실은 국왕에게는 크게 중요하지 않았지만, 국왕의 일부 신하들에게는 크게 중요했다. 국왕을 포함한 대부분의 사람들은 주화의 가치가 떨어지는 것과 물가가 오르는 것 사이의 연관성을 몰랐지만 드물게 그것을 알고 있는 사람들도 있었다. 이 시기로부터 약 400년 후에 영국 경제학자가 처음으로 주화의 가치를 떨어뜨리는 것이 물가에 미치는 영향을 다음과 같이 정리했다. "모든 시대의 역사를 보면, 군주가 화폐의 명목 가치를 그대로 두면서 화폐 가치를 떨어뜨렸을 때, 모든 천연 원자재와 제품의 가격은 화폐 가치가 떨어진 만큼 상승한다." 물론 물가가 변동하는 이유에는 화폐 가치의 변동뿐만이 아니라 다른 여러 이유가 있다. 화폐 가치가 떨어진다 하더라도 다른 물가를 낮추는 원인이 더 크게 작용한다면 오히려 물가가 떨어질 수도 있는 것이다. 하지만 화폐 가치가 물가에 미치는 영향 자체는 분명하다.

① 화폐의 가치를 떨어뜨리는 것은 중세시대부터 현대까지 같은 목적으로 이루어진 관습이다.
② 주화 속에 들어있는 금이나 은의 양을 줄여도 물가가 변하지 않을 수 있다.
③ 화폐의 가치가 떨어지면 물가가 오르는 현상은 중세 이전부터 일반적으로 알려진 법칙이다.
④ 주화 속에 들어있는 금이나 은의 양을 절반으로 줄이면 주화의 명목가치 역시 절반으로 줄어든다.
⑤ 화폐의 가치가 급격하게 상승하면 상업종사자와 가난한 사람, 그리고 고정적인 수입을 얻는 자가 피해를 본다.

02 다음 글의 (가)에 들어갈 문장으로 가장 적절한 것은?

> '플랫폼 노동'은 웹사이트나 스마트폰 앱 등의 디지털 플랫폼을 통해 일거리를 구하고, 그 플랫폼에서 보수를 받는 노동을 말한다. 플랫폼 노동자는 디지털 플랫폼을 통해 서비스 수요자와 연결되며, 플랫폼을 운영하는 기업은 서비스 공급자와 서비스 수요자를 중개하는 대가로 이익을 취한다.
>
> 플랫폼 노동에서는 노동 과정 중 관리자에 의한 직접적인 지시나 감독이 없다. 이 점이 플랫폼 노동에서 '사용-종속 관계'가 부정되는 근거가 되기도 한다. 그러나 플랫폼 노동자에 대한 통제는 보이지 않는 형태로 이루어진다. 플랫폼 노동자의 작업 과정과 그 결과는 모두 데이터로 축적된다. 데이터는 플랫폼의 알고리즘에 반영되어 노동자에게 보상과 제재를 부여하는 기준이 된다. 예컨대, 음식 배달 플랫폼의 알고리즘은 픽업 시간, 배달 시간, 음식 상태 등 고객 만족도를 측정할 수 있는 별도의 평가 항목을 만들고 이에 대한 구체적인 수치를 제공한다. 그리고 이 수치가 데이터로 축적되어 알고리즘을 통해 다음 일감을 부여하는 기준이 된다. 이처럼 플랫폼 노동자는 알고리즘이 제공하는 수치에 따라 관리되며 이를 '평판에 의한 통제'라고 부른다.
>
> 평판에 의한 통제 과정은 자동으로 축적된 데이터를 바탕으로 노동자를 기술적으로 평가하는 것처럼 보이기 때문에, 관리자가 직접 개입하는 것보다 더 공정한 것처럼 여겨질 수 있다. 그런데 플랫폼 기업은 노동자의 성취에 대한 정당한 보상을 위해서 업무 평가를 진행하는 것이 아니다. 플랫폼 기업은 이윤을 극대화하기 위해 노동자의 노동 과정을 수치화하고 알고리즘에 반영하여 평가한다. 더욱이 플랫폼 노동의 구조상 노동자는 자신을 평가하는 기준이 되는 데이터를 직접 확인할 방법이 없으며, 그 데이터가 처리되는 알고리즘이 어떤 방식으로 작동하는지도 알 수 없다. 그렇게 플랫폼 노동자는 플랫폼 기업의 은밀한 통제를 받게 되고, 이는 새로운 형태의 사용-종속 관계라고 할 수 있다.
>
> 전통적인 사업장 노동자는 일정 시간과 기간을 두고 규칙적으로 일하지만, 플랫폼 노동자는 원하는 시간에 플랫폼에 접속해 일을 시작하고 마칠 수 있다. 전통적인 사업장처럼 공식적 근무 시간이 없기에 자기 상황에 맞춰 일과 여가를 유연하게 조정하는 것이 분명 가능하다. 이런 점에서 플랫폼 노동은 노동자의 자율성을 증가시키는 것처럼 보일 수 있다. 하지만 (가)

① 형식적으로는 자율성이 있어 보이지만 알고리즘을 이용한 플랫폼 기업의 보이지 않는 통제가 작동하고 있다.

② 형식적으로는 자율성이 있어 보이지만 실제로는 전통적 사업장의 노동자와 같은 고정된 통제를 받는다.

③ 실제로는 플랫폼 노동이 고용안정성 및 보수 등에서 전통적인 사업장의 노동과 비교했을 때 우위를 점하고 있지 못하다.

④ 고용의 불안정성과 업무 난이도의 상승을 반영하지 못하는 구조 때문에 플랫폼 노동은 노동시장에서 점점 외면받고 있다.

⑤ 수요자들이 디지털 플랫폼의 높은 이용비용 때문에 서비스 공급자들과의 직접 연결을 선호하게 되면서 디지털 플랫폼 기업은 내리막길을 걷게 됐다.

03 다음 글에서 추론할 수 없는 것은?

'킹달러'는 달러의 강세 현상을 이르는 말로, 특히 미국연방준비제도(Fed · 연준)의 가파른 정책금리 인상과 글로벌 경기침체 위협으로 인한 달러 가치의 급등을 가리키는 말로 자주 사용된다. 이러한 달러 가치 급등은 2022년 글로벌 인플레이션 국면에서 미국 Fed가 금리 인상을 지속적으로 단행하면서, 세계의 자금이 대표적인 안전자산인 달러로 몰려든 데 따른 것이다.

미국 연준은 2022년 물가 상승을 잡기 위해 기준금리를 0.5%포인트씩 조정하는 빅스텝을 단행한 데 이어 연이어 기준금리를 0.75%포인트씩 상향하는 자이언트 스텝을 단행했다. 우선 연준은 6월에 기존의 0.75~1.0%였던 기준금리를 0.75%포인트 인상한다고 밝혔으며, 이에 따라 미국 기준금리가 1.50~1.75% 수준으로 상승했다. 이와 같은 연준의 자이언트 스텝은 1994년 이후 28년 만에 이뤄진 것이었다. 더불어 연준은 8조 9,000억 달러에 달하는 대차대조표 축소(양적긴축)를 기존 계획대로 진행한다는 입장을 재확인했다. 이와 같은 조치는 연준이 코로나19로 인한 경기 충격을 줄이기 위해 매입한 국채와 MBS로 시장에 유동성이 넘치면서 물가가 상승했기 때문이다. 그리고 연준은 7월에 기준금리를 0.75%포인트 인상하는 자이언트 스텝을 또다시 단행했다. 이로써 미국 기준금리가 기존 1.50~1.75%에서 2.25~2.50%로 높아지면서, 2020년 2월 이후 약 2년 반 만에 미국 기준금리와 한국 기준금리(2.25%)가 역전됐다.

이처럼 미국의 기준금리가 연이어 인상되자 전 세계 유동성의 급격한 위축과 위험자산을 일단 피하려는 글로벌 투자자들은 안전자산인 달러로 몰려들기 시작했다. 이에 세계 주요 6개국 통화의 가중평균 대비 달러의 가치를 산출한 달러 인덱스는 2022년에 15%, 1년 전인 2021년에 비해서는 약 20% 상승하는 등 달러 가치가 20년 만에 최고치를 기록했다. 이에 이러한 달러 강세를 가리켜 기축통화를 넘어 '슈퍼 달러', '강달러', '킹달러'의 시대가 도래했다는 평가가 나온 것이다. 한편, 세계 각국도 미국의 기준금리 인상과 강달러 기조에 맞서 인플레이션 억제 및 자국 통화가치 하락 방어를 위해 외환시장에 적극 개입해 기준금리를 잇달아 인상했다.

달러의 급격한 강세로 가장 큰 타격을 받은 것은 신흥국 등 대외 부채가 많은 국가와 기업들이다. 실제로 기축통화인 달러의 가치가 단기간에 치솟으면서 달러로 돈을 빌린 정부나 기업은 부채 부담이 늘고 재정 운영에 어려움을 겪었다. 여기에 러시아의 우크라이나 침공 이후 유가를 비롯한 원자재 가격 폭등까지 일어나면서 일부 신흥국은 국가부도 위기에 놓이게 됐다. 스리랑카의 경우 달러 강세와 원자재 가격 급등이 겹치며 국가채무를 감당하지 못해 2022년 5월 디폴트를 공식 선언했다.

① '킹달러'는 2022년 미국 연준이 글로벌 인플레이션 상황에서 금리인상을 계속적으로 단행하면서 생긴 현상이다.
② 미국 연준이 2022년 지속적을 금리인상을 단행한 것은 물가 상승을 억제하기 위함이다.
③ 미국의 자이언트 스텝과 대차대조표 축소는 모두 유동성을 줄이기 위한 조치에 해당한다.
④ 미국 기준금리와 한국 기준금리가 역전된 것은 2022년이 처음은 아니다.
⑤ 스리랑카의 디폴트 선언의 가장 큰 배경은 '킹달러'이다.

[04 ~ 05] 다음 글을 읽고 이어지는 물음에 답하시오.

챗GPT는 인공지능 연구재단 오픈에이아이(OpenAI)가 2022년 11월 30일 출시한 대화 전문 인공지능(AI) 챗봇이다. 공개 단 5일 만에 하루 이용자 100만 명을 돌파하면서 돌풍을 일으키기 시작했다. 무엇보다 챗GPT는 질문에 대한 답변은 물론 논문 작성, 번역, 노래 작사·작곡, 코딩 작업 등 광범위한 분야의 업무 수행까지 가능하다는 점을 보여주면서 충격을 안겼다. 챗GPT의 개발사 오픈AI는 일론 머스크 테슬라 CEO, 샘 올트먼 와이컴비네이터 사장(현 오픈 AI CEO) 등이 인류에게 도움이 될 디지털 지능 개발을 목표로 2015년 설립한 비영리 법인이다. 그러다 2019년 영리 추구를 위한 자회사를 추가 설립하면서 AI 사업을 본격화했는데, 이 가운데 GPT는 언어에 특화된 인공지능이다. 오픈AI는 2018년 GPT-1 출시 이후 2019년 GPT-2, 2020년 GPT-3, 2022년 GPT-3.5에 이르기까지 버전을 높여 왔으며, 2023년 3월에는 GPT-4에 해당하는 챗GPT를 공개하면서 화제의 중심에 섰다.
챗GPT가 놀랄 만한 성능으로 전 세계적인 돌풍을 일으키는 가운데, 특히 교육계·학계에서는 챗GPT 충격에 따른 거센 논쟁이 이어지고 있다. 이는 챗GPT의 등장 이후 학교 과제를 챗GPT에 의존하는 학생들이 급증한 데다, 챗GPT가 학술지를 참조해 만든 논문 초본이 표절검사 프로그램을 모두 통과할 정도로 정교한 데 따른 것이다. 특히 챗GPT가 활발히 사용되고 있는 미국 등 영어권 국가 외에도 우리나라에서도 수도권의 한 국제학교 학생들이 챗GPT를 이용해 영문 에세이를 작성·제출해 전원 0점 처리됐다는 뉴스가 보도되며 논란이 있었다. 이처럼 교육계와 학계에서는 학생들이 과제를 스스로 해결하지 않고 챗GPT에만 의존하면서 학습 능력이 저하되고, 표절이나 대필과 같은 부정행위도 급증할 것이라는 우려가 나온다. 이에 대한 대책으로 미국에서는 일부 공립학교가 교내 와이파이망과 컴퓨터를 통한 챗GPT 접속을 차단하는 조치를 내리기도 했으며, 일부 대학에서는 AI를 이용할 수 없는 구술시험 및 그룹 평가를 늘리고 학내 규정에 'AI를 활용한 표절'을 포함시킨다는 방침을 밝히기도 했다.
하지만 (　　　　　가　　　　　) 미국 노스웨스턴대 연구진은 2022년 12월 27일 논문 사전공개 사이트인 '바이오아카이브(bioRvix)'에 챗GPT로 작성한 의학 논문 초록 50편이 표절 검사 프로그램을 모두 통과하고 의학 전문가들마저 제출된 초록의 32%를 걸러내지 못했다는 연구 결과를 내놓았다. 오픈AI도 2023년 1월 챗GPT로 작성한 글인지 아닌지를 구별하는 툴을 자사 블로그를 통해 공개했으나, 해당 시스템이 모든 AI가 작성한 텍스트를 확실하게 판별하는 것은 불가능하다며 그 한계를 인정했다. 챗GPT는 최근 미국의 명문 경영전문대학원(MBA)인 펜실베이니아대 와튼스쿨에서 치러진 필수 과목(운영관리)의 기말시험에서 평균 이상인 B-에서 B 사이의 성적을 받은 것으로 알려졌다. 또 미국 미네소타주립대 로스쿨 시험에서는 C+ 점수를 받으며 과목을 수료할 수 있는 성적을 거뒀다. 여기다 캘리포니아 마운틴뷰의 의료기관인 앤서블헬스 연구진이 챗GPT를 대상으로 3단계에 걸친 미국 의사면허시험을 실시한 결과, 모든 시험에서 50% 이상의 정확도를 보여줬다는 연구 결과가 나왔다. 이처럼 챗GPT가 MBA·로스쿨·의사면허시험까지 통과하면서 화이트칼라 일자리 분야에도 충격을 일으킬 것이라는 전망도 나오고 있다. 과거에는 AI가 단순노동과 반복적인 업무에서 인간을 해방시킬 것으로 전망됐다면 현재 확인되고 있는 챗GPT의 성능은 지식노동자의 자리를 위협할 수 있음을 보여주고 있기 때문이다. 실제로 뉴욕포스트는 "AI가 사무직 노동자를 대체하고 있다. 이미 늑대는 문 앞에 있다."고 보도하기도 했다.

04 윗글의 내용과 일치하는 것은?

① 챗GPT는 공개 5일 만에 전체 이용자 100만 명을 돌파하며 선풍적 인기를 끌고 있다.
② 챗GPT는 테슬라 CEO인 일론 머스크의 진두지휘 아래 개발됐다.
③ 챗GPT는 첫 출시 이래 2023년 GPT-4 출시까지 총 4가지 버전으로 성능을 점차 높인 버전을 공개해 왔다.
④ 챗GPT의 가장 큰 문제점은 지식노동자의 일자리를 빼앗을 수 있다는 것이다.
⑤ 오픈AI가 2023년 1월에 공개한 툴로는 챗GPT로 작성한 글인지 여부를 정확히 판별할 수 없다.

05 윗글의 (가)에 들어갈 문장으로 가장 적절한 것은?

① 이러한 대책에도 불구하고, 챗GPT로 부정행위를 저지르는 학생들은 점점 늘어만 가고 있다.
② 이러한 대책에도 불구하고, 챗GPT의 정교화로 인해 표절이나 부정행위를 막기는 점점 어려워지고 있다.
③ 챗GPT가 교육계에 일으키는 충격은 이러한 대책으로 막기에는 점점 커지고 있다.
④ 챗GPT가 교육계에 불러오는 긍정적인 바람도 무시할 수는 없다.
⑤ 챗GPT는 그 정교함에 있어 인간의 수준에는 아직 비할 바가 아니라는 것이 증명되고 있다.

06 다음 글에서 추론할 수 없는 것은?

폭염과 폭우 등 극한 기상이 일상으로 자리 잡을 것이라는 전망이 계속되면서 2015년 파리기후변화협약을 통해 전 세계가 목표로 했던 산업화 대비 1.5도 이하로 제한하기 위한 노력이 급박해졌다. 세계기상기구(WMO)는 향후 5년 이내에 지구 평균 기온이 산업화 이전(1850~1900년) 시기보다 1.5도 이상 높아질 확률이 66%에 달할 것이라고 관측하고 있다.

1827년 지표면 온도를 높이는 '온실효과'의 개념이 처음 제시되고, 1972년 로마클럽이 <성장의 한계> 보고서를 통해 '지구 온난화'를 공식적으로 지적하면서 지구 온난화 문제 제기가 본격적으로 시작됐다. 이후 온난화를 막기 위한 국제사회의 논의가 본격적으로 전개되면서 1988년 지구 온난화 측정・분석에 관한 과학적 합의를 마련하기 위한 유엔 기후변화정부간위원회(IPCC)가 발족됐다. 그리고 1992년 브라질 리우데자네이루에서 각국의 상황에 맞게 온실가스를 감축하기로 약속한 최초의 유엔기후변화협약이 체결됐으며, 1997년 일본 교토에서 열린 제3차 유엔기후변화협약 당사국총회(COP3)에서는 선진국들이 2008~2012년 온실가스 배출량을 1990년보다 최소 5.2% 감축할 것을 의무화하는 교토의정서(Kyoto Protocol)가 채택됐다. 그러나 교토의정서는 세계 최대 온실가스 배출국인 중국이 감축 의무 대상에서 빠지고, 미국과 일본 등 선진국이 자국 산업 보호를 이유로 이탈하면서 실효성 논란을 낳았다. 이에 2014년 12월 페루 리마총회에서 세계 모든 나라가 온실가스 감축에 공통적이지만 차별화된 책임을 갖는다는 합의가 이뤄졌으며, 이는 2015년 교토의정서를 대체하는 새로운 협약인 파리기후변화협약 채택으로 이어지게 됐다.

2015년 12월 프랑스 파리에서 열린 제21차 유엔기후변화협약 당사국총회(COP21)에서는 2020년 만료 예정인 교토의정서를 대체하는 새로운 국제협약, 이른바 파리협약이 채택됐다. 2016년 11월 발효된 파리협약은 선진국에만 감축 의무를 부과했던 교토의정서와 달리 195개 당사국 모두가 지켜야 하는 첫 합의라는 의의를 갖고 있다. 협약은 장기목표로는 산업화 이전 대비 지구 평균기온 상승을 '2℃보다 상당히 낮은 수준으로 유지'키로 하고, '1.5℃ 이하로 제한하기 위한 노력을 추구'하기로 했다. 또 국가별 온실가스 감축량은 각국이 제출한 자발적 감축목표(INDC)를 그대로 인정하되 2020년부터 5년마다 상향된 목표를 제출하도록 했다. 다만 각국의 기여방안 제출을 의무로 하되 이행은 각국이 국내적으로 노력하기로 합의함에 따라 국제법적 구속력을 부여하지 못한 점이 한계로 지적됐다.

2016년 발효된 파리협약 이후에 121개 국가가 '2050 탄소중립 목표 기후동맹'에 가입하면서 '탄소중립'이 전 세계적인 화두가 됐다. 탄소중립은 개인, 회사, 단체 등에서 배출한 이산화탄소를 다시 흡수해 실질적인 배출량을 0(Zero)으로 만드는 것을 말한다. 또한, 2020년 코로나19 사태를 지나며 기후변화의 심각성에 대한 인식이 확대되고, '2050 장기저탄소발전전략(LEDS)'의 유엔 제출 시한이 2020년 말로 다가옴에 따라 주요국의 탄소중립 선언이 가속화됐다. 2019년 12월 유럽연합(EU)을 시작으로 중국(2020년 9월 22일), 일본(2020년 10월 26일), 한국(2020년 10월 28일) 등의 탄소중립 선언이 이어졌다.

우리 정부는 2023년 '제1차 국가 탄소중립 녹색성장 기본계획'을 최종 확정했는데, 이에 따르면 2030년 전체 탄소 배출량은 2018년(7억 2,760만 톤) 대비 40% 줄어든 4억 3,660만 톤으로 하고, 이 중 산업계 탄소 배출 목표치는 2018년보다 11.4% 적은 2억 3,070만 톤으로 설정했다. 그리고 산업계에서 발생한 부족분은 원자력발전, 국제감축, 이산화탄소 포집・저장・활용 기술(CCUS) 등으로 보충한다는 계획을 명시했다.

① 1990년대 이전에는 온실가스 및 지구 온난화 개념은 제시된 상태였으나, 온난화 문제 해결을 위해 온실가스를 감축해야 한다는 국제적 협의는 이루어지지 않았다.
② 1990년 교토의정서에서 중국과 미국, 일본 등이 온실가스 배출 감축 대상에서 이탈한 것은 자국 산업을 보호하기 위한 국가적 결정 때문이었다.
③ 어떤 국가가 정한 탄소 배출량이 100이고 기업체가 120의 탄소를 배출했다면, 이산화탄소 포집 기술이나 친환경발전을 이용해 20의 탄소를 보충하여 실질적인 배출량을 100에 맞추는 것이 탄소중립의 개념이다.
④ 우리 정부의 탄소중립 녹색성장 기본계획에 따르면, 2018년 대비 2030년 탄소 배출량 감소치에서 산업계의 배출량 감소치가 차지하는 비중은 절반에 미치지 못한다.
⑤ 우리나라의 탄소중립 선언은 2050 장기저탄소발전전략의 유엔 제출 시한에 맞춰 이루어졌다.

07 다음 글의 내용과 일치하는 것을 〈보기〉에서 모두 고르면?

인류의 달 탐사는 1957년 10월 소련이 인류 최초의 인공위성인 스푸트니크호(Sputnik)를 발사하면서 시작됐다. 당시 소련의 우주 개척에 엄청난 충격을 받은 미국은 1961년 유인 달 탐사를 목표로 하는 아폴로 프로젝트에 돌입했다. 이후 이 프로젝트는 수많은 시행착오를 거치다가 1969년 7월 아폴로 11호가 달 착륙에 성공하면서 인류의 우주 탐사 역사에 큰 진전을 이루게 된다. 아폴로 계획은 이후에도 지속됐으나 재정적·정치적 문제 등으로 1972년 12월 과학 임무에 중점을 둔 아폴로 17호를 마지막으로 침체기에 접어들었다. 하지만 21세기 들어 스페이스X, 블루 오리진 등 민간 자본의 대거 유입 및 미국과 구소련 외 국가들의 달 탐사가 본격적으로 시작되면서 재점화되고 있다.
아폴로 계획 이후 반세기 만에 이뤄진 인류의 달 탐사 프로젝트인 '아르테미스 프로젝트(Artemis Project)'는 첫 번째 단계에 해당하는 미국 항공우주국(NASA·나사)의 달 탐사 무인(無人)우주선 '오리온'이 지구로 귀환하면서 달 착륙에 대한 기대를 높이고 있다. 오리온은 2022년 12월 11일 달 궤도 비행을 마치고 지구로 무사히 귀환했다. 오리온의 귀환은 우주발사시스템(SLS) 로켓에 실려 발사된 지 25일 만으로, 아폴로 17호가 1972년 12월 11일 달 표면에 도착한 지 정확히 50년이 되는 날에 이뤄졌다.
아르테미스 프로젝트는 1972년 아폴로 17호의 달 착륙 이후 반세기 만에 다시 시작되는 유인 달 착륙 프로젝트로, 명칭은 그리스 신화에 나오는 달의 여신 아르테미스의 이름을 딴 것이다. 이 계획의 최종 목표는 인류를 달에 상주시키는 것으로, 비행체의 성능을 시험하는 1단계 무인계획과 통신과 운항 시스템을 시험하는 2단계 유인계획을 거쳐 최종적으로 인류 역사상 최초의 여성 우주인을 포함한 4명의 인류를 달에 보내는 것을 목표로 한다. 아르테미스 계획은 미국 NASA뿐 아니라 캐나다·호주·아랍에미리트(UAE) 등 세계 30여 개국의 우주기구와 우주 관련 민간기업들까지 연계된 대규모 국제 프로젝트로, 우리나라도 2021년 5월 아르테미스 약정에 서명해 전 세계 10번째 참여국이 됐다.
아르테미스 1단계는 우주비행사가 달에 안전하게 다녀올 수 있도록 우주선과 장비가 제작됐는지를 확인하기 위해 이뤄진 시험 비행이다. 나사는 아르테미스 1호 성과를 토대로 2024년 우주비행사를 태운 아르테미스 2호로 달 궤도 유인 비행을 한 뒤, 2025년 인류 최초의 여성과 유색인종 우주비행사를 달 남극에 착륙시키는 아르테미스 3호 임무에 돌입한다는 계획을 세웠으나, 안전 확보와 성공률 상승을 위해 2호 발사는 2025년 9월로, 3호 발사는 2026년으로 연기됐다. 아르테미스 프로젝트가 모두 성공한다면 인류는 달에 우주정거장과 유인기지를 건설하고 나아가 화성 등의 먼 우주를 탐사하는 새 시대를 맞게 된다.

보기

㉠ 인류 최초의 달 착륙은 미국이 아닌 소련에서 시작됐다.
㉡ 미국의 아폴로 계획은 1960년대부터 1970년대까지 10년 이상 진행됐다.
㉢ 무인 우주선 오리온의 발사 목적은 우주비행사의 달 왕복이 안전하게 이뤄질 수 있는지를 시험하는 것이다.
㉣ 우리나라는 캐나다, 호주, 아랍에미리트보다 아르테미스 약정에 늦게 서명했다.
㉤ 아르테미스 2호와 3호 발사는 기존 계획보다 각각 약 1년씩 연기됐다.

① ㉠, ㉡, ㉣
② ㉠, ㉣, ㉤
③ ㉡, ㉢, ㉤
④ ㉡, ㉢
⑤ ㉣, ㉤

08 다음 글의 내용과 부합하는 것은?

> 모든 사회에는 그 사회에서 요구하는 도리, 의무, 본분 등의 행동규범이 있다. 이것을 칼 융(Jung)은 그의 분석심리학에서 '페르소나(persona)'라고 불렀다. 이 말은 본래 고대 그리스의 가면극에서 배우들이 역할에 따라 썼다 벗었다 하는 가면을 가리키던 말이다. 이러한 의미가 전용되어 사회적 역할을 뜻하게 되었는데, 여기에는 연극에서의 가면이 배우의 본모습이 아니듯이, 페르소나 역시 개인의 본모습이 아니라 사회로부터 인정받기 위한 겉모습이라는 의미가 숨겨져 있다.
> 페르소나는 어릴 때부터 가정교육이나 사회교육을 통해서 형성되고 강화된다. 모든 인간은 '사람 된 도리'로서, '직장인의 의무'로서, '학생의 본분'으로서, '부모'로서, '자식'으로서 수행해야 할 책임과 역할 등을 끊임없이 요구받게 되고, 그러면서 페르소나는 강화되어 간다. 페르소나는 어떤 집단이 그 구성원들에게 만들어 준 틀과 같은 것이기 때문에 화폐처럼 특정 집단에 한해서만 유효하고 그 밖의 집단에서는 그 의미를 상실하게 된다. 예를 들어 어른 앞에서 담배를 피운다든가, 대화할 때 상대방의 눈을 똑바로 바라본다든가 하면 한국 사회에서는 버릇없는 행동이라고 비난하지만, 서양 사회에서는 그렇게 보지 않는다. 사회마다 형성되어 있는 페르소나가 각기 다르기 때문이다.
> 한 사회의 구성원들은 그 사회에 형성되어 있는 페르소나를 바탕으로, 입장과 시각이 다른 사람들도 포용해 가며 원만한 사회생활을 유지하게 된다. 즉, 페르소나는 개인의 본모습과 사회가 요구하는 역할을 절충해 나감으로써 개인이 그 사회에 잘 적응할 수 있게 하는 밑바탕이 되는 것이다.
> 그러나 페르소나를 상황에 맞게 적절히 조절하지 못하면 오히려 유해할 수도 있다. 개인이 자신의 삶의 목표와 사회가 요구하는 페르소나를 동일시하여 그에 의존하여 살아가다 보면, 자기의 본모습을 잃게 되고, 그것이 극단적인 상태에 이르면 여러 가지 신체적, 정신적인 문제들이 생긴다. 융은 이러한 현상을 '페르소나의 팽창'이라고 불렀다. 페르소나가 팽창된 사람들은 심한 열등감과 자책감에 빠져 소외감을 느끼기 쉽다. '○○ 체면에 어떻게 그것을……'과 같은 심리가 강조되면서 페르소나가 하나의 속박이 되고, 거기에서 노이로제의 씨앗이 싹트게 된다.
> 그러므로 페르소나의 팽창을 겪는 사람들에게는, 본성으로서의 삶과 페르소나로서의 삶을 구별하고 페르소나에 가려서 보이지 않던 진정한 자기 자신을 찾는 노력이 필요하다. 그러한 노력을 융은 '자기실현'이라고 표현했다. 자기실현은 인간의 본모습을 짓누르는 사회적 역할에서 벗어나 그 본성이 살아 숨 쉴 때 가능해진다.
> 인간은 사회적 존재일 수밖에 없고, 사회적 존재로 살아가기 위해서는 그 사회가 요구하는 페르소나가 필요하다. 특히 인격 형성 과정에 있는 청소년 시절에는 페르소나가 좀 더 적극적으로 형성되어야 한다. 다만, 그것이 절대적인 것은 아니라는 점을 인식하고, 사회 집단이 요구하는 규격화된 태도와 역할에 지나치게 빠져 자기의 본모습을 잃는 일이 없도록 노력해야 할 것이다.

① 개인이 사회에 적응해 나가는 과정에서 페르소나의 팽창이 일어난다.
② 본모습보다 페르소나에 의존하여 살다보면 정신적인 문제가 초래될 수 있다.
③ 직장인으로서의 모습과 부모로서의 모습 사이에서 혼란을 겪는 것은 본모습과 페르소나의 충돌이라 볼 수 있다.
④ 청소년기에는 특히 페르소나의 형성보다는 자기실현에 힘써야 한다.
⑤ 한 번 형성된 페르소나는 여러 집단에서 유효하게 사용된다.

09 다음 글을 문맥에 맞게 순서대로 배열한 것은?

(가) 이런 문제점을 보완하기 위하여 최근에는 저압형 역삼투압 정수기가 개발되었다. 저압형 역삼투막은 막 표면의 구멍 크기가 기존의 역삼투막보다 크기 때문에 별도의 펌프를 설치하지 않고 사용할 수 있다. 다만, 기존 역삼투압 정수기보다 오염물질 제거율이 다소 떨어지고 기존 역삼투압 정수기와 같이 별도의 정수 저장 탱크도 꼭 필요하다.

(나) 십 수 년 전만 해도 약수터에서 물을 마시는 모습을 쉽게 볼 수 있었지만, 지금은 많은 사람들이 돈을 주고 물을 사먹는 것이 보편화되었다. 이로 인해 생수 사업이 번창하고 있고, 가정에서도 깨끗한 물을 마실 수 있는 정수기가 생활 가전의 하나로 자리 잡았다.

(다) 역삼투압 정수기는 멤브레인 필터를 이용해 0.0001 미크론의 미세한 구멍(사람 머리카락의 100만분의 1)을 통해 물을 거르기 때문에 유기 및 무기 오염 물질, 세균, 바이러스, 중금속을 포함한 이온 물질을 99%에 가깝게 제거하여 순수한 물을 얻을 수 있다. 그러나 정수 과정에서 역삼투압을 만들기 위한 고압의 펌프가 필요하고, 순간적으로 정수되는 물의 양이 너무 적기 때문에 일정량을 모아서 쓰기 위한 정수 저장 탱크도 반드시 있어야 한다. 그리고 필터 막에 있는 구멍이 막히는 것을 방지하기 위해 전체 물 중 약 3분의 2 정도의 물은 거르지 않고 흘려보낸다.

(라) 우리가 가정에서 사용하는 정수기의 대부분은 역삼투압 방식을 적용한 것이다. '삼투압 현상'이란 반투막을 사이에 둔 두 용액의 농도 차에 의해 저농도용액 속의 물이 고농도용액 속으로 이동하는 현상으로, 생물이 살아가는 데 없어서는 안 될 중요한 기능을 한다. 식물이 뿌리를 통해 물을 흡입하고, 짠 바닷물에서 물고기가 살 수 있는 이유가 여기에 있다.

(마) 반면, '역삼투압 현상'이란 자연계의 '삼투압 현상'을 거꾸로 응용한 것으로 고농도용액에 삼투압 이상의 압력을 가하면 삼투압 현상과는 반대로 고농도용액 측의 물이 저농도용액 쪽으로 빠져나가는 현상이다. 역삼투압 정수기의 정수 과정은 '세디멘트 필터 → 펌프 → 선(先) 카본 필터 → 멤브레인 필터 → 후(後) 카본 필터'로 진행된다. 이 중 핵심은 멤브레인 필터로, 필터의 표면에는 아주 작은 구멍이 매우 촘촘히 뚫려 있다. 순수한 물 분자의 입자만이 이 작은 구멍을 통과하고 입자가 큰 나머지 이물질은 이 필터를 통과하지 못하고 표면을 스쳐 밖으로 배출된다.

① (라) − (나) − (마) − (다) − (가)
② (라) − (마) − (나) − (가) − (다)
③ (라) − (마) − (다) − (가) − (나)
④ (나) − (라) − (마) − (다) − (가)
⑤ (나) − (라) − (마) − (가) − (다)

10 다음 글은 소프트웨어 개발 방식에 대한 설명이다. 이와 같은 개발방식이 적용된 사례를 〈보기〉에서 모두 고르면?

> 자동차를 설계하거나 수리할 때 최하부 단위(예를 들면 나사, 도선, 코일 등)의 수준에서 할 수도 있지만, 그렇게 하면 일이 매우 복잡해지고 제작이나 수리도 어려워진다. 차 내부를 열어 보아도 어디서부터 어디까지가 시동장치인지 변속장치인지 알 수가 없게 온통 나사, 도선, 코일 등으로 가득 찬 경우를 상상해 보라. 실제로 차 내부를 열어 보면 변속기, 시동장치, 냉각기 등으로 확실하게 구분된 것을 볼 수 있다. 이렇게 구분해 주면 시동장치나 냉각기만을 전문으로 제작하는 회사가 생길 수 있고 차의 고장 진단이나 유지 보수도 훨씬 쉬워질 것이다. 이처럼 시동장치, 변속기 등과 같은 것들은 나사, 도선, 코일 등과 같은 최하부에 일반적으로 사용되는 부품들과 달리 특정 목적을 수행할 수 있는 의미 있는 구성단위가 된다. 또한 이들 구성단위는 다시 모여서 엔진, 제동 시스템과 같은 상위 구성단위의 일부가 될 수도 있다. 이러한 개념을 소프트웨어에도 도입하였다. 즉 전체 소프트웨어를 최하부 단위(AND, OR, Loop 등)로 표현하기보다 상위의 단위로 구성하고 표현하면 설계, 제작, 유지 보수 등이 훨씬 효과적으로 이루어질 수 있다. 멀티미디어의 사용이 증가하고 좀 더 직관적이고 편리한 사용자 인터페이스가 요구됨에 따라 소프트웨어가 갈수록 복잡하고 거대해지고 있다. 따라서 소프트웨어의 제작과 유지 보수 등이 얼마나 효율적인가가 소프트웨어 발전의 중요한 관건이 되고 있다.

보기

㉠ 로봇 소프트웨어를 개발할 때 로봇 모델을 구분하지 않고 사용할 수 있는 프로그래밍 언어를 이용하면 하부 센서와 모터를 제어하는 명령어들을 일일이 나열하게 되므로 프로그램이 길어지고 어려워진다. 차라리 특정 로봇 모델을 정했을 때, 그 모델의 특정 동작에 대응하는 상위 명령어들을 사용하면 복잡한 소프트웨어도 비교적 간단하게 개발할 수 있다.

㉡ 컴퓨터 프로그램의 동작은 어차피 컴퓨터 내의 전기 신호로 바뀌기 때문에 이 전기 신호들을 직접 제어하는 언어를 사용하여 소프트웨어를 개발하는 것이 일상 언어에 가까운 고급 프로그래밍 언어를 사용하는 것보다 유용하다.

㉢ 복잡한 소프트웨어를 개발하려면 상위 구성요소들에 대한 설계를 먼저 하고, 상위의 구조를 하위 구성요소들로 표현하는 방식으로 몇 단계를 거치는 과정이 필수적이다. 그렇지 않으면 작은 소프트웨어는 문제가 없지만, 기업용 소프트웨어와 같이 규모가 큰 소프트웨어의 경우에는 공동 작업이 불가능해진다.

㉣ 멀티미디어 소프트웨어 개발에서는 워낙 그 정보량이 많기 때문에 정보의 압축이 중요하다. 멀티미디어 정보를 인터넷으로 주고받거나 컴퓨터에 저장할 때 압축하지 않으면 너무 많은 자원이 소모될 것이다. 급속도로 증가하는 멀티미디어 정보의 크기를 고려하면 압축 기술은 결코 부수적인 것이 아니다.

① ㉠, ㉡
② ㉠, ㉢
③ ㉡, ㉢
④ ㉡, ㉣
⑤ ㉢, ㉣

수리능력 | 11 ~ 20번

11 다음은 마을 A~E 간의 가능한 이동경로이다. 이때 주어진 〈조건〉에 따라 민정이 매 회차 이동 시 각 마을에 있는 친구 집에 방문할 확률은 아래와 같다. 이에 대한 〈보기〉의 설명 중 옳은 것만을 모두 고르면?

마을 A~E 간 가능한 이동경로

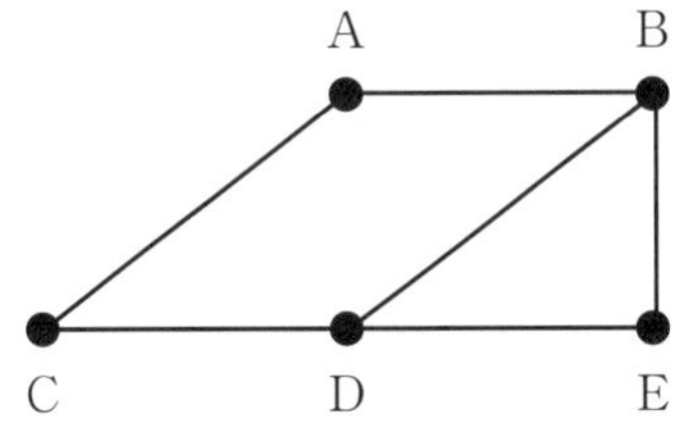

조건

- 1회차 이동 시 민정이 각 마을(A~E)에 있는 친구 집에 방문할 확률은 각각 $\frac{1}{3}$로 동일하다.
- 민정은 2회차부터 매 회차, 방문한 마을에서 인접한 마을로 반드시 이동하며, 이때 인접한 마을이란 다른 마을을 경유하지 않고 가능한 이동경로만으로 이동할 수 있는 마을을 의미한다. 예를 들어 B와 인접한 마을은 A, D, E이다.
- 민정이 인접한 마을로 이동 시 각 마을로 이동할 확률은 동일하다.

매 회차 이동 시 '갑'이 각 마을에 있는 친구 집에 방문할 확률

이동차수 \ 마을	A	B	C	D	E
1회차	$\frac{1}{3}$	$\frac{1}{3}$	$\frac{1}{3}$	$\frac{1}{3}$	$\frac{1}{3}$
2회차	$\frac{5}{18}$	$\frac{4}{9}$	$\frac{5}{18}$	$\frac{4}{9}$	$\frac{2}{9}$
3회차	$\frac{31}{108}$	$\frac{43}{108}$	( )	$\frac{43}{108}$	$\frac{8}{27}$
4회차	$\frac{179}{648}$	( )	( )	( )	( )

※ 예 3회차 이동 시 민정이 A에 있는 친구 집에 방문할 확률 = (2회차 이동 시 B에 있는 친구 집에 방문할 확률 × B에서 A로 이동할 확률) + (2회차 이동 시 C에 있는 친구 집에 방문할 확률 × C에서 A로 이동할 확률) = $\left(\frac{4}{9}\times\frac{1}{3}\right)+\left(\frac{5}{18}\times\frac{1}{2}\right)=\frac{31}{108}$

보기

㉠ 민정이 B에 있는 친구 집에 방문할 확률은 1회차 이동 시부터 3회차 이동 시까지 매 회차 감소하였다.
㉡ 민정이 E에 있는 친구 집에 방문할 확률은 3회차 이동 시보다 4회차 이동 시가 더 높다.
㉢ 4회차 이동 시 민정이 A에 있는 친구 집에 방문할 확률과 C에 있는 친구 집에 방문할 확률은 동일하다.
㉣ 4회차 이동 시 민정이 친구 집에 방문할 확률이 가장 낮은 곳은 E이다.

① ㉠, ㉡ ② ㉠, ㉢ ③ ㉡, ㉢
④ ㉡, ㉣ ⑤ ㉢, ㉣

[12～13] 다음은 한국전력공사에서 조사한 국내에 무단으로 설치된 전봇대에 대한 자료와 이로 인한 전력량 요금에 대한 자료이다. 이를 보고 이어지는 물음에 답하시오.

무단 설치된 전봇대 수

(단위: 주, %)

구분	2021년	2022년	2023년	2024년	합계
무단 설치된 전봇대의 수	14,584	2,118	967	3,211	20,880
전년 대비 증감률	–	−85	−54	232	–

(가) 한국전력공사가 제출한 자료에 따르면 2021년부터 4년간 전봇대를 무단으로 세운 이들이 그 기간에 몰래 사용한 전력은 365,817,600kWh에 달했다. 이는 한 주의 전봇대가 1시간에 6kWh의 전력을 사용하고 전봇대를 하루에 8시간씩 1년(365일)을 사용한다는 것을 고려했을 때, 전기요금으로는 무려 4년 동안 3,012,266,160원을 무단으로 사용한 것이다.

(나) 2019년부터 2023년까지 전력량 요금이 매년 2원/kWh씩 증가하다가 2024년에는 전년보다 5원/kWh가 감소하여 2021년보다 싼 7원/kWh이었으며, 2025년에도 전력량 요금은 7원/kWh로 유지될 것으로 보인다.

※ 전력요금(원) = 전력량 요금(원/kWh) × 사용전력(kWh)

12

무단으로 설치된 전봇대로 인해 손해를 본 전력요금의 110%를 위약금으로 책정하기로 했다. 연도별 위약금 징수액이 바르게 짝지어진 것은? (단, 1년은 365일이다.)

① 2021년, 204,409,344원
② 2021년, 224,850,278원
③ 2022년, 371,073,600원
④ 2022년, 408,180,960원
⑤ 2023년, 433,176,744원

13

2025년에는 무단으로 설치된 전봇대로 인한 손해를 1억 원 이하로 만들려고 한다. 무단으로 설치된 전봇대의 수를 2024년과 비교하여 적어도 몇 주 이상을 줄여야 하는가? (단, 1년은 365일이며, 소수점 첫째 자리에서 반올림하여 계산한다.)

① 2,217주
② 2,279주
③ 2,396주
④ 2,472주
⑤ 2,498주

14 다음은 2023년 A시의 월평균 생활비용 지출액에 대한 자료이다. 이에 대한 설명으로 옳지 않은 것은?

2023년 A시 월평균 생활비용 지출액

(단위 : 만 원)

구분		계	주거비용	식료품비	의류비	교육비	광열 수도비	교통비	통신비	문화/여가 생활비	기타
전체	소계	211.6	24.4	46.1	13.4	28.6	14.6	22.6	13.7	9.2	38.9
성별	남자	235.2	26.0	51.3	14.7	32.7	15.6	25.8	15.2	10.5	43.5
	여자	150.5	20.3	32.7	10.3	17.9	11.9	14.2	10.0	5.9	27.1
연령별	15~29세	117.3	23.6	29.0	9.1	4.3	7.3	11.8	9.2	7.1	15.9
	30~39세	239.1	34.2	51.3	15.7	25.2	15.0	25.5	15.2	11.6	45.3
	40~49세	292.6	32.1	57.7	17.6	61.2	16.6	27.9	17.4	12.0	50.1
	50~59세	241.1	24.3	50.0	16.0	33.8	16.1	27.8	16.4	10.5	46.2
	60세 이상	122.8	12.2	33.9	7.3	3.4	13.1	14.5	8.5	4.9	25.0
학력별	중졸 이하	107.2	11.8	29.1	5.3	5.0	12.4	12.3	7.9	2.3	21.1
	고졸	184.4	22.5	41.5	11.2	19.1	13.9	20.4	13.3	7.0	35.5
	대졸 이상	287.8	32.6	58.7	19.5	48.3	16.2	29.7	17.2	14.6	51.0
직업 분류별	전문관리직	318.0	34.7	62.0	21.3	56.6	17.4	33.7	18.5	18.1	55.7
	사무직	294.4	34.2	60.8	19.8	48.7	16.0	30.4	17.9	14.4	52.2
	서비스판매직	225.5	29.4	45.9	14.7	29.4	15.3	24.0	15.0	8.1	43.6
	농어업	153.3	11.2	34.9	8.0	8.8	15.2	22.6	13.1	6.2	33.4
	기능/노무직	188.0	21.3	43.8	11.2	20.6	14.4	21.5	13.4	6.3	35.6
가구 규모별	1인	108.4	18.7	24.8	7.0	5.6	9.6	11.4	7.0	4.5	20.0
	1세대	191.6	20.4	44.7	11.8	15.2	14.8	22.9	12.7	9.8	39.3
	2세대	277.8	29.6	58.7	17.7	47.4	17.1	28.3	17.9	11.6	49.4
	3세대 이상	301.0	25.9	62.0	19.7	46.7	21.7	37.8	20.2	13.4	53.5
	비혈연	203.5	32.9	42.5	14.3	26.2	12.3	26.3	12.8	11.2	25.0

① 조사한 모든 항목에 대해 학력이 높을수록 평균 소비 지출액이 많다.

② 전 연령층에서 모든 항목 중 식료품비에 지출하는 금액이 가장 많다.

③ 조사한 직업 분류별 항목에 대해 주거비용이 전체 지출액 대비 가장 높은 비율을 차지하는 직군은 서비스판매직이다.

④ 조사된 항목 중 '기타'를 제외한 나머지 모든 항목에 대해, 남자는 교육비에 두 번째로 높은 비중을, 여자는 주거비용에 두 번째로 높은 비중을 보인다.

⑤ 1인 가구는 식료품비에 가장 높은 비중을, 문화/여가생활비에 가장 낮은 비중을 보인다.

[15～16] 다음은 정 씨가 선택을 고민하고 있는 주택 A와 B의 생활비 및 전기요금과 전력공사의 전기요금 기준을 나타낸 자료이다. 이를 보고 이어지는 물음에 답하시오.

광고 회사에 다니고 있는 정 씨는 현재 살고 있는 집이 곧 계약이 만료되기 때문에 현재 살던 주택 A에서 재계약을 하여 계속해서 살지, 아니면 새로운 주택 B로 이사를 갈지 고민하고 있다. 정 씨는 혼자 생활하며, 월세와 공과금 외의 생활비는 고려하지 않는다. 공과금에는 전기세, 가스비, 수도세가 있으며, 월세에 포함되지 않는 경우 따로 납부해야 한다.

1인 기준 주택 A, B의 생활비 및 전기요금

구분	A	B
월세(원)	450,000	500,000
월세에 포함되는 공과금	가스비, 수도세	전기세, 가스비, 수도세
매월 사용 전력량(kWh)	200	130
사용 전기 종류	저압전력 a	고압전력 c

전력공사 전기요금 기준

구분		전력량 요금(원/kWh)		
		11～2월	3～5월, 9～10월	6～8월
저압전력	a	70	40	62
	b	78	48	54
고압전력	c	110	72	78
	d	98	72	84

※ 전기세 = (평균 사용 전력량) × (전력량 요금)

15 위 자료에 대한 해석으로 옳은 것은?

① B에서 저압전력 a를 사용한다면 1년 생활비가 더 적게 든다.
② A에서 살 때의 1년 생활비가 B에서 살 때보다 500,000원 이상 싸다.
③ A에서 고압전력 c를 사용한다면 1년 생활비가 B에서 살 때보다 많이 든다.
④ A에서 매월 사용하는 전력량이 2배가 되어도 B에서의 1년 생활비보다 싸다.
⑤ B에서 매월 사용하는 전력량이 2배가 되면 6,200,000원이 넘는 돈을 1년 생활비로 사용해야 한다.

16 정 씨가 회사에서 받은 전자레인지를 A에서 사용할 때 이로 인한 전기세가 한 달에 최대 3,220원이 청구되었다면, 이 제품을 B에서 사용할 때 이로 인한 전기세는 한 달에 최대 얼마가 청구되겠는가? (단, 월세에 전기세가 포함되어 있다고 하더라도 전력공사의 기준으로 전기세를 계산하며, 해당 전자레인지의 매월 사용 전력량은 일정하다.)

① 3,312원
② 3,588원
③ 4,508원
④ 5,060원
⑤ 5,170원

17 다음은 A대학교 총학생회의 2020년과 2024년 임원 유형별, 단과별 전체 임원 및 여성 임원에 관한 자료이다. 이에 대한 〈보기〉의 설명 중 옳지 않은 것을 모두 고르면?

2020년 임원 유형별, 단과별 전체 임원 및 여성 임원

(단위 : 명)

임원 유형 \ 구분 \ 단과		인문대학	사회과학대학	자연과학대학	공과대학	기타	전체
사무국 임원	전체 임원 수	44	38	16	20	70	188
	여성 임원 수	21	18	6	10	25	80
복지국 임원	전체 임원 수	230	209	50	51	362	902
	여성 임원 수	16	21	2	7	17	63

2024년 임원 유형별, 단과별 전체 임원 및 여성 임원

(단위 : 명, %)

임원 유형 \ 구분 \ 단과		인문대학	사회과학대학	자연과학대학	공과대학	기타	전체
사무국 임원	전체 임원 수	34	42	18	17	74	185
	여성 임원 비율	41.2	54.8	27.8	35.3	40.5	42.2
복지국 임원	전체 임원 수	222	242	60	58	344	926
	여성 임원 비율	7.2	12.4	10.0	13.8	4.1	8.0

※ 임원 유형은 사무국 임원과 복지국 임원으로만 구성됨

보기

㉠ 2024년 A대학교 전체 임원 중 여성 임원의 비율은 15% 이하이다.
㉡ 2020년 단과별 복지국 임원 중 여성 임원 비율은 기타를 제외하고 인문대학이 가장 낮다.
㉢ 2020년 대비 2024년의 인문대학 여성 임원 비율은 사무국 임원 유형과 복지국 임원 유형에서 모두 증가하였다.
㉣ 2020년 대비 2024년 여성 사무국 임원 수는 기타를 제외한 단과에서 모두 감소하였다.

① ㉠, ㉡
② ㉠, ㉢
③ ㉡, ㉢
④ ㉡, ㉣
⑤ ㉡, ㉢, ㉣

18 A부장은 오전 9시 46분에 사무실을 떠나 50m/min의 일정한 속도로 미팅 장소까지 걸어가서 30분간 일을 본 후, 다시 70m/min의 일정한 속도로 걸어서 사무실에 돌아와 시계를 보니 오전 11시 22분이었다. 이때 A부장이 걸은 거리를 구하면?

① 3,700m
② 3,750m
③ 3,800m
④ 3,850m
⑤ 3,900m

[19~20] 다음은 2011~2024년 동안 에너지음료 키워드별 검색 건수에 대한 자료이다. 이를 보고 이어지는 물음에 답하시오.

에너지음료 키워드별 검색 건수

(단위: 건)

연도	부정적 키워드		긍정적 키워드		전체
	부작용	스트레스	체중감량	피로회복	
2011	575	260	164	638	1,637
2012	520	209	109	648	1,486
2013	912	469	218	1,448	3,047
2014	1,419	431	264	1,363	3,477
2015	1,539	505	262	1,105	3,411
2016	1,196	549	413	1,247	3,405
2017	940	494	423	990	2,847
2018	1,094	631	628	1,964	4,317
2019	1,726	803	1,637	2,542	6,708
2020	2,036	866	1,854	2,843	7,599
2021	2,668	1,150	3,573	4,140	11,531
2022	2,816	1,279	3,772	4,008	11,875
2023	3,603	1,903	4,263	8,468	18,237
2024	3,542	1,173	3,809	4,424	12,948

19

위 자료를 보고 〈보기〉의 설명 중 옳은 것을 모두 고르면?

보기

㉠ 부정적 키워드 검색 건수에 비해 긍정적 키워드 검색 건수가 많았던 연도의 횟수는 8번 이상이다.
㉡ '체중감량' 키워드의 검색 건수는 2016년 이후 매년 증가하였다.
㉢ 2011~2024년 동안 전년 대비 전체 검색 건수 증감률이 세 번째로 가장 높은 해는 2023년이다.
㉣ 2013년에 전년 대비 검색 건수 증가율이 가장 낮은 키워드는 '체중감량'이다.

① ㉠, ㉡
② ㉠, ㉢
③ ㉡, ㉣
④ ㉠, ㉢, ㉣
⑤ ㉡, ㉢, ㉣

20

전년 대비 2025년 부작용 키워드 검색 건수는 30% 증가하였고, 피로회복 키워드 검색 건수는 15% 감소하였다. 2025년 부정적 키워드가 5,688건이고, 긍정적 키워드가 8,496건이라고 할 때, 스트레스와 체중감량 키워드의 검색 건수로 바르게 짝지어진 것은? (단, 소수점 첫째 자리에서 반올림하여 계산한다.)

① 4,605건, 3,760건
② 4,605건, 4,736건
③ 1,083건, 3,760건
④ 1,083건, 4,736건
⑤ 4,605건, 1,083건

문제해결능력 | 21 ~ 30번

21 **다음 정보를 근거로 판단할 때, 참이 아닌 것은?**

보기
- 갑, 을, 병, 정, 무는 17층까지 있는 △△오피스텔에 거주 중이다.
- 갑은 을보다 낮은 층에 살고, 이 두 명이 살고 있는 층수를 합하면 20이다.
- 갑, 을, 병이 살고 있는 층수를 합하면 23이다.
- 을과 정이 살고 있는 층수를 합하면 23이다.
- 정과 무가 살고 있는 층수를 합하면 17이다.
- 갑과 을이 살고 있는 층수의 합은 병과 무가 살고 있는 층수 합의 2배이다.

① 갑, 을, 병, 정, 무 중 가장 높은 층에 사는 사람은 을이다.
② 갑, 을, 병, 정, 무 중 인접한 층에 사는 사람은 없다.
③ 갑, 을, 병, 정, 무 중 동일한 층에 사는 사람은 없다.
④ 병은 갑보다 낮은 층에 산다.
⑤ 을은 정보다 높은 층에 산다.

22 **다음 내용을 근거로 판단할 때, 3층 청소를 하는 요일은?**

A쇼핑센터는 4층까지 있으며 각 층은 매주 휴업일인 수요일을 제외하고 청소를 한다. 1층은 휴업일을 제외하고는 매일 청소를 하며, 1층 청소를 할 때 2층, 3층, 4층 중 한 층을 같이 청소한다. 청소의 효율성을 위하여 청소를 한 구역은 1층을 제외하고는 바로 다음 영업일에는 청소하지 않는다. 각 구역은 매주 다음과 같이 청소한다.

- 1층은 휴업일을 제외하고 매일 청소한다.
- 2층은 일주일에 1회 청소한다.
- 3층은 일주일에 2회 청소하되, 청소를 한 후 영업일과 휴업일을 가리지 않고 이틀간은 청소를 하지 않는다.
- 4층은 일주일에 3회 청소하되, 그중 1회는 일요일에 한다.

① 월요일과 목요일
② 월요일과 금요일
③ 월요일과 토요일
④ 화요일과 금요일
⑤ 화요일과 토요일

23 워크숍을 간 총무팀 직원 A, B, C, D, E가 다음과 같이 연수원의 1층 5개 방 101호~105호에 배정을 받게 됐다. 다음 조건을 고려할 때, 참이 아닌 것은?

왼쪽	101호	102호	103호	104호	105호	오른쪽

- 각 방에는 한 명만 배정된다.
- 에어컨은 두 개의 방에만 설치되어 있다.
- A는 103호에 배정됐다.
- 102호와 103호에는 에어컨이 없다.
- B가 배정받은 방은 A가 배정받은 방과 인접해 있지 않으며 에어컨이 있다. 그리고 그 왼쪽에 있는 방에는 C가 배정받지 않았다.
- D가 배정받은 방에는 에어컨이 있으며 그 양옆의 방에는 에어컨이 없다.

① 101호에는 에어컨이 있다.
② C와 E는 인접하지 않은 방에 배정받았다.
③ 에어컨이 설치된 방은 101호와 105호이다.
④ B는 105호에 배정받았다.
⑤ C가 배정받은 방에는 에어컨이 있다.

24 서영, 주하, 세운, 성환, 현우, 남희 여섯 명의 학생이 함께 모임을 갖기 위해 K대학 내의 A건물을 찾아가려 한다. 여섯 명의 학생은 A건물의 위치에 대해서 서로 의견이 다르다. 이들 중 둘만 진실을 말하고 있다고 할 때, 진실을 말하는 사람은 누구이며, A건물은 어디에 위치하는가? (K대학은 정문과 후문, 2곳을 통해서만 밖으로 나갈 수 있다.)

서영: 그 건물이 있는 곳은 현우가 알고 있어.
주하: 그 건물은 후문에 있어.
세운: 주하의 말은 틀렸어.
성환: 그 건물은 정문이나 후문에 있어.
현우: 그 건물은 정문에 있지 않아.
남희: 성환의 말은 틀렸어.

	진실을 말하는 사람	A건물의 위치
①	서영, 주하	정문
②	서영, 성환	후문
③	세운, 성환	정문
④	세운, 현우	후문
⑤	주하, 남희	정문

[25～26] 친구 사이인 갑, 을, 병은 프랑스 파리로 3박 4일간 휴가를 함께 가기로 하고, 숙박비 및 투어 일정을 짜려고 한다. 이들은 파리에서 묵을 호텔과 여행사 1일 투어 정보를 검색하여 다음과 같이 정리하였다. 이때, 이어지는 물음에 답하시오.

파리 호텔 숙박비(1박 · 3인 기준)

(단위 : 원)

구분	스탠다드룸	슈페리어룸	디럭스룸	스위트룸
A호텔	250,000	320,000	400,000	550,000
B호텔	220,000	300,000	400,000	520,000
C호텔	220,000	280,000	360,000	450,000
D호텔	240,000	280,000	380,000	480,000

※ A, C호텔은 2박 이상 숙박 시 갑이 가진 신용카드로 2% 할인을 받을 수 있다.

※ D호텔은 행사기간으로, 슈페리어급 이상 룸에서 3박 이상 숙박할 경우 총숙박비의 20%를 할인해준다.

여행사별 1일 투어 비용

(단위 : 원)

구분	M여행사	P여행사
근교 도시 투어	160,000	165,000
시티투어	89,000	82,000
박물관 투어	120,000	100,000

※ M여행사는 시티투어를 포함하여 2개 이상의 투어 상품을 예약할 경우 투어비용의 5%를 할인해준다.

※ P여행사는 근교 도시 투어 예약 시 시티투어 상품을 50% 할인해준다.

25 갑, 을, 병이 숙박비와 1일 투어 비용으로 가장 저렴한 비용을 지출하고자 할 때, 이들 3명이 지출하는 파리에서의 숙박비와 1일 투어 비용의 합은 얼마인가? (단, 4일간 같은 호텔에서 머무르고, 한 여행사에서 2개의 투어를 선택한다.)

① 725,000원
② 790,600원
③ 815,000원
④ 828,800원
⑤ 9,25,300원

26 갑, 을, 병은 여행 일정을 4박 5일로 늘려 여유 있게 여행을 즐기기로 하고 예산을 다시 짜려고 한다. 호텔은 슈페리어급 이상의 룸을 예약하고 여행사 투어는 근교 도시 투어와 박물관 투어를 예약하려고 한다. 다른 조건은 위 문제와 동일하고 최저 비용으로 계산할 때, 이들 3명이 지출하는 파리에서의 숙박비와 1일 투어 비용의 합은 얼마인가?

① 925,000원
② 998,600원
③ 1,052,000원
④ 1,122,800원
⑤ 1,161,000원

27 다음은 한국전력공사에서 신입사원 채용 시 활용하는 평가표이다. 1차 전형은 80점 이상을 받아야 통과할 수 있으며, 1차 전형을 통과한 사람만 2차 전형을 치를 수 있다. 각 평가 항목에는 가중치가 다르게 책정되어 있으며, 1·2차 전형의 총점을 산출하여 가장 높은 점수를 받은 1명이 최종 합격하게 된다. 이때 이에 대한 설명으로 옳은 것은?

신입사원 채용 평가표

구분	1차 전형		2차 전형	
평가항목	서류전형	인적성 검사	논술	면접
가중치	60%	40%	40%	60%

신입사원 채용전형 결과표

이름	1차 전형		2차 전형	
	서류전형(점)	인적성 검사(점)	논술	면접
A	80	75	(전형 진행 중)	
B	86	72		
C	90	70		
D	95	60		
E	75	80		
F	78	87		

① 1차 전형을 통과한 사람은 세 명이다.

② 서류전형에서 80점 이상을 받은 사람은 1차 전형을 모두 통과했다.

③ 2차 전형에서 논술 92점, 면접 80점을 받은 사람의 2차 전형 점수는 85점 이상이다.

④ 1차 전형 통과자 중 가장 낮은 점수를 받은 사람이 2차 전형에서 논술 83점, 면접 75점을 받았고, 가장 높은 점수를 받은 사람이 2차 전형에서 논술 60점, 면접 93점을 받았다면, 두 사람의 1·2차 전형 총점 차이는 4점 이상이다.

⑤ 1차 전형 통과자 중 점수가 가장 높은 상위 2명의 2차 전형 점수가 1등은 논술 92점, 면접 80점이고 2등은 2차 전형 점수가 논술 86점일 때, 2등이 면접에서 84점을 받더라도 최종 합격할 수 없다.

[28～29] 한국전력공사는 2024년 지역 예술단체 지원사업에 예산을 배정하였다. 지원 대상이 되는 예술단체의 선정 및 배정액 산정 · 지급 방법이 다음과 같을 때, 이어지는 물음에 답하시오.

- 2024년도 지원사업 예산은 10억 원이다.
- 2023년도 기준 인원이 40명 미만이거나 운영비가 2억 원 미만인 예술단체를 지원 대상으로 선정한다.
- 사업 분야가 공연예술인 단체의 지원금 배정액은 '(운영비 × 0.2) + (사업비 × 0.5)'로 산정한다.
- 사업 분야가 시각예술인 단체의 지원금 배정액은 '(운영비 × 0.5) + (사업비 × 0.2)'로 산정한다.
- 인원이 많은 단체부터 순차적으로 지급한다. 다만 예산 부족으로 산정된 금액 전부를 지급할 수 없는 단체에는 예산 잔액을 배정액으로 한다.
- 2023년도 기준 예술단체 현황은 다음과 같다.

단체	인원(명)	사업 분야	운영비(억 원)	사업비(억 원)
A	42	공연예술	2.1	5.2
B	36	시각예술	2.5	5.0
C	26	공연예술	3.0	4.2
D	39	시각예술	2.3	5.8
E	28	공연예술	1.2	2.4
F	30	공연예술	1.0	3.2

28

한국전력공사에서 지원금을 받는 예술단체에 대한 설명으로 잘못된 것은?

① 2억 원 이상의 지원금을 받는 단체는 3개이다.
② E단체와 F단체는 1억 5,000만 원 이하를 지원받는다.
③ C단체는 2억 5,000만 원 이상을 지원받지 않는다.
④ 시각예술 분야 예술단체는 모두 2억 원 이상을 지원받는다.
⑤ 2024년도 지원사업 예산이 2억 원 감액된다면, C단체는 지원을 받지 못한다.

29

한국전력공사는 지원사업 예산을 기존보다 3억 원 늘리면서 기준 인원이나 운영비에 제한을 두지 않고 모든 예술단체를 지원사업 대상에 포함시키기로 했다. 또한, 모든 사업분야의 지원금 배정액을 '(운영비 × 0.2) + (사업비 × 0.5)'로 산정하기로 하였다. 이때, 가장 많은 액수를 지원받는 단체의 지원 금액과, 가장 적은 액수를 지원받는 예술단체의 지원 금액 합은 얼마인가? (단, 지원금 지급순서 및 예산 부족인 경우의 지급방식은 기존과 동일하게 적용한다.)

① 4억 8,000만 원
② 4억 7,400만 원
③ 3억 7,400만 원
④ 3억 6,800만 원
⑤ 3억 200만 원

30 **한국전력공사는 N시의 바이오매스 발전소와 협력하여 신에너지 시설 설치 사업을 계획하고 있다. 한국전력공사는 제안된 사업안 A, B, C, D, E 중 경제성, 효용성, 환경친화성의 총 3가지 요소를 고려하여 최종점수가 가장 높은 안건을 채택한다. 다음 자료를 근거로 판단할 때, 한국전력공사가 최종적으로 채택하게 될 사업안으로 적절한 것은?**

- 각 요소에서 한국전력공사와 N시의 요구사항을 반영하여 양쪽에게 모두 불만이 적은 해결책을 선택한다.
- 각 요소의 평가결과 '상' 등급을 받으면 3점을, '중' 등급을 받으면 2점을, '하' 등급을 받으면 1점을 부여한다. 단, 양측 간의 조정 결과에 따라 '경제성' 점수는 2배로 계산한다. (예 경제성 '하'등급 2점)
- 경제성은 한국전력공사의 요구사항을 고려하여 사업 비용을 기존에 제시한 사업 비용과 대비하여 40% 이상 절감하는 경우 '상' 등급을, 40% 미만 20% 이상 절감하는 경우 '중' 등급을, 20% 미만 절감하는 경우 '하' 등급을 매긴다.
- 효용성은 N시의 요구사항을 고려하여 농산물계 바이오매스를 활용하여 발전하는 경우 '하'등급을, 목질계 바이오매스를 활용하여 발전하는 경우 '상'등급을 매긴다.
- 환경친화성은 N시의 요구사항을 고려하여 N시에서 생성된 바이오매스만을 전량 활용하여 발전하는 경우 '상'등급을, N시에서 생성된 바이오매스를 부분적으로 활용하여 발전하는 경우 '하'등급을 매긴다. (단, N시에서 생성된 바이오매스를 활용하는 비율이 타지역 대비 20배 이상인 경우 N시에서 생성된 바이오매스를 전량 활용하는 것으로 간주한다.)
- 각 요소의 평가점수를 합하여 최종점수를 구한다.

사업안별 평가표

구분	기존 사업 비용 대비 절감 정도	활용하는 바이오매스 종류	활용하는 바이오매스의 생성 지역 비율 (N시 : 타지역)
A	45%	농산물계	94 : 6
B	28%	농산물계	96 : 4
C	10%	목질계	95 : 5
D	26%	목질계	97 : 3
E	14%	농산물계	98 : 2

① A
② B
③ C
④ D
⑤ E

자원관리능력 | 31 ~ 40번

[31 ~ 32] 한국전력공사 대구 지사에서 근무하는 박 과장은 대전 본사로 당일 출장을 다녀오게 되었다. 출장경비를 미리 계산하기 위해 같은 팀에서 몇 달 전 본사 출장을 다녀온 김 대리가 정리한 다음의 교통 및 식사 비용 정보를 참고하려고 한다. 이를 보고 이어지는 물음에 답하시오.

대중교통 이용 비용

이동수단		요금	비고
대구 ↔ 대전 이동	KTX	16,400원	한국전력공사 직원은 철도공사와의 제휴로 업무상 KTX 또는 새마을열차 이용 시 요금의 10%를 할인받을 수 있음
	새마을열차	10,500원	
	무궁화열차	9,500원	—
대구·대전 시내	택시(대구)	기본요금 4,000원	2km 초과 시 1km당 150원씩 추가요금 부과
	택시(대전)	기본요금 4,300원	2km 초과 시 1km당 200원씩 추가요금 부과

※ 대구역 및 대전역에서 지사와 본사로 이동 시 택시를 이용해야 한다.
※ 대구역 ↔ 대구 지사 간 거리 : 4km
대전역 ↔ 대전 본사 간 거리 : 9km

자가용 이용 비용

연비	대구지사와 대전본부 간 거리	휘발유 가격
16km/ℓ	152km	1,950원/ℓ

※ 제시된 연비에 따른 주유비가 지급된다.

중식비

식사장소	메뉴	가격
A면옥	갈비탕	12,000원
B식당	백반 정식	10,000원
C반점	짜장면+미니탕수육	12,000원
D식당	감자탕	9,000원
E식당	런치 불고기 정식	13,000원

※ 대전 본사 출장 시 위 5개 식당 및 구내식당만 이용 가능하다.
※ 각 식당의 가장 저렴한 메뉴를 나타낸 것임

31 박 과장이 위 정보를 참고하여 대구 지사를 출발해 대전 본사를 방문한 뒤 당일에 다시 대구 지사로 돌아오는 출장경비를 계산했을 때의 최저비용은? (단, 중식은 구내식당을 제외한 외부 식당을 이용한다.)

① 35,700원 ② 37,050원 ③ 39,150원
④ 40,300원 ⑤ 46,050원

32 대전 본사 직원이 박 과장 출장 시 대전 기차역으로 마중을 나온다고 연락이 왔으며, 중식은 본사 구내식당에서 먹기로 하였다. 이때 박 과장이 출장경비를 계산했을 때의 최저비용은?

① 23,800원 ② 25,150원 ③ 28,050원
④ 30,500원 ⑤ 33,200원

[33～34] ○○기업 홍보팀에서는 두 달 후 출시되는 새로운 브랜드 홍보를 위해 홍보물 제작을 의뢰하려고 한다. 다음은 동일한 홍보 물품의 A, B, C 업체별 가격 관련 자료이다. 이를 보고 이어지는 물음에 답하시오.

홍보물 제작 업체별 가격표

(단위: 만 원)

A업체			B업체			C업체		
미니수첩	500개	35	미니수첩	200개	15	미니수첩	200개	14
	1,000개	62		500개	36		500개	35
	—	—		1,000개	65		1,000개	64
에코백	100개	20	에코백	100개	22	에코백	200개	42
	200개	38		200개	40		500개	91
	500개	92		300개	62		1,000개	175
USB메모리	100개	30	USB메모리	100개	30	USB메모리	300개	90
	300개	87		200개	55		500개	136
	500개	140		500개	138		1,000개	265
	1,000개	270		1,000개	272		—	—

※ 제시된 제작단위로만 판매한다.

제작 업체별 할인혜택

업체	비고
A업체	• 물품 세 종류 이상 주문 시 전체 금액에서 3% 할인(단, 전체 주문수량 2,000개 이상일 경우여야 할인 적용) • 물품 두 종류 이상 주문 시 전체 금액에서 2% 할인(단, 전체 주문수량 2,000개 이상일 경우여야 할인 적용)
B업체	• 에코백 1,000개 이상 주문 시 10% 할인 • USB메모리 1,000개 이상 주문 시 3%, 1,500개 이상 주문 시 5% 할인
C업체	• 에코백 500개 이상 주문 시마다 5만 원 할인 • 전체 주문금액이 500만 원 이상일 경우 2% 할인

33 홍보팀에서는 미니수첩 1,000개, 에코백 1,000개, USB메모리 500개를 제작하기로 결정하고 위의 A, B, C 업체 중 금액이 가장 저렴한 업체에서 물품을 제작하려고 한다. 홍보팀에서 선택할 업체와 그때의 물품 가격이 바르게 연결된 것은?

① C업체, 3,650,000원
② C업체, 3,695,000원
③ A업체, 3,742,000원
④ A업체, 3,790,000원
⑤ B업체, 3,830,000원

34 홍보물 제작을 의뢰하기 전 홍보팀에서 회의를 한 결과, 에코백과 USB메모리만 각각 2,000개씩 제작하기로 결정하고 위의 A, B, C 업체별로 금액이 가장 저렴한 곳에 각각 제작을 의뢰하기로 방침을 바꾸었다. 이때 에코백과 USB메모리를 제작할 업체는 각각 어디인가?

	에코백	USB메모리
①	B업체	B업체
②	B업체	C업체
③	A업체	B업체
④	C업체	C업체
⑤	C업체	B업체

35 한국전력공사에 근무하는 윤 과장은 아침에 늦잠을 자서 서둘러 출근을 하려고 한다. 출근 시간은 오전 8시 50분까지이고, 윤 과장은 8시 10분에 집에서 출발했다. 윤 과장이 이용할 수 있는 교통수단 정보가 다음과 같다고 할 때, 윤 과장이 이용할 교통편으로 가장 적절한 것은?

> ◎ 자가용
> - 집에서 회사까지의 거리는 35km이다.
> - 윤 과장은 보통 60km/h의 속도로 차량을 운전한다.
> - 7시 30분~8시 30분까지는 러시아워여서 평소 이동 속도의 절반만 낼 수 있다.
>
> ◎ 지하철
> 집 근처 지하철역에서부터 회사에서 가장 가까운 지하철역까지 지하철로 이동하는 데 28분의 시간이 소요된다.
>
> ◎ 버스
> - 집 근처 버스정류장에서 회사 앞 버스정류장까지 50분이 소요된다.
> - 회사에서 가장 가까운 지하철역에서부터 회사 앞 버스정류장까지 15분이 소요된다.
> - 버스는 버스전용차로를 이용하므로 러시아워의 영향을 받지 않는다.
>
> ◎ 택시
> - 집 근처에서 회사까지 택시를 이용하면 자가용을 이용할 때와 같은 시간이 소요된다. (단, 택시를 잡는 데 5분이 추가로 소요된다.)
> - 회사에서 가장 가까운 지하철역에서부터 회사 앞까지 5분이 소요된다. (단, 택시를 잡는 데 2분이 추가로 소요된다.)
> - 러시아워에 해당하는 시간에는 소요시간이 2배로 늘어난다.

① 자가용　　② 버스
③ 지하철 – 버스　　④ 택시
⑤ 지하철 – 택시

[36～37] 다음은 한국전력공사의 보안팀과 지원팀 당직 규정과 팀원 명단, 당직 근무표이다. 이를 보고 이어지는 물음에 답하시오.

당직 규정

1. 당직은 일직과 숙직으로 나뉜다.
2. 일직은 주말 및 공휴일에 근무하는 것이며, 정상근무에 준한다.
3. 숙직은 근무가 종료된 시점부터 익일의 근무가 시작될 때까지로 정한다.
4. 일직 후 숙직은 가능하지만, 숙직 후 일직은 불가능하다.
5. 팀장은 월 2회 이상은 평일 숙직을 해야 한다.
6. 숙직 당일 기준 앞뒤로 2일 동안은 숙직을 할 수 없다.

보안팀, 지원팀 명단

팀	팀원
보안팀	• 팀장: 오철수 • 팀원: 김성욱, 강준희, 유정현, 박영수, 이경호, 허유정
지원팀	• 팀장: 이지훈 • 팀원: 이정민, 김승주, 정민수, 한찬규, 박선우, 박민우

당직 근무표

일	월	화	수	목	금	토
1 (일) 박민우	2 (숙) 오철수	3 (숙) 김성욱	4 (숙) 강준희	5 (숙) 유정현	6 (숙) 박영수	7 (일) 이경호
8 (일) 허유정	9 (숙) 이지훈	10 (숙) 이정민	11 (숙) 김승주	12 (숙) 정민수	13 (숙) 한찬규	14 (일) 박선우
15 (일) 박민우	16 (숙) 오철수	17 (숙) 강준희	18 (숙) 유정현	19 (숙) 이정민	20 (숙) 김승주	21 (일) 김성욱
22 (일) 박영수	23 (숙) 이경호	24 (숙) 정민수	25 (숙) (　　)	26 (숙) 한찬규	27 (숙) 박선우	28 (일) 허유정
29 (일) 이경호	30 (숙) 이정민	31 (숙) 박민우				

36 위 당직 근무표에서 25일에 반드시 숙직을 하게 되는 사람은 누구인가?

① 유정현
② 박민우
③ 오철수
④ 이정민
⑤ 이지훈

37 위 당직 근무표의 초안을 팀원들에게 돌린 후 휴무와 개인사정을 고려하여 대체 근무자 신청을 받았을 때, 잘못 신청한 팀원은?

	예상 근무날	당일 근무자	대체 근무자	대체 사유
①	1일(일)	박민우	유정현	병원 진료
②	7일(토)	이경호	이지훈	동생 결혼
③	17일(화)	강준희	정민수	병원 정기검진
④	26일(목)	한찬규	김승주	여행
⑤	30일(월)	이정민	박영수	지방 출장

38 다음은 '분산에너지 활성화 특별법'의 일부이다. 법률의 내용과 일치하지 않는 것은?

제2조(정의) 이 법에서 사용하는 용어의 뜻은 다음과 같다.
1. "분산에너지"란 에너지를 사용하는 공간 · 지역 또는 인근지역에서 공급하거나 생산하는 에너지로서 대통령령으로 정하는 일정 규모 이하의 에너지를 말한다.
2. "분산에너지사업"이란 분산에너지를 공급하는 사업으로서 다음 각 목의 어느 하나에 해당하는 사업을 말한다.
   가. 집단에너지사업: 「집단에너지사업법」 제2조 제2호에 따른 사업
   나. 구역전기사업: 「전기사업법」 제2조 제11호에 따른 구역전기사업
   다. 중소형 원자력 발전사업: 「원자력안전법」 제2조 제8호에 따른 원자로를 활용한 발전사업으로서 대통령령으로 정하는 일정 규모 및 요건을 충족하는 사업
   라. 분산에너지 통합발전소사업: 「전기사업법」 제2조 제12호의10에 따른 통합발전소사업 중 분산에너지자원을 활용한 사업
   마. 신재생에너지사업: 「신에너지 및 재생에너지 개발 · 이용 · 보급 촉진법」 제2조 제1호에 따른 신에너지 및 같은 조 제2호에 따른 재생에너지 중 대통령령으로 정하는 에너지를 공급하는 사업
   바. 연료전지발전사업: 「수소경제 육성 및 수소 안전관리에 관한 법률」 제2조 제6호에 따른 연료전지 중 대통령령으로 정하는 전기를 공급하는 사업
   사. 수소발전사업: 「수소경제 육성 및 수소 안전관리에 관한 법률」 제2조 제7호의3에 따른 수소발전을 하는 사업
   아. 저장전기판매사업: 전기를 전기저장장치에 저장하였다가 전력이 필요할 때 판매하는 사업
   자. 재생에너지전기공급사업: 「전기사업법」 제2조 제12호의8에 따른 재생에너지전기공급사업
   차. 소규모전력중개사업: 「전기사업법」 제2조 제12호의6에 따른 소규모전력중개사업
   카. 수요관리사업: 「전기사업법」 제31조 제5항에 따른 수요관리 사업자가 수요반응자원을 이용하여 발전기의 전력생산 및 수급 조절 기능을 대체하는 사업
3. "분산에너지사업자"란 분산에너지사업을 영위하는 자로서 다음 각 목의 어느 하나에 해당하는 자를 말한다.
   가. 제8조에 따라 분산에너지사업의 등록을 한 자
   나. 제8조 제1항 각 호 외의 부분 단서에 따라 분산에너지사업의 등록을 한 것으로 보는 자
4. "송전사업자"란 「전기사업법」 제2조 제6호에 따른 송전사업자를 말한다.
5. "배전사업자"란 「전기사업법」 제2조 제8호에 따른 배전사업자를 말한다.
6. "전기판매사업자"란 「전기사업법」 제2조 제10호에 따른 전기판매사업자를 말한다.
7. "송전망"이란 송전사업자가 소유 · 관리하는 송전선로, 변압기, 개폐장치와 그 밖의 전기설비를 말한다.
8. "배전망"이란 배전사업자가 소유 · 관리하는 배전선로, 변압기, 개폐장치와 그 밖의 전기설비를 말한다.
9. "전력계통영향평가"란 일정 규모 이상의 전기사용시설의 설치, 공동주택단지의 건설 등에 따라 「전기사업법」 제2조 제14호에 따른 전력계통(이하 "전력계통"이라 한다)에 미치는 영향을 조사 · 예측 · 평가하여 전력공급 안정에 위험한 영향을 회피하게 하거나 제거 또는 감소시킬 수 있는 방안을 마련하는 것을 말한다.
10. "분산에너지특화지역"이란 제36조에 따라 지정 · 고시된 지역을 말한다. 다만, 구역전기 공급구역(「전기사업법」 제2조 제12호에 따른 구역전기사업자가 전기를 공급하는 특정한 구역을 말한다. 이하 이 호에서 같다)의 일부가 분산에너지특화지역에 포함되는 경우에는 해당 구역전기 공급구역 전체를 포함한다.

제16조(배전사업자의 적정설비 설치 · 관리 의무 등) ① 배전사업자는 배전망에 연계된 분산에너지사업자가 전기의 수요 · 공급의 변화에 따라 전기를 원활하게 배전망을 통하여 공급할 수 있도록 산업통상자원부장관이 정하여 고시하는 기준에 적합한 설비를 설치 · 관리하여야 한다.
② 배전사업자는 대통령령으로 정하는 바에 따라 배전망관리의 목적, 범위, 조건, 절차 및 방법 등을 명시한 배전망관리방침을 공개하고, 배전망관리에 필요한 조치를 하는 경우 그 사실과 영향 등을 해당 분산에너지사업자에게 고지하여야 한다. 다만, 해당 분산에너지사업자에게 고지하기 어려운 부득이한 사유가 있는 경우에는 공지로 갈음할 수 있다.
③ 배전사업자는 분산에너지의 유형 또는 제공자 등에 따라 배전망접속과 차단을 불합리하게 차별하여서는 아니 된다. 다만, 합리적인 전력공급 차단의 필요성이 인정되는 경우에는 그러하지 아니하다.
④ 배전사업자는 다음 각 호의 어느 하나에 해당하는 경우에는 배전망의 접속을 차단할 수 있다.
1. 배전망의 보안성 및 안정성 확보를 위하여 필요한 경우
2. 일시적 과부하, 전기설비의 공사 · 유지 및 운영 등에 따른 배전망 혼잡으로부터 다수 분산에너지사업자 등 발전사업자 또는 전기사용자의 이익을 보호하기 위하여 필요한 경우
3. 국가기관의 법령에 따른 요청이 있거나 다른 법률의 집행을 위하여 필요한 경우
4. 「전기사업법」 제35조에 따른 한국전력거래소(이하 "전력거래소"라 한다) 또는 송전사업자가 송전망의 보안성 및 안정성 확보 또는 송전망 전기설비의 공사 · 유지 · 보수 및 운영에 따른 송전망 혼잡 해소를 위하여 요청하는 경우
⑤ 제4항 제1호 및 제2호에 따라 배전망의 접속을 차단할 수 있는 경우의 세부적인 사항은 산업통상자원부령으로 정한다.

① 배전선로, 변압기, 개폐장치 등을 관리하는 자는 분산에너지의 제공자 또는 유형에 따라 배전망접속과 차단을 차별하여서는 안 된다.
② 구역전기사업자가 전기를 공급하는 특정 구역의 일부가 분산에너지특화지역에 포함되는 경우, 해당 구역전기 공급구역 전체가 분산에너지특화지역에 포함된다.
③ 저장장치에 전기를 저장했다가 전력이 필요할 때 판매하는 사업을 저장전기판매사업이라고 한다.
④ 배전망을 소유 · 관리하는 자는 대통령령으로 정하는 바에 따라 배전망관리방침을 공개하고, 배전망관리에 필요한 조치를 할 경우 송전사업자에게 고지하여야 한다.
⑤ 송전사업자는 송전망 전기설비 공사를 할 경우, 혼잡 해소를 위해 배전사업자에게 배전망 접속 차단을 요청할 수 있다.

[39～40] 다음 대화와 타일 견적표를 보고 이어지는 물음에 답하시오.

A: 이번 본사 이전에 맞춰서 사무실을 리모델링하려고 하는데, 바닥 타일은 어떤 걸로 할까요?
B: 색깔은 회색이 좋을 것 같아요. 너무 밝지도 어둡지도 않은 색으로요.
C: 맞아요, 때도 잘 안 타고. 그럼 자잘한 무늬도 있는 게 좋겠네요.
B: 두께는 10mm보다는 두꺼웠으면 좋겠어요. 층간소음이 걱정되네요.
A: 그러면 가격을 고려해서 결정해 보죠.
C: 사무실이 가로 × 세로 12m × 10m니까, 빠짐없이 들어가도록 개수를 정해서 사야겠네요.

구분	X업체	Y업체
색깔	단색: 검정, 미색, 회색 중 선택 잔무늬 추가 시 개당 +300원	회색 무늬, 미색 무늬, 검정 단색 중 선택
두께	기본 10mm 20mm로 변경 시 개당 +200원	기본 15mm 20mm로 변경 시 개당 +200원
단가	기본 3,500원	기본 5,500원
크기	기본 50cm × 50cm	기본 50cm × 50cm
인건비	타일 10개당 20,000원	타일 가격에 포함됨

39 조건을 만족하는 타일 중 가장 가격이 저렴한 것을 주문하여 공사를 맡긴다고 할 때, 타일의 개수와 총비용은?

① 480개, 2,640,000원
② 600개, 2,640,000원
③ 480개, 2,880,000원
④ 600개, 2,880,000원
⑤ 480개, 3,240,000원

40 경비를 아끼기 위하여 X업체에서 타일만 주문하여 직접 공사하기로 하였다. 이때 드는 비용은 얼마인가? (단, 현관 10m × 1m 면적은 제외한다.)

① 1,640,000원
② 1,760,000원
③ 1,880,000원
④ 1,920,000원
⑤ 2,160,000원

정보능력 | 41 ~ 50번

[41 ~ 42] 다음은 주민등록번호를 구성하는 방법이다. 이를 보고 이어지는 물음에 답하시오.

현재 주민등록번호는 총 13자리의 숫자로, 다음과 같이 표기하며 각각의 숫자에는 아래와 같은 의미가 있다.
ⓐⓑⓒⓓⓔⓕ－ⓖⓗⓘⓙⓚⓛⓜ

'ⓐⓑⓒⓓⓔⓕ' 여섯 숫자는 생년월일, 'ⓖ'는 성별을 나타낸다. 또한, 'ⓖ'는 다음과 같이 세분화하여 나타낸다.
9 : 1800 ~ 1899년에 태어난 남성, 0 : 1800 ~ 1899년에 태어난 여성
1 : 1900 ~ 1999년에 태어난 남성, 2 : 1900 ~ 1999년에 태어난 여성
3 : 2000 ~ 2099년에 태어난 남성, 4 : 2000 ~ 2099년에 태어난 여성
5 : 1900 ~ 1999년에 태어난 외국인 남성, 6 : 1900 ~ 1999년에 태어난 외국인 여성
7 : 2000 ~ 2099년에 태어난 외국인 남성, 8 : 2000 ~ 2099년에 태어난 외국인 여성

'ⓗⓘⓙⓚ'는 출생등록지, 즉 등록기준지의 고유 번호이며 이 중 'ⓗⓘ'는 출생등록지에 해당하는 지방자치단체의 고유 번호이다.
'ⓗⓘ'도 다음과 같이 세분화하여 나타낸다.
서울특별시 : 00~08, 부산광역시 : 09~12, 인천광역시 : 13~15, 경기도 : 16~25,
강원도 : 26~34, 충청북도 : 35~39, 대전광역시 : 40, 충청남도 : 41~47,
세종특별자치시 : 44, 96, 전라북도 : 48~54, 전라남도 : 55~66, 광주광역시 : 55, 56,
대구광역시 : 67~69, 76, 경상북도 : 70~75, 77~81, 경상남도 : 82~84, 86~92,
울산광역시 : 85, 제주특별자치도 : 93~95
'ⓙⓚ'는 출생등록을 한 읍・면・동주민센터 고유 번호로, 주민센터마다 고유한 번호가 행정자치부에 의해 부여되어 있다.

'ⓛ'은 일련번호로, 그날 주민센터에서 출생신고를 한 순서이다.

'ⓜ'은 주민등록번호에 오류가 없는지 확인하는 검증번호로, 아래와 같은 특수한 규칙으로 만든다.
ⓜ = 11 − [(2 × ⓐ + 3 × ⓑ + 4 × ⓒ + 5 × ⓓ + 6 × ⓔ + 7 × ⓕ + 8 × ⓖ + 9 × ⓗ + 2 × ⓘ + 3 × ⓙ + 4 × ⓚ + 5 × ⓛ) ÷ 11의 나머지]
즉, 소괄호 안에 있는 것을 계산한 값을 11로 나눠서 나온 나머지를 11에서 뺀 값이 ⓜ이다. (단, 10은 0, 11은 1로 표기한다.

41 주민등록번호가 230618－720174X라고 할 때, 이를 보고 알 수 없는 정보는?

① 6월 18일에 태어났다.
② 경기도에 거주 중이다.
③ 외국인 남성이다.
④ 출생신고 당일 신고 순서는 네 번째이다.
⑤ 2023년생이다.

42 다음 주민등록번호 중에서 오류가 없는지 확인하는 검증번호가 옳은 것은?

① 481127－3053691
② 190430－9510843
③ 020229－2385227
④ 671027－3716922
⑤ 890618－1248305

[43～45] ○○사는 이용고객의 서비스만족도에 대한 설문조사를 실시하였다. 설문조사 결과에 코드번호를 부여해 분류하고자 할 때, 이어지는 물음에 답하시오.

코드번호 부여체계

- 5가지 항목에 코드를 부여하여 총 10자리 숫자로 구성한다.
- 조사방식(2자리) – 거주지역(2자리) – 연령(2자리) – 직종(2자리) – 월 소득(2자리)

<table>
<tr><th colspan="2">조사방식</th><th colspan="2">거주지역</th><th colspan="2">연령</th><th colspan="2">직종</th><th colspan="2">월 소득</th></tr>
<tr><td rowspan="4">대면 조사</td><td rowspan="4">01</td><td>서울</td><td>11</td><td rowspan="3">20세 미만</td><td rowspan="3">19</td><td>관리자</td><td>11</td><td>100만 원 미만</td><td>10</td></tr>
<tr><td>경기</td><td>12</td><td rowspan="2">전문가 및 관련 종사자</td><td rowspan="2">22</td><td rowspan="3">100만 원 ~199만 원</td><td rowspan="3">20</td></tr>
<tr><td>인천</td><td>13</td></tr>
<tr><td>강원</td><td>51</td><td rowspan="3">20세~29세</td><td rowspan="3">29</td><td>사무 종사자</td><td>33</td></tr>
<tr><td rowspan="4">전화 조사</td><td rowspan="4">02</td><td>대전</td><td>21</td><td>서비스 종사자</td><td>44</td><td rowspan="2">200만 원 ~299만 원</td><td rowspan="2">30</td></tr>
<tr><td>충북</td><td>22</td><td>판매 종사자</td><td>55</td></tr>
<tr><td>충남</td><td>23</td><td rowspan="3">30세~39세</td><td rowspan="3">39</td><td rowspan="2">농림어업 숙련 종사자</td><td rowspan="2">66</td><td rowspan="4">300만 원 ~399만 원</td><td rowspan="4">40</td></tr>
<tr><td>세종</td><td>24</td></tr>
<tr><td rowspan="4">인터넷 조사</td><td rowspan="4">03</td><td>광주</td><td>31</td><td rowspan="3">기능원 및 관련 기능 종사자</td><td rowspan="3">77</td></tr>
<tr><td>전북</td><td>32</td><td rowspan="3">40세~49세</td><td rowspan="3">49</td></tr>
<tr><td>전남</td><td>33</td></tr>
<tr><td>대구</td><td>41</td><td rowspan="3">장치·기계조작 및 조립 종사자</td><td rowspan="3">88</td><td rowspan="3">400만 원 ~499만 원</td><td rowspan="3">50</td></tr>
<tr><td rowspan="5">우편 조사</td><td rowspan="5">04</td><td>울산</td><td>42</td><td rowspan="3">50세~59세</td><td rowspan="3">59</td></tr>
<tr><td>부산</td><td>43</td></tr>
<tr><td>경북</td><td>44</td><td>단순노무 사자</td><td>99</td><td rowspan="3">500만 원 이상</td><td rowspan="3">60</td></tr>
<tr><td>경남</td><td>45</td><td rowspan="2">60세 이상</td><td rowspan="2">69</td><td rowspan="2">군인</td><td rowspan="2">00</td></tr>
<tr><td>제주</td><td>52</td></tr>
</table>

코드번호 부여결과

0251195540	0322498440	0212597740	0244391130	0341393360	0432495510
0345299120	0342691120	0331292240	0452690040	0253495550	0143396640
0411290050	0222590020	0431199960	0233392220	0445696610	0421197720
0114291360	0131395550	0340691110	0132492240	0252594430	0311597720
0124193340	0223393330	0113697330	0144196630	0443292250	0224496630
0123198810	0432497730	0152698810	0331599940	0224693320	0444595020
0123593320	0221294450	0425290020	0213194460	0151194410	0342395540
0122495510	0332491140	0251397720	0211292230	0437592240	0343694330

43 ○○사는 서비스를 주로 이용하는 연령대인 30세 이상 50세 미만인 사람들을 추려 서비스만족도를 알아보려고 한다. 이에 해당하는 코드번호는 몇 개인가?

① 15개
② 16개
③ 17개
④ 18개
⑤ 19개

44 ○○사는 서비스만족도를 측정할 때, 소득의 크기에 가중치를 부여하려고 한다. 빈도가 높은 소득구간일수록 큰 가중치를 부여한다면, 가장 큰 가중치를 부여해야 하는 소득구간은?

① 100만 원 미만
② 100만 원~199만 원
③ 200만 원~299만 원
④ 300만 원~399만 원
⑤ 400만 원~499만 원

45 다음 주어진 〈조건〉에 해당하는 숫자를 모두 더하면 얼마인가?

조건

A: 인터넷 조사에 응답한 사람의 수
B: 거주지역 코드가 잘못 입력된 항목의 수
C: 직종 코드가 잘못 입력된 항목의 수

① 20
② 21
③ 22
④ 23
⑤ 24

46 다음은 윈도우 키를 이용한 단축키에 대한 설명이다. 빈칸 ㉠~㉢에 들어갈 단축키를 올바르게 짝지은 것은?

> Windows 10에서 실행 대화 상자를 열어 명령어를 입력할 수 있는 키는 (㉠) 이고, 윈도우 파일 탐색기를 실행하는 키는 (㉡)이다. 윈도우 작업보기를 실행하여 열려 있는 모든 창을 확인할 수 있는 키는 (㉢)이다.

	㉠	㉡	㉢
①	Win + D	Win + S	Win + Home
②	Win + R	Win + E	Win + Tab
③	Win + Tab	Win + D	in + S
④	Win + E	Win + R	Win + Esc
⑤	Win + S	Win + Tab	Win + F4

47 다음 글을 보고, '딥페이크'에 대한 설명으로 적절한 것을 고르면?

> 딥페이크(Deepfake)는 딥러닝(Deep Learning)과 페이크(Fake)의 합성어로, 인공지능(AI) 스스로 외부 데이터를 조합・분석해 학습하는 딥러닝 기술을 활용해 실제 사람의 얼굴이나 특정 부위를 실존 인물이 아닌 인물과 합성하는 기술을 말한다. 이는 2017년 미국 온라인 커뮤니티 레딧(Reddit)에 '딥페이크(Deepfakes)'라는 아이디를 가진 네티즌이 할리우드 배우의 얼굴과 포르노를 합성한 편집물을 올리면서 시작됐다. AI의 핵심 기술인 딥러닝을 이용해 특정인의 외모와 표정은 물론 목소리와 억양까지 따라 할 수 있다. 딥페이크는 별도의 장치 없이도 간편하게 특수효과 등 다양한 영상기법으로 쓰일 수 있다는 점에서 활용도가 높다. 딥페이크는 온라인에 공개된 무료 소스코드와 머신러닝 알고리즘으로 손쉽게 제작이 가능하며, 진위 여부를 가리기 어려울 만큼 정교하다. 여기에 피해자의 신고가 없으면 단속이 어렵고, 주로 SNS를 통해 거래되기 때문에 계정을 폐쇄할 경우 단속을 피할 수 있어 처벌이 어렵다는 문제가 있다.
>
> 연예인, 정치인 등 유명인은 물론 일반인까지 AI 딥페이크를 활용한 합성 포르노와 가짜뉴스의 대상이 되면서 사회적 문제로 떠올랐다. 특히 선거를 앞두고 딥페이크가 가짜뉴스 제작에 악용된다는 점에서 전 세계적으로 공정한 선거문화와 민주주의에 심각한 악영향을 미치는 것이 아니냐는 우려의 목소리도 있다. 딥페이크 영상으로 인한 논란은 할리우드를 비롯한 전 세계 영화업계에서도 나왔다. 미국 작가조합(WGA)과 배우・방송인 노동조합(SAG－AFTRA)은 2023년 딥페이크 기술 도입에 따른 권리 보장을 주장하는 파업을 벌였다. 이들은 AI가 생성하는 이미지에 기존 작품의 대본과 배우의 얼굴・목소리가 무단으로 도용되는 경우가 늘어나면서 지식재산권과 디지털 초상권을 보장해줘야 한다고 주장했다.

① 최초의 딥페이크는 온라인에 공개된 무료 소스코드 등으로 단순하게 제작한 영상물이었다.
② 특정인의 외모와 표정은 물론 목소리와 억양까지 따라 할 수 있으나, 아직까지는 어색함이 있어 진위 여부를 판별하는 것이 가능하다.
③ AI 딥페이크를 활용한 가짜뉴스는 선거철 유권자에게 악영향을 미쳐 민주주의 발전을 저해할 수 있다.
④ 미국 작가조합과 배우・방송인 노동조합은 딥페이크 기술 도입의 영화 도입에 대해 반대의 목소리를 냈다.
⑤ 피해자의 신고가 있어야 단속이 가능하기 때문에 딥페이크를 이용한 범죄를 저지른 자에 대한 처벌은 거의 없는 실정이다.

48 다음은 엑셀에서 사용할 수 있는 수식에 대한 설명이다. 이 수식들을 이용하여 〈보기〉의 엑셀 입력 값들을 계산하려고 할 때, 다음 중 수식을 계산한 결괏값이 다른 것은?

- **더하기**
  수식 : = SUM(number1 : number2)
  결과 : 지정된 셀 혹은 입력된 수 number1부터 number2까지의 합계
- **곱하기**
  수식 : = PRODUCT(number1 : number2)
  결과 : 지정된 셀 혹은 입력된 수 number1부터 number2까지의 곱
- **반올림**
  수식 : ROUND(number, num_digits)
  − num_digits = −1, 소수점 아래 둘째 자리에서 소수점 아래 첫째 자리로 반올림
  − num_digits = 0, 소수점 아래 첫째 자리에서 일의 자리로 반올림
  − num_digits = 1, 일의 자리에서 십의 자리로 반올림
  결과 : 지정된 셀 혹은 입력된 수를 지정된 자릿수로 반올림
- **몫 구하기**
  수식 : =QUOTIENT(number1,number2)
  결과 : 지정된 셀 혹은 입력된 수 number1를 number2로 나눈 몫의 정수부분
- **나머지 구하기**
  수식 : =MOD(number1,number2)
  결과 : 지정된 셀 혹은 입력된 수 number1를 number2로 나눈 나머지

보기

	A	B	C	D	E	F	G	H
1								
2	2015	2016	2017	2018	2019	2020	2021	
3	-2	-1	-0.5	0	0.5	1	2	
4								
5								

① =SUM(C3:F3)
② =PRODUCT(A3:C3)
③ =ROUND(E3,0)
④ =QUOTIENT(D2,C2)
⑤ =MOD(F2,E2)

49 다음 순서도를 수행할 때, 수행 과정에 대한 설명으로 옳지 않은 것은?

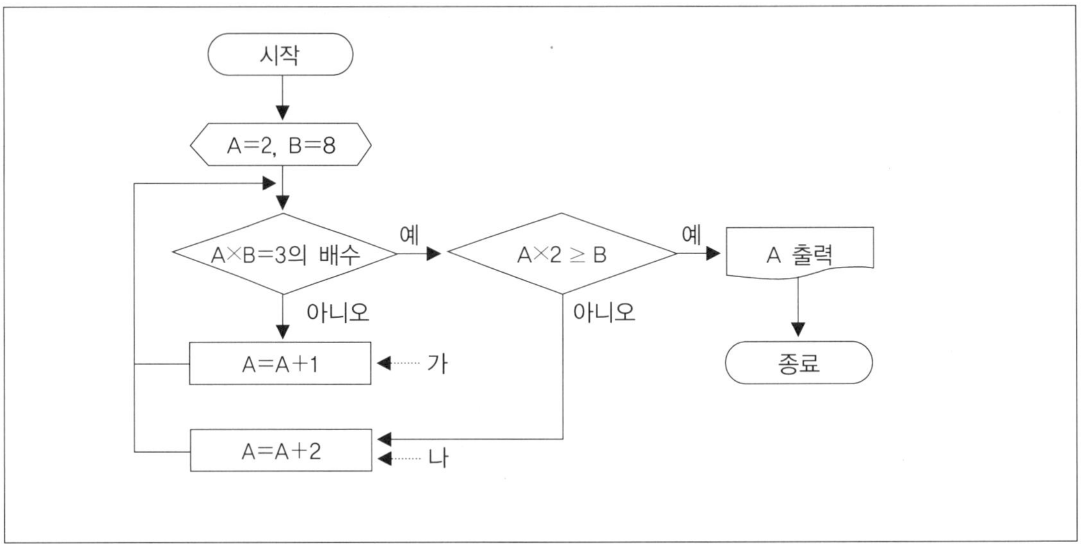

① A값은 절대 홀수가 될 수 없다.
② 출력된 A값은 6이다.
③ '나'는 총 1번 수행된다.
④ B값은 전혀 변화하지 않는다.
⑤ '가'는 총 2번 수행된다.

50 다음 중 ㉠~㉢에 들어갈 단어로 적절한 것은?

- (㉠)는 스마트폰에서 프로그램을 실행할 수 있는 모바일 운영체제로 구글(Google)이 제작했다. (㉠) 마켓에서 게임·뉴스·음악 등 콘텐츠를 내려받을 수 있으며 초기 화면에서 쉽게 구글 검색도 할 수 있다.
- (㉡)는 휴대가 가능하며 멀티태스킹의 특징을 갖도록 디자인되었으며 시분할 방식으로 다중 사용자가 사용할 수 있는 운영체제로 개발되었다. (㉡) 시스템은 일반 텍스트 파일의 저장, 계층적인 파일 시스템 구조, 장치와 프로세스 간 통신을 파일로 취급하는 다양한 콘셉트의 특징을 가지고 있다. 이러한 특징으로 (㉡)는 인터넷과 네트워크 발전에 매우 중요한 영향을 미쳤다.
- (㉢)는 미국 마이크로소프트(MS)가 개발한 개인용 컴퓨터(PC) 운영 체제 중 하나로, 조작 방법이 도스에 비해 극히 간편하기 때문에 쉽게 이용할 수 있다. 즉, PC 사용자가 도스를 사용하려면 키보드로 일일이 명령어를 넣어야 하지만 (㉢)는 화면에 나타나는 그림 명령어(아이콘) 중 하나를 마우스로 선택하기만 하면 된다. 또한 한 화면에서 여러 개의 창을 동시에 열 수 있기 때문에 컴퓨터의 한 화면에서 여러 가지 작업을 동시에 수행할 수 있는 장점이 있다.

	㉠	㉡	㉢
①	iOS	리눅스	윈도우
②	안드로이드	유닉스	윈도우
③	iOS	유닉스	MacOS
④	안드로이드	리눅스	MacOS
⑤	iOS	유닉스	윈도우

KEPCO
한국전력공사

직무능력검사

박문각

KEPCO
한국전력공사

직무능력검사

봉투모의고사

/

2회

박문각

제2회 직무능력검사

(50문항 / 70분)

의사소통능력 | 01 ~ 10번

01 다음 글의 내용과 일치하는 것은?

서유럽에서 중세와 르네상스기에 가장 중요한 어휘적 원천이었던 언어는 라틴어이다. 그 당시에 라틴어는 더 이상 어느 나라에서도 모어로 사용하지 않았지만, 과거 영화로웠던 로마 문명의 후광 속에서 로마가톨릭교회의 행정 및 예배 언어로서의 위신을 잃지 않고 있었다. 어휘에서도 라틴어의 영향은 여전히 강력했다. 라틴어에서 발달한 로맨스어의 일종인 프랑스어는 이미 라틴어에서 온 어휘를 사용하고 있었는데, 학술적 어휘에서는 당시 사용하던 것보다 더 고형의 라틴어를 다시 차용하기도 하였다.
막강한 제국이었던 로마의 언어가 차용되는 것을 보고, 어휘차용을 일으킨 원인이 꼭 정치적 힘 때문이라고 생각해서는 안 된다. 예를 들어 로마인들은 그리스를 군사적으로 몇 세기 동안 지배하다가 결국에는 합병했는데도 그리스의 문학, 음악, 미술에 계속 압도당해 이 분야의 많은 용어를 그리스어에서 차용하였다. 더 극적인 사례는 바이킹의 경우이다. 현재의 노르망디 지방을 911년에 무력으로 차지한 이 용맹한 전사들은 새 정착지에 매료되어 새로운 분야의 어휘 중 일부만 차용한 것이 아니라 언어 전체를 차용하고 말았다. 그래서 그로부터 155년 후에 그들의 후손이 잉글랜드 연안을 공격할 때에는 고대 노스어가 아닌 고대 프랑스어로 군가를 불렀다.
언어와 문화가 존중받아 어휘의 차용이 일어나기도 하지만 다른 경우도 있다. 새로운 개념이 등장했으나 해당 언어에서 이를 일컫는 어휘가 없을 경우, 즉 '어휘빈칸'이 생겼을 때 이를 보충하는 편리한 수단으로 차용이 일어나기도 한다. 이 경우에 차용되는 어휘는 해당 개념의 발명자의 언어에서가 아니라 그 개념을 소개한 집단의 언어에서 차용될 때가 많다. 예를 들어 기독교 교회의 신학과 예배 의식 관련 개념들은 애초에 아람어, 히브리어, 그리스어 사용자들이 발명한 것이다. 그런데 서유럽에 이 개념들을 소개하고 전파한 자들은 라틴어 사용자였으며, 기독교 교회와 관련된 아주 많은 서유럽어들의 어휘들이 라틴어에 기원을 두게 되었다.

① 르네상스 시기 서유럽에서 라틴어는 교회에서만 사용되었고 다른 곳에서는 그 흔적을 찾아볼 수 없었다.
② 로마인들이 그리스를 지배한 뒤 합병한 뒤에도 그리스어를 여러 분야에서 사용한 것은 그리스의 문화적 힘이 강했기 때문이다.
③ 911년 이전에 노르망디 지방에서 사용된 언어는 프랑스어였으며, 바이킹의 정복 이후에는 노스어가 사용되었다.
④ 어휘빈칸이 생겼을 때 이를 보충하기 위해서는 해당 개념을 만든 사람의 언어가 차용되는 경우가 많다.
⑤ 서유럽의 언어 어휘들이 라틴어에 기원을 둔 경우가 많은 것은, 과거 로마 문화에 대한 존중 때문이다.

02 다음 글의 제목으로 가장 적절한 것은?

수학에서 함수 관계라는 추상적인 개념은 이미 16세기에 중요하게 대두되었다. 이에 따라 자연법칙을 수학의 식으로 표현함으로써 자연의 질서를 밝힐 수 있다는 생각도 지배적이 되었다. 이와 같은 수학의 진보가 없었다면 17세기 과학의 발전은 불가능했을 것이다. 과학자들이 자연을 관찰할 때 동원하는 상상력의 힘은 수학에 그 바탕을 두고 있다. 갈릴레이, 데카르트, 호이겐스, 뉴턴 등 여러 과학자들이 자연법칙을 수학의 식으로 나타내었다.
수학에 나타나는 추상적인 개념의 발달이 16, 17세기 과학에 영향을 끼친 구체적인 예로서 주기성(週期性)이라는 것을 살펴보자. 우리는 주변에서 반복되는 현상을 쉽게 경험할 수 있다. 하루하루가 반복되고, 달이 반복해서 차고 기울고, 일 년의 사계절이 반복되고, 심장의 고동도 반복되고, 호흡도 반복된다. 이렇듯 어디를 둘러보나 반복되는 것과 마주치게 된다. 이러한 반복이 없다면 지식이 성립되지 못할 것이다. 왜냐하면 반복을 통하지 않고는 과거의 경험을 참고할 수 없기 때문이다. 뿐만 아니라 반복의 규칙성이 없다면 측정한다는 것도 불가능할 것이다. 정확성이라는 관념을 얻어내는 데는 우리의 경험 중에서 반복이라는 것이 가장 기초적인 토대가 된다.
주기성 이론은 16, 17세기 과학에서 중요한 자리를 차지한다. 케플러는 각 행성이 태양을 중심으로 저마다 궤도를 그릴 때 타원 궤도의 장반경과 회전 주기를 관계 짓는 법칙을 발견하였다. 갈릴레이는 진자(振子)의 주기적인 진동을 관찰하였다. 뉴턴은 소리를 공기 밀도의 성김[疎]과 촘촘함[密]이 반복되는 주기적인 파동이 공기를 통과할 때 만들어 내는 교란에서 기인된 것으로 설명했다. 호이겐스는 빛을 주기적인 파동으로 설명했다. 메르센느는 바이올린 현(絃)의 진동 주기를 현의 밀도, 장력 및 길이와 연결시켰다. 이러한 예에서 볼 수 있는 것처럼, 17세기의 과학은 주기성이라는 추상적 개념을 다양한 구체적 현상에 적용시킴으로써 탄생했다.
하지만 그 전에 수학자들이 주기성에 관련된 여러 가지 추상적인 개념을 확고히 정립해 두지 않았더라면 이런 적용도 불가능했을 것이다. 삼각함수 이론은 직각삼각형의 세 각(角)을 양변과 빗변의 길이의 비(比)에 관련시키고자 하는 데서 출발했다. 그 후 새로 발견된 함수해석학이라는 수학의 영향을 받아, 삼각함수 이론은 보다 간단명료하고 추상적인 주기함수 이론으로 발전했다. 그 결과 삼각함수 이론은 하나의 완전한 추상적인 이론으로 정립되었고, 이로 말미암아 과학에 더욱 유용하게 되었다. 즉, 삼각함수 이론을 이용하여 전혀 다르게 보이는 주기현상의 집합들 밑에 깔린 유사성을 밝힐 수 있었고, 동시에 각 집합이 지니는 특징을 분석하고 상호 연관시킬 수 있게 되었다.
수학이 극도로 추상화된 사고의 높은 경지에 이르면 이를수록, 구체적인 자연 현상을 분석하는 데 수학이 더욱 더 중요한 역할을 한다는 사실은 매우 놀랍다. 17세기 과학의 역사를 살펴보면, 마치 그리스 시대의 플라톤이나 피타고라스의 꿈이 생생하게 살아 있는 것 같은 느낌을 준다. 17세기에 시작된 이러한 특성은 그 이후의 세기로 계속된다.

① 수학에서 함수의 의미
② 과학적 탐구 활동에서 수학의 역할
③ 수학에서 추상적 개념의 발달 과정
④ 수학과 과학의 상이성
⑤ 주기성 이론이 과학에 미친 영향

03 다음 글에서 추론할 수 없는 것은?

아이슬란드는 지진과 화산 분출 같은 지각 변동이 매우 활발한 화산섬이다. 활발한 지각 변동 덕분에 아이슬란드 사람들은 화산의 열을 이용해 난방을 하고, 온천수로 작물을 재배하며, 화산 증기로 전기를 생산하는 등 지질학적 특성을 이용하며 살아가고 있다.

판구조론의 관점에서 보면, 아이슬란드의 지질학적인 위치는 매우 특수하다. 지구의 표면은 크고 작은 10여 개의 판으로 이루어져 있다. 아이슬란드는 북아메리카 판과 유라시아 판의 경계선인 대서양 중앙 해령에 위치해 있다. 대서양의 해저에 있는 대서양 중앙 해령은 북극해에서부터 아프리카의 남쪽 끝까지 긴 산맥의 형태로 뻗어 있다. 이 해령의 일부분이 해수면 위로 노출된 부분인 아이슬란드는 서쪽은 북아메리카 판, 동쪽은 유라시아 판에 속해 있어 지리적으로는 한 나라이지만, 지질학적으로는 두 개의 서로 다른 판 위에 놓여 있는 것이다.

지구에서 판의 경계가 되는 곳은 여러 곳이 있다. 그러나 아이슬란드는 육지 위에서 두 판이 확장되는 희귀한 지역이다. 아이슬란드가 위치한 판의 경계에서는 새로운 암석이 생성되면서 두 판이 서로 멀어지고 있다. 그래서 아이슬란드에서는 다른 판의 경계에서 거의 볼 수 없는 지질학적 현상이 나타난다. 과학자들의 관찰에 따르면, 아이슬란드의 중심부를 지나는 대서양 중앙 해령의 갈라져 있는 틈이 매년 약 15cm씩 벌어지고 있다. 이 벌어지는 틈으로 해양 지각의 하부에서 고온의 마그마가 상승하면서 새로운 지각이 끊임없이 만들어지고 있으며, 이렇게 생성된 해양 지각은 멀어져 가는 판의 일부가 되어 이동한다. 그 결과로 북아메리카 판과 유라시아 판은 아이슬란드가 위치해 있는 대서양 중앙 해령에서 시작하여 서서히 확장되고 있다.

아이슬란드는 판의 절대 속도를 잴 수 있는 기준점을 가지고 있다는 점에서도 관심의 대상이 되고 있다. 과학자들은 북아메리카 판에 대한 유라시아 판의 시간에 따른 거리 변화를 추정하여 판의 이동 속도를 측정한다. 그러나 이렇게 알아낸 판의 이동 속도는 이동하는 판 위에서 이동하는 다른 판의 속도를 잰 것이다. 이는 한 판이 정지해 있다고 가정했을 때의 판의 속도, 즉 상대 속도이다. 과학자들은 상대 속도를 구한 것에 만족하지 않고, 판의 절대 속도, 즉 지구의 기준점에 대해서 판이 어떤 속도로 움직이는가도 알고자 했다. 판의 절대 속도를 구하기 위해서는 판의 운동과는 독립적으로 외부에 고정되어 있는 기준점이 필요하다. 과학자들은 맨틀 깊숙이 위치한 마그마의 근원지인 열점이 거의 움직이지 않는다는 것을 알아내고, 그것을 판의 절대 속도를 구하는 기준점으로 사용하였다. 과학자들은 지금까지 지구상에서 100여 개의 열점을 찾아냈는데, 그중 하나가 바로 아이슬란드에 있다.

① 아이슬란드에서 지진과 화산 활동이 활발한 까닭은 판의 운동과 관계가 있다.
② 아이슬란드의 영토는 대서양 중앙 해령을 중심으로 넓어질 것이다.
③ 판의 운동을 연구하는 데 있어서 아이슬란드는 중요한 지질학적 장소이다.
④ 아이슬란드의 지진 발생 빈도와 규모는 점점 확대될 것이다.
⑤ 지진과 화산 활동은 인간 생활에 여러 방면에서 도움을 준다.

[04 ~ 05] 다음 글을 보고 이어지는 물음에 답하시오.

현재 우리나라는 예금자보호법에 따라 은행이 파산하거나 지불 능력을 상실했을 경우 예금보험공사가 원금과 이자를 합해 최고 5000만 원까지 보호해 준다. 그러나 국내 예금자 보호한도는 2001년 1월 2,000만 원에서 5,000만 원으로 상향 조정된 이후 20년이 넘도록 동일하게 유지되고 있어 이를 상향해야 한다는 목소리가 나오고 있다. 현재의 예금자 보호한도가 그동안 급변화된 우리나라의 경제 규모 · 물가 상승 · 예금 규모 등을 전혀 반영하지 못하고 있는 것은 물론, 주요 7개국(G7)의 1인당 GDP 대비 보호한도 평균인 2.84배에 비해 현저히 낮은 수준인 1.2배에 불과하기 때문이다. 실제로 1인당 GDP 대비 예금자 보호한도 비율은 독일이 2.18배, 일본 2.3배, 영국 2.3배, 미국 3.3배 등이다. 우리나라의 보호한도 비율은 국제통화기금(IMF)이 권고하는 예금보호한도 기준(1인당 GDP의 1~2배)을 간신히 맞추는 수준이다. 또한 금융회사의 경영이 부실화되더라도 고객의 재산을 안전하게 보호해 뱅크런이나 금융시스템 전체의 위기를 방지하는 것이 예금자 보호제도의 목표인데, 고령화가 심화되고 금융자산 비중이 증가하는 만큼 기준 금액 상향이 금융시스템 전반에 대한 소비자 신뢰와 안정성을 높이는 데 크게 기여할 것이라는 의견도 설득력이 있다.
하지만, 금융권 일부에서는 예금자 보호한도 상향이 금융권의 모럴 해저드와 같은 부작용을 일으킬 수 있고 저축은행이 반사이익을 누릴 수 있다며 예금자 보호한도 상향에 반대하고 있다. 우리나라에서는 지난 1990년대 외환위기 당시 시행령을 개정해 1997년 11월부터 2000년 말까지 전 금융회사 예금을 전액보호 조치한 전례가 있는데, 도덕적 해이 문제 등이 불거지면서 1998년 7월 조기 종료된 바 있다. 그리고 한도를 높이려면 결국 금융회사들이 내는 보험료(예금 잔액의 0.08~0.4%)를 올려야 하는데, 그 비용은 결국 일반 소비자들에게로 전가돼 소비자들의 부담을 높일 우려가 있다. 예금보험료는 예금보험공사가 금융사가 지급불능 상태에 이를 경우 예금을 환불해주기 위해 금융사로부터 일정한 비율로 징수하는 보험료인데, 이를 인상하면 결국 대출금리 인상이나 예금금리 인하 등으로 이어지며 소비자에게 피해를 전가시킬 수 있다는 것이다. 금융회사의 방만 경영을 부추기는 등 금융회사가 본업인 위험 관리를 소홀히 하도록 조장할 수 있으며, 예금자에게도 금융사의 건전성이나 안전성보다는 고금리에만 집중해 상품을 선택하는 경향이 나타날 우려가 있다. 아울러 현재 5,000만 원을 넘는 예금을 보유한 예금주가 일부에 지나지 않기 때문에, 한도를 상향하게 되면 (　　　　　　가　　　　　　)

04 윗글의 내용과 일치하는 것은?

① 우리나라의 예금자 보호한도는 처음 도입한 이후로 계속 5,000만 원을 유지했다.
② 1990년대 우리나라의 외환위기 당시 예금 전액보호 조치가 조기 종료된 것은 IMF의 개입 때문이었다.
③ 사회의 고령화 심화가 금융자산 비중 증가를 견인하였다.
④ 예금자 보호한도를 높일 경우 대출금리가 올라갈 가능성이 크다.
⑤ IMF는 우리나라 및 미국, 일본 등 다른 국가의 예금보호한도 기준을 철저히 관리하고 있다.

05 윗글의 (가)에 들어갈 문장으로 가장 적절한 것은?

① 예금보험료는 모든 예금자가 부담하는 데 비해 혜택은 소수의 고액 자산가에게만 집중돼 큰 실익이 없다는 의견도 있다.
② 예금보험료는 모든 예금자가 부담하고 이에 대한 혜택도 모든 예금주에게 돌아가기 때문에 상당한 실익이 있다.
③ 고액의 예금주들이 공격적인 투자를 할 가능성이 높아져 은행의 수익률이 높아질 수 있다는 의견이 있다.
④ 5,000만 원 이상을 예금하도록 부추기는 결과를 낳을 수도 있다는 것이다.
⑤ 금융위기 상황이 닥칠 경우 뱅크런의 위험을 억제할 수 있는 긍정적인 측면도 있다.

06 다음 글에서 추론할 수 있는 것은?

최근 생성형 인공지능(AI)의 급속한 발달로 전 세계적으로 AI 부작용을 줄이려는 대책들이 잇따라 추진되는 가운데, 유럽연합(EU)이 2024년 3월 세계 최초의 AI 규제 법안인 'AI법'을 최종 승인했다. EU의 AI법은 AI 기술을 허용될 수 없는 위험, 고위험, 제한된 위험, 저위험 등 4단계로 분류하고, 기술 개발 과정에서의 투명성을 강화하는 것을 핵심으로 한다. 회원국의 서명을 거쳐 발효된다. 일부 금지 조항은 발효 뒤 6개월부터 적용되며 이후 단계적으로 도입돼 2026년 이후 전면 시행될 예정이다.

EU는 AI 활용 분야를 총 4단계의 위험등급으로 나눠 차등 규제하게 되는데, 우선 '허용될 수 없는 위험'은 사람 얼굴을 촬영해 이용자의 성적 취향, 정치·종교적 신념, 인종 등의 민감한 정보를 알아내는 AI가 대표적이다. 이는 강간·테러와 같은 중대범죄 용의자 수색을 비롯해 예외적인 경우에는 일부 허용되지만 이 경우에도 법원의 사전 허가를 받도록 하는 등 가용 범위를 크게 제한했다. '고위험' 등급에는 의료·교육 등 공공서비스, 선거, 핵심 인프라, 자율주행 등이 포함되는데, 이 등급에서는 AI 기술을 사용할 때 사람이 반드시 감독해야 하며 위험관리시스템도 구축해야 한다. '제한된 위험'에는 생성형 AI와 딥페이크 등이 포함됐으며, 기업들은 이용자들이 콘텐츠가 생성형 AI나 딥페이크임을 알아보도록 반드시 표시해야 한다. '저위험' 등급은 비디오 게임이나 스팸 필터 앱 등 현재 EU에서 허용되는 대부분의 AI 기술이 포함된다.

그리고, 범용 AI(AGI·사람과 유사한 수준 또는 그 이상의 지능을 갖춘 AI)를 개발하는 기업에는 '투명성 의무'가 부여된다. 관련 조항은 2021년 발의된 초안에는 없었지만 이듬해 챗GPT 등 생성형 AI 등장으로 AI 오남용에 대한 우려가 확산하면서 입법 과정에서 추가됐다. 이에 따라 범용 AI 업체들은 EU 저작권법을 반드시 준수해야 하며 AI의 학습과정에 사용한 콘텐츠를 명시해야 한다. 또한 광범위한 사이버 공격, 유해한 선입견 전파 등 EU가 시스템적 위험이라고 규정한 사고 발생을 방지하기 위한 조처를 해야 한다. 그리고 개인의 특성·행동과 관련된 데이터로 개별 점수를 매기는 관행인 '사회적 점수 평가(소셜스코어링·Social Scoring)'는 금지된다. AI법 위반 시에는 경중에 따라 전 세계 매출의 1.5%에서 최대 7%에 해당하는 과징금을 부과할 수 있도록 했다.

한편, 유엔 회원국들은 AI의 안전한 사용과 관련해 국제적인 합의를 마련해야 한다는 내용의 결의안을 표결 없이 전원동의로 채택했다. 국제사회가 유엔총회 차원에서 AI 관련 결의안을 공식 채택한 것은 이번이 처음이다. 유엔 회원국들은 결의안에서 AI 개발과 사용이 빠른 속도로 가속화되고 있다는 점을 인식하고, 안전하고 신뢰할 수 있는 AI 시스템에 관한 글로벌 합의를 이루는 것이 시급하다는 점을 강조했다. 또 적절한 안전장치 없이 AI를 사용하거나 AI를 각국 국내법은 물론 국제법을 위반해 사용하는 경우도 있어서는 안 된다고 규정했다. 아울러 선진국과 신흥국 간 디지털 정보 격차를 좁혀 모든 국가가 AI 혜택을 누릴 수 있어야 한다는 점도 분명히 했다.

① 강간이나 테러 등 중대범죄 용의자 수색을 위해서는 수사지휘권자의 판단 아래 AI법상 '허용될 수 없는 위험' 등급 규제를 푸는 것이 가능하다.
② 2021년 발의된 AI법 초안에 범용 AI 기업에 대한 투명성 의무가 없었던 것은, 당시 관련 AI기술이 널리 활용되지 않았기 때문이다.
③ 기업이 딥페이크 콘텐츠에 이를 알리는 표시를 하지 않은 경우와, 자율주행에 AI 기술을 사용하면서 위험관리시스템을 따로 구축하지 않은 경우 기업에 부과되는 과징금은 전자가 후자보다 크다.
④ 2026년 이후 AI법의 전면적 시행 이전까지는 법 위반 시에도 과징금은 부과되지 않는다.
⑤ 유엔 회원국들의 AI 관련 결의안은 치열한 찬반투표 끝에 채택됐다.

07 다음 글에서 추론할 수 있는 것을 〈보기〉에서 모두 고르면?

'안락사'는 생존 가능성이 아주 낮은 환자의 고통을 줄이기 위해 인위적으로 생명을 단축시키는 행위로, 약물 투여 등의 방법으로 생명을 중단시키는 처치를 하는 능동적 안락사(적극적 안락사), 환자에게 어떤 의학적 조치를 취하지 않거나 인공호흡기 등 인위적인 생명연장 처치를 중단하는 수동적 안락사(소극적 안락사)가 있다. 안락사와 비슷한 개념으로 존엄사가 있는데, 존엄사는 회복 가능성이 없는 환자에게 인위적으로 생명을 유지하는 장치를 중단해 자연스러운 죽음을 맞이하도록 하는 개념에 가깝다. 또 의사가 직접 환자에게 약이나 주사 등을 시술해 사망에 이르게 하는 것을 '적극적 안락사'로 간주하고, 환자가 의사의 도움을 받아 직접 약이나 주사 등을 통해 삶을 마감하는 방식을 '조력자살(의사조력자살)'로 구분하기도 한다.

적극적 안락사와 조력자살을 모두 허용하는 대표적인 국가로는 네덜란드가 있는데, 네덜란드는 2002년 4월 안락사법을 시행하면서 세계에서 가장 먼저 안락사를 합법화한 바 있다. 지난 2024년 2월에는 93세 동갑내기 부부였던 드리스 판아흐트 전 네덜란드 총리와 그의 부인 외제니가 자택에서 동반 안락사한 것이 세계적인 주목을 받았다. 부부는 의사의 도움으로 자택에서 함께 숨을 거두었다. 네덜란드에서 안락사를 하기 위해서는 법률이 정한 요건을 갖춰야 하는데, 이는 환자가 충분히 고민해서 자발적으로 요청해야 하며, 환자의 고통이 참을 수 없는 정도여야 하고, 의학적으로 치료할 수 없어야 하는 등 6가지 조건에 부합해야 한다. 유럽에서는 스위스, 벨기에, 스페인 등에서도 안락사가 합법화된 상태이고, 미국은 10여 개 주에서 의사조력자살을 허용하고 있다. 스위스의 경우 유일하게 외국인의 조력자살까지 허용한다. 캐나다에서는 2023년 세계 최초로 정신질환자도 안락사를 선택할 수 있도록 허용하기도 했다.

이렇듯 안락사를 허용하는 국가가 늘어나고, 허용 범위를 넓히는 움직임이 계속되는 가운데, 이러한 경향이 장애인이나 정신질환자 등 돌봄이 어려운 사람들에게 스스로 생명을 포기하도록 하는 사회적 압력이 될 수 있다는 우려도 나온다. 안락사에 대해 국가별로 기준이 있기는 하지만, 안락사 허용 범위가 넓어지면서 스스로 결정이 어려운 정신질환자나 경제적인 사정 등으로 돌봄을 받기 어려운 이들에게 안락사가 너무나도 손쉬운 선택지가 될 수 있다는 지적이다. 안락사의 적극적 허용보다는 호스피스 및 완화의료를 확충한다면, 이들이 이러한 손쉬운 선택을 할 확률이 분명 줄어들 것이다.

한편, 우리나라는 2018년 2월부터 시행된 연명의료결정제도에 따라 심폐소생술, 혈액 투석, 항암제 투여, 인공호흡기 착용, 체외생명유지술, 수혈, 혈압상승제 투여 등의 연명의료를 거부할 권리만 인정된다. 연명의료 거부 의향서를 미리 작성한 사람은 2024년 현재 230만 명을 넘어섰다.

보기

㉠ 네덜란드는 다른 유럽국가와 비교해 안락사의 허용 범위가 넓은 국가이다.
㉡ 드리스 판아흐트 전 네덜란드 총리 부부의 안락사는 '조력자살'에 해당한다.
㉢ 현재 외국인에 대한 조력자살을 허용하는 국가는 스위스뿐이지만, 앞으로 이러한 국가들은 점차 늘어날 것으로 예상된다.
㉣ 호스피스나 완화의료 제도를 확충할 경우 안락사를 원하는 환자는 줄어들 것이다.
㉤ 우리나라에서는 연명치료를 중단하는 '소극적 안락사'만 허용된다.

① ㉠, ㉢, ㉤
② ㉡, ㉣, ㉤
③ ㉡, ㉢, ㉣
④ ㉠, ㉤
⑤ ㉣, ㉤

08 **다음 글의 암묵적 전제로 볼 수 있는 것만을 〈보기〉에서 모두 고르면?**

고전역학은 원자나 분자 같은 작은 세계를 설명하는 데는 합당하지 않다. 대표적인 문제로 원자 중에 가장 간단한 수소 원자를 예로 들어보자. 러더포드의 모형에 따르면 수소 원자는 양성자 하나로 이루어진 원자핵이 가운데에 있고, 주위에 전자가 하나 있다. 이들이 전기력으로 서로 당기고 있으나 끌려가지 않는 대신에 전자가 핵 주위를 돌고 있다고 해석한다. 마치 지구가 원운동을 하기 때문에 태양으로 끌려가지 않는 것처럼 전자도 원운동을 하고 있다는 것이다.
그런데 여기에는 한 가지 문제가 있다. 전자가 이렇게 원운동을 하면 매우 빠르게 움직이게 된다. 그 빠르기는 간단히 구할 수 있다. 전자와 핵 사이의 거리, 전자의 질량을 모두 알고 있기 때문에 간단한 공식을 활용하면 된다. 그런데 전자는 전기를 띠고 있으며, 전기를 띤 알갱이가 움직이는 것을 전류라고 부른다. 따라서 전자가 원운동을 하면 동그란 고리 전류가 흐른다. 이렇게 전류가 흐르면 전기마당뿐 아니라 자기마당도 생겨난다. 전기마당은 특정 지점에서 일어나는 것이 아니라 시간에 따라 변하게 된다. 전자가 원운동을 하기 때문이다. 그러면 전기마당이 변하면서 자기마당을 만들고, 자기마당이 변하면서 전기마당을 만들어 서로 번갈아 생겨나며 퍼져 나가는 전자기파를 만드는 것이다. 이는 전자가 몇 개라도 동일하게 성립한다.
결국 수소 원자의 경우에 러더포드 모형에 따르면 전자가 돌면서 계속 전자기파를 방출해야 한다. 이처럼 에너지를 방출하면 어떻게 될까? 전자가 돌다가 에너지를 계속 내보내면 전자의 에너지가 줄게 될 것이다. 인공위성과 비교해 보자. 쏘아올린 인공위성은 공기저항 때문에 에너지를 조금씩 잃어버리며, 결국 수명을 다해서 떨어져 버린다. 마찬가지로 전자가 에너지를 잃어버리면 계속 돌지 못하고 원자핵에 달라붙게 될 것이다. 결론적으로 말해서 러더포드의 모형에 따르면 원자는 유지될 수 없다. 이것이 고전역학의 한계이다.

보기

㉠ 원자단위가 아닌 곳에서 성립하는 법칙도 원자단위에 적용할 수 있다.
㉡ 물체가 보유하고 있는 에너지의 양은 한정되어 있다.
㉢ 전자기파는 에너지를 함유하고 있다.

① ㉠
② ㉠, ㉡
③ ㉠, ㉢
④ ㉡, ㉢
⑤ ㉠, ㉡, ㉢

09 **다음 글을 보고, 심리적 소비가 아닌 합리적 소비를 한 경우를 고르면?**

> 소비하는 인간인 호모 콘수무스(homo consumus)는 소비 자본주의 시대의 신인류를 지칭하는 표현이다. 소비의 사전적 정의는 '인간의 욕구를 충족시키기 위해 필요한 물건을 구매하는 일'이다. 목마른 사람은 물을 사 먹고, 배고픈 사람은 밥을 사 먹는다. 이 점에서 소비는 노동과 함께 인간의 생존을 구성하는 중요한 기둥이다. 일반적으로 소비자들은 합리적인 경제 행위를 추구하기 때문에 최소 비용으로 최대 효과를 얻으려 한다는 것이 소비의 기본 원칙이다. 그들은 '보이지 않는 손'이라고 일컬어지는 시장 원리 아래에서 생산자와 만난다. 그러나 이러한 일차적 의미의 합리적 소비가 언제나 유효한 것은 아니다. 생산보다는 소비가 화두가 된 소비 자본주의 시대에 소비는 단순히 필요한 재화, 그리고 경제학적으로 유리한 재화를 구매하는 행위에 머물지 않는다. 최대 효과 자체에 정서적이고 사회 심리학적인 요인이 개입하면서, 이제 소비는 개인이 세계와 만나는 다분히 심리적인 방법이 되어버린 것이다. 곧 인간의 기본적인 생존 욕구를 충족시켜 주는 합리적 소비 수준에 머물지 않고, 소비가 자신을 표현하는 상징적 행위가 된 것이다. 이처럼 오늘날의 소비문화는 물질적 소비 차원이 아닌 심리적 소비 형태를 띠게 된다. 가령 베블렌 효과(veblen effect)는 남들보다 돋보이거나 뽐내고 싶어서 비싼 물건일수록 사려고 하는 인간의 심리를 나타내는 용어이다. 특정 상품을 소비하는 사람이 많아질수록 수요가 오히려 줄어드는 스노브 효과(snob effect), 대중적으로 널리 알려진 상품을 소비하면서 다른 사람과 비슷해지고자 하는 밴드웨건 효과(band wagon effect), 미적 특성 등과 같은 감성적 가치를 구매 결정의 우선 요소로 보는 헤도니스트 효과(hedonist effect) 등이 있다.

① 전자제품 매장에서 직접 소리를 들어 보고 가격이 비싸지 않은데 성능도 만족스러운 헤드폰을 샀어.
② 같은 용량의 머그컵이면 물을 마시는 데 지장은 없지만, 나는 돈을 더 주고라도 그림이 많고 화려한 걸로 사고 싶어.
③ 그 가방, 다른 사람들이 다들 하나씩 들고 다니는 것 같아서 나는 안 샀어. 나까지 똑같은 걸 살 필요는 없는 것 같아.
④ 지나가다가 문득 세일 상품을 봤는데, 가격도 싸고 언젠가는 쓸 것 같아서 사버렸지 뭐야.
⑤ 이 명품 시계를 차면 내가 더 돋보이겠지? 다른 시계에 비해 두 배는 비싸지만 그걸로 이 시계는 가치를 다한 거야.

10 다음 글의 (가)에 들어갈 단어로 옳은 것은?

> 고소불가분의 원칙은 친고죄에 있어서 고소의 효력이 미치는 범위에 관한 원칙을 말하며 객관적 불가분의 원칙과 주관적 불가분의 원칙으로 구성된다.
> 친고죄의 경우 범죄 일부분에 대한 고소 또는 취소는 범죄 전체에 대하여 효력이 있고(객관적 불가분의 원칙), 수인의 공범 중 1인 또는 수인에 대해 고소하거나 그 취소는 다른 공범자에 대하여도 효력이 있다(주관적 불가분의 원칙)는 원칙이다. 이 원칙은 친고죄에만 적용되고 반의사불벌죄에는 적용되지 않는다. 반의사불벌죄에서는 고소불가분의 원칙을 (가) 규정이 없기 때문이다.
> 객관적 불가분의 원칙은 범죄사실의 신고가 반드시 정확할 수 없고 처벌의 범위까지 고소권자의 의사에 좌우되어서는 안 된다는 취지다. 이 원칙은 단순 일죄에 대해서는 예외 없이 적용되며, 과형상의 일죄일 경우 과형상의 일죄의 각 부분이 모두 친고죄이고 피해자가 같을 때는 이 원칙이 적용된다. 또 이 원칙은 경합범에 대해서는 적용되지 않는다.
> 주관적 불가분의 원칙은 고소권자가 처벌할 사람의 범위까지 정하는 것은 형사처벌의 공평성을 해친다는 점에서 인정되고 있다. 주관적 불가분의 원칙은 절대적 친고죄에 있어서 예외 없이 적용되므로 공범 중 1인에 대한 고소의 효력은 전원에 대하여 미친다. 절대적 친고죄에 대한 고소는 범인에 대한 것이 아니고 범죄사실에 대한 것이기 때문이다.
> 한편, 친족상도례의 경우처럼 범인과 피해자 사이에 일정한 신분 관계가 있는 경우에만 친고죄가 되는 상대적 친고죄에 있어서는 비신분자에 대한 고소의 효력은 신분 관계가 있는 공범에게는 미치지 않으며, 신분 관계가 있는 자에 대한 피해자의 고소 취소는 비신분자에게 효력이 없다. 그리고 즉시고발사건에 있어서는 이 원칙이 적용되지 않는다.

① 남용하는
② 준용하는
③ 전용하는
④ 선용하는
⑤ 겸용하는

11 다음은 한국전쟁 당시 유엔군의 참전현황 및 피해인원에 관한 자료이다. 이에 대한 설명으로 옳지 않은 것은?

한국전쟁 당시 유엔군의 참전현황 및 피해인원

(단위: 명)

구분 국가	참전현황		피해인원				
	참전인원	참전형태	전사	부상	실종	포로	전체
미국	1,789,000	육군, 해군, 공군	36,940	92,134	3,737	4,439	137,250
영국	56,000	육군, 해군	1,078	2,674	179	977	4,908
캐나다	25,687	육군, 해군, 공군	312	1,212	1	32	1,557
터키	14,936	육군	741	2,068	163	244	3,216
호주	8,407	육군, 해군, 공군	339	1,216	3	26	1,584
필리핀	7,420	육군	112	229	16	41	398
태국	6,326	육군, 해군, 공군	129	1,139	5	0	1,273
네덜란드	5,322	육군, 해군	120	645	0	3	768
콜롬비아	5,100	육군, 해군	163	448	0	28	639
그리스	4,992	육군, 공군	192	543	0	3	738
뉴질랜드	3,794	육군, 해군	23	79	1	0	103
에티오피아	3,518	육군	121	536	0	0	657
벨기에	3,498	육군	99	336	4	1	440
프랑스	3,421	육군, 해군	262	1,008	7	12	1,289
남아공	826	공군	34	0	0	9	43
룩셈부르크	83	육군	2	13	0	0	15
계	1,938,330	−	40,667	104,280	4,116	5,815	154,878

① 해군이 참전한 국가 중 해당 국가의 전체 피해인원 대비 '전사' 인원의 비율이 두 번째로 가장 큰 국가는 뉴질랜드이다.

② 육군과 해군만 참전한 모든 국가의 '포로' 인원 합은 육군만 참전한 모든 국가의 '포로' 인원 합의 4배 이하이다.

③ 영국의 '포로' 인원은 미국을 제외한 국가의 '포로' 인원의 합보다 500명 이상 더 많다.

④ '전사' 인원이 '부상' 인원보다 많은 국가는 1개국이다.

⑤ 미국의 육군, 해군, 공군 비율이 5 : 3 : 2라고 할 때, 공군의 참전인원은 35만 명 이상이다.

12 다음은 2021~2025년 A국의 5개 스포츠 종목의 연간 경기장 수용 규모 및 관중수용률에 대한 자료이다. 이에 대한 설명으로 옳지 않은 것은?

스포츠 종목의 연간 경기장 수용 규모 및 관중수용률

(단위 : 천 명, %)

구분		2021년	2022년	2023년	2024년	2025년
야구	수용 규모	20,429	20,429	20,429	19,675	19,450
	관중수용률	41.7	53.3	56.6	58.0	65.7
축구	수용 규모	40,574	40,574	37,865	36,952	33,314
	관중수용률	26.7	28.7	29.0	29.4	34.9
테니스	수용 규모	6,347	6,354	6,354	6,354	6,653
	관중수용률	62.8	66.2	65.2	60.9	59.5
농구	수용 규모	2,756	2,756	2,756	2,066	2,732
	관중수용률	23.5	48.2	43.8	34.1	52.9
골프	수용 규모	5,129	5,089	4,843	4,409	4,598
	관중수용률	27.3	24.6	30.4	33.4	38.6

※ 관중수용률(%) $= \frac{\text{연간 관중 수}}{\text{연간 경기장 수용 규모}} \times 100$

① 2021년부터 2023년까지 야구 연간 관중 수는 증가하고 있다.
② 2025년 축구 연간 관중 수는 야구 연간 관중 수보다 많다.
③ 테니스의 관중수용률은 매년 골프보다 높다.
④ 관중수용률이 매년 증가하는 스포츠 종목은 야구와 축구이다.
⑤ 골프 경기장의 수용 규모는 매년 다르다.

[13～14] 다음은 8개 주요국의 기간별 스타벅스 지수와 빅맥지수에 관한 자료이다. 이를 보고 이어지는 물음에 답하시오.

8개 주요국 스타벅스 지수

(단위: 달러)

연도 \ 국가	대한민국	스위스	프랑스	독일	중국	일본	미국	러시아
2020년	4.04	7.99	5.99	3.95	3.95	4.05	3.06	1.97
2021년	3.98	8.03	5.99	3.96	3.98	4.03	3.03	2.00
2022년	4.03	8.01	6.01	4.03	3.96	3.99	3.05	2.82
2023년	4.05	7.98	5.99	3.98	3.98	4.04	3.05	2.83
2024년	4.11	7.96	5.93	3.98	4.06	4.00	3.04	2.87
2025년	4.11	7.17	5.36	4.49	4.23	3.56	3.26	2.91

※ 해당국가의 스타벅스 톨 사이즈 카페라테 가격을 달러로 환산한 가격임

8개 주요국 빅맥 지수

(단위: 달러)

연도 \ 국가	대한민국	스위스	프랑스	독일	중국	일본	미국	러시아
2020년	3.92	7.83	5.89	5.96	3.01	3.13	5.20	2.06
2021년	3.97	7.88	5.99	5.98	2.92	3.01	5.32	1.93
2022년	4.13	7.93	5.97	6.05	2.79	2.96	5.32	1.85
2023년	4.05	7.83	5.91	5.98	2.95	3.05	5.36	1.87
2024년	4.06	7.86	5.84	5.96	2.96	3.01	5.30	2.01
2025년	4.23	7.26	5.14	6.08	3.17	3.43	5.28	2.29

※ 해당국가의 맥도날드 빅맥 햄버거 가격을 달러로 환산한 가격임

13 위 자료를 보고 〈보기〉의 설명 중 옳은 것을 모두 고르면?

보기

㉠ 대한민국보다 스타벅스 지수가 낮은 국가는 2020년에는 4곳이고 2025년에는 3곳이다.
㉡ 스타벅스 지수와 빅맥 지수 모두 연도별로 주요국 평균보다 높은 국가는 2곳 이상이다.
㉢ 2020년과 2025년의 빅맥 지수를 비교하면, 대한민국은 증가하였으나 독일은 감소하였다.
㉣ 2025년의 빅맥 지수는 프랑스가 중국의 1.5배 이상이다.

① ㉠, ㉢
② ㉠, ㉣
③ ㉡, ㉢
④ ㉠, ㉡, ㉣
⑤ ㉡, ㉢, ㉣

14 2026년 스타벅스 지수가 전년 대비 스위스는 5% 증가, 독일은 7% 감소했고, 빅맥 지수는 전년 대비 미국이 3% 감소, 일본이 5% 증가했다고 한다. 스위스와 독일의 스타벅스 지수를 각각 a, b, 미국과 일본의 빅맥 지수를 각각 c, d라 할 때, $a+b\times c-d$의 값은? (단, 소수점 셋째 자리에서 반올림하여 계산한다.)

① 25.33
② 28.59
③ 34.75
④ 42.51
⑤ 56.36

15 A와 B는 각각 3일, 5일 간격으로 방 청소를 한다. 또한 두 사람은 내일부터 매주 토요일에 태권도 수업을 듣는다. 오늘이 금요일이고 두 사람 모두 방 청소를 했을 때, 첫 수업부터 열 번째 태권도 수업을 할 때까지 두 사람이 동시에 방 청소를 하는 횟수는? (단, 방 청소와 태권도 수업이 겹치는 날은 방 청소를 한다.)

① 3번
② 4번
③ 5번
④ 6번
⑤ 7번

16 다음은 ICT산업 생산액 및 정보통신방송서비스산업 생산액에 대한 자료이다. 이에 대한 〈보기〉의 설명으로 옳은 것을 모두 고르면?

ICT산업 생산액

(단위: 억 원)

구분	2022년	2023년	2024년
정보통신방송기기	3,090,158	3,427,552	3,655,480
정보통신방송서비스	726,886	748,828	762,231
소프트웨어	493,402	540,251	555,283
합계	4,310,446	4,716,630	4,972,994

※ ICT산업은 정보통신방송기기, 정보통신방송서비스, 소프트웨어산업으로 구성된다.

정보통신방송서비스산업 생산액

(단위: 억 원)

구분		2022년	2023년	2024년
계		726,886	748,828	762,231
통신서비스	계	380,107	380,211	372,638
	유선통신서비스	106,227	105,830	103,622
	무선통신서비스	251,795	252,562	246,886
	통신재판매 및 중개서비스	22,085	21,819	22,130
방송서비스	계	169,862	175,707	183,588
	지상파방송서비스	40,091	36,952	35,674
	유료방송서비스	51,649	56,332	62,655
	방송프로그램 제작 · 공급	77,571	81,888	84,749
	기타	551	535	510
정보서비스	계	176,917	192,910	206,005
	정보인프라서비스	35,294	36,782	38,488
	정보매개서비스	31,167	38,949	45,377
	정보제공서비스	110,456	117,179	122,140

보기

㉠ 전년 대비 전체 ICT산업 생산액의 변화율은 2024년이 2023년보다 높다.
㉡ 2024년 전체 ICT산업 생산액에서 '정보통신방송기기'가 차지하는 비중은 2022년에 비해 증가했다.
㉢ 2023년과 2024년 정보통신방송서비스 세부항목 중 생산액이 전년 대비 매년 증가한 항목은 4개이다.
㉣ 2023년과 2024년 정보통신방송서비스산업 생산액 중 '정보서비스'가 차지하는 비중은 2024년이 가장 높다.

① ㉠, ㉡
② ㉠, ㉣
③ ㉡, ㉢
④ ㉡, ㉣
⑤ ㉡, ㉢, ㉣

17 다음은 2024년 5~8월 독립영화를 등록한 회사의 독립영화 등록 현황에 관한 자료이다. 이에 대한 〈보기〉의 설명 중 옳은 것을 모두 고르면?

월별 독립영화 등록 회사와 유형별 독립영화 등록 현황

(단위: 개사, 편)

월	회사 수 \ 유형	국내단독	국내합작	해외합작	전체
5	13	6	6	2	14
6	6	4	0	2	6
7	(　)	6	4	1	11
8	7	3	5	0	8

※ 독립영화 1편당 등록 회사는 1개임

5~8월 동안 2편 이상의 독립영화를 등록한 회사의 월별 독립영화 등록 현황

(단위: 편)

회사	유형 \ 월	5	6	7	8
몰 필름	국내단독	0	1	1	0
스튜디오 느림보	국내단독	1	1	0	0
아거스 필름	국내단독	0	0	1	1
오누필름	국내합작	1	0	0	1
리 공동체 영화사	국내단독	2	0	3	1
다큐스토리 프로덕션	국내합작	1	0	1	2

보기

㉠ 5~8월 동안 1편의 독립영화만 등록한 회사는 20개사 이상이다.
㉡ 5월에 국내단독 유형인 독립영화를 등록한 회사는 5개사이다.
㉢ 7월에 독립영화를 등록한 회사는 9개사이다.

① ㉠
② ㉡
③ ㉠, ㉡
④ ㉡, ㉢
⑤ ㉠, ㉡, ㉢

18 다음은 국가기술자격시험 등급별 응시자 및 취득자 현황에 관한 자료이다. 이에 대한 설명으로 옳지 않은 것은? (단, 소수점 둘째 자리에서 반올림한다.)

국가기술자격시험 응시자 현황

(단위: 명)

구분	2021년	2022년	2023년	2024년
계	3,287,804	3,376,556	3,378,603	3,419,994
기술사	21,079	18,986	20,051	21,271
기능장	36,632	35,919	40,682	42,208
기사	418,710	471,530	514,235	541,670
산업기사	294,053	311,477	311,730	315,696
기능사	1,658,797	1,678,766	1,716,445	1,706,929
기능사보	–	–	–	–
서비스	858,533	859,878	775,460	792,220

국가기술자격 취득자 현황

(단위: 명)

구분	2021년	2022년	2023년	2024년
계	559,150	624,184	670,178	677,686
기술사	1,084	1,079	1,350	1,624
기능장	3,654	3,677	6,589	6,336
기사	54,060	73,627	82,070	83,275
산업기사	46,634	47,800	49,141	49,549
기능사	339,564	352,921	393,243	401,338
기능사보	–	–	–	–
서비스	114,154	145,080	137,785	135,564

※ 합격률 $= \frac{\text{취득자수}}{\text{응시자수}} \times 100$

① 2024년 전체 국가기술자격시험 합격률은 전년과 거의 차이가 없다.
② 전년 대비 2022년 산업기사 취득자 증가율은 2022년 산업기사 응시자 증가율보다 높다.
③ 2021년 전체 자격시험 중 합격률이 가장 높은 시험은 기능사 시험이다.
④ 2021년 전체 자격시험 중 합격률이 15% 이상인 등급은 총 2개이다.
⑤ 2023년 대비 2024년 기능장 응시인원은 약 3.8% 증가하였다.

19 다음은 서울특별시, 대구광역시, 인천광역시의 경제성장률 및 GRDP를 나타낸 자료이다. 이에 대한 설명으로 옳은 것은?

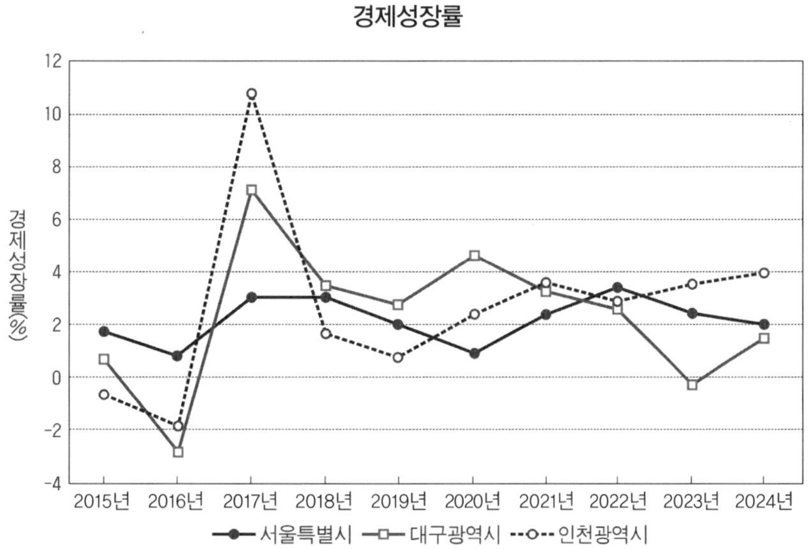

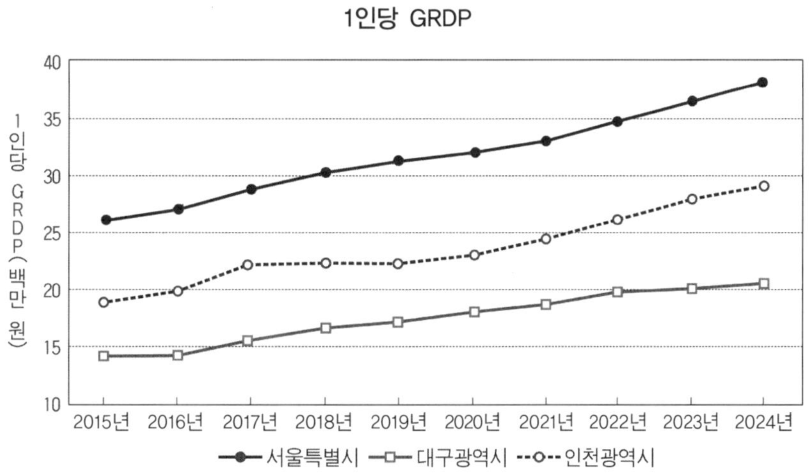

※ GRDP(지역내총생산) : 일정 기간 동안에 일정 지역 내에서 새로 창출된 최종생산물가치의 합을 나타내는 경제지표이다.

① 2017년에 세 도시 모두 경제성장률이 크게 증가한 이후 2024년까지 플러스 성장을 유지했다.
② 2022년 서울특별시의 1인당 GRDP는 2018년 대비 약 1,000만 원 증가했다.
③ 서울특별시의 경제성장률이 대구광역시와 인천광역시보다 높은 해에 서울특별시의 1인당 GRDP는 대구광역시의 2배 이상이다.
④ 인천광역시의 경제성장률이 가장 높았던 해에 인천광역시의 1인당 GRDP의 전년 대비 증가율도 가장 높았다.
⑤ 2021년에서 2024년 사이의 1인당 GRDP의 전년 대비 증가율은 대체로 대구광역시가 인천광역시보다 높았다.

20 다음은 어느 지역의 외국인주민 현황에 관한 자료이다. 이에 대한 설명으로 옳은 것을 〈보기〉에서 모두 고르면?

2018~2024년 연도별 전체인구 및 외국인주민 현황

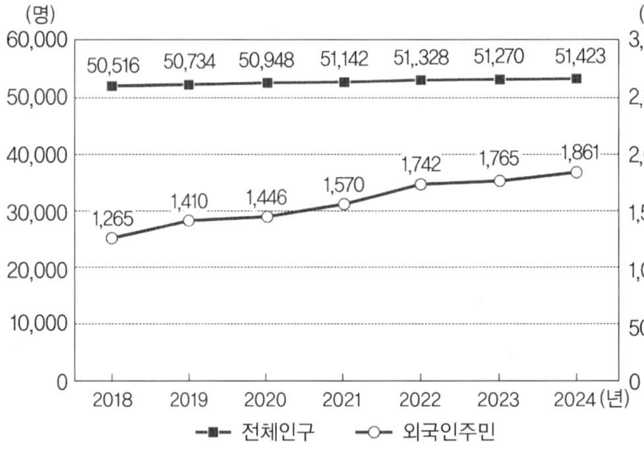

2024년 유형별 외국인주민 현황

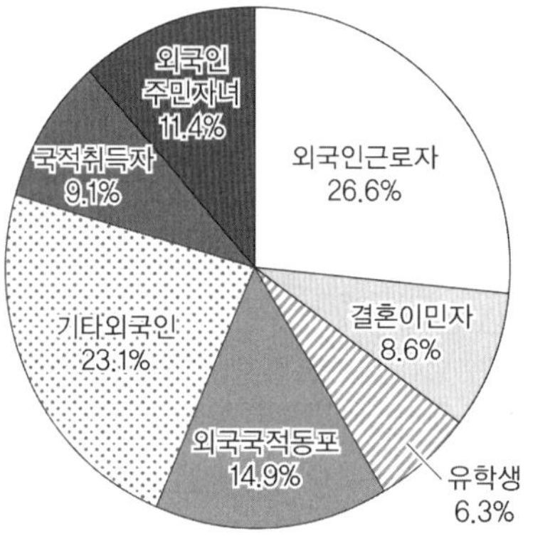

※ 국적미취득자 = 외국인근로자 + 결혼이민자 + 유학생 + 외국국적동포 + 기타외국인

보기

㉠ 2021~2023년 '전체인구' 중 '외국인주민'의 비중은 매년 증가한다.
㉡ 2024년 '국적미취득자'의 수는 '국적취득자'의 9배 이상이다.
㉢ 2019~2024년 '외국인주민'의 전년 대비 증가 인원수는 2019년에 가장 많다.
㉣ 전체인구 중 '외국인근로자'의 비중이 매년 일정할 때, 2019년에 외국인주민 중 '외국인근로자'의 비중은 2024년 외국인주민 중 '외국인주민자녀' 비중의 3배 이상이다.

① ㉠, ㉡
② ㉠, ㉣
③ ㉡, ㉢
④ ㉠, ㉡, ㉣
⑤ ㉡, ㉢, ㉣

문제해결능력 | 21 ~ 30번

21 **갑, 을, 병, 정 4명은 취업을 준비하고 있다. A, B, C, D, E의 5개 회사 중 4명이 취업하고 싶은 회사에 대한 정보가 다음과 같을 때 반드시 참이 아닌 것은?**

- 4명이 각각 취업을 희망하는 회사의 수는 3개 이상이다.
- 갑은 A, B, C 3개의 회사에 취업하기를 희망하고 정은 A, C, D, E 4개의 회사에 취업하기를 희망한다.
- 을이 취업을 희망하는 회사의 수는 정과 같으며 취업을 희망하는 회사가 정과 모두 겹치지는 않는다.
- 갑과 병이 동시에 취업하길 원하는 회사는 A사뿐이며, 병이 취업을 희망하는 회사의 수는 갑과 동일하다.
- 4명 모두 취업을 희망하는 회사는 1개이고, 3명이 취업을 희망하는 회사는 2개이다.

① E사는 3명이 취업을 희망하는 회사이다.
② 병이 취업을 희망하는 회사는 A사, D사, E사 3곳이다.
③ 을은 B사에 취업하기를 희망한다.
④ 을이 C사, D사에 취업하기를 희망한다면 E사에는 취업을 희망하지 않는다.
⑤ A사는 4명 모두 취업하기를 원하는 유일한 회사이다.

22 **신입사원 A, B, C, D, E, F를 홍보팀, 경영지원팀, 인사팀에 배치하려고 한다. 다음 제시된 조건을 모두 고려하였을 때, 항상 거짓인 경우는?**

- 세 개의 팀에는 각각 최대 3명의 신입사원을 배치할 수 있으며, 신입사원이 배치되지 않는 부서는 없다.
- 경영지원팀에는 2명의 신입사원이 배치된다.
- A, C, E가 배치되는 팀은 서로 다르다.
- B와 E는 같은 팀에 배치된다.
- 홍보팀에 세 팀 중 가장 많은 수의 신입사원이 배치된다.
- D는 경영지원팀에 배치되지 않는다.

① D는 홍보팀에 배치된다.
② B와 E는 경영지원팀에 배치된다.
③ A는 인사팀에 배치된다.
④ C는 홍보팀에 배치된다.
⑤ F는 인사팀에 배치된다.

23 갑과 을은 유럽 국가에서 각각 4개국을 택하여 여행하려고 한다. 이 둘은 서로 다른 국가를 택하며, 이들이 선택한 여행 지역은 중복되지 않는다고 한다. 다음 조건에 따라 선택한다고 할 때, 반드시 참인 것은?

> • 서부유럽: 이탈리아, 프랑스, 독일, 스위스, 네덜란드
> • 북부유럽: 노르웨이, 덴마크, 스웨덴, 아이슬란드, 핀란드
>
> ㉠ 갑은 서부유럽에서 3개국, 북부유럽에서 1개국을 택하여 여행한다.
> ㉡ 을은 서부유럽과 북부유럽에서 각각 2개국을 택하여 여행한다.
> ㉢ 갑은 이탈리아 혹은 스위스를 여행한다.
> ㉣ 을이 덴마크를 여행할 경우, 노르웨이는 여행하고 네덜란드는 여행하지 않는다.
> ㉤ 둘 중 한 사람은 스위스와 독일을 모두 여행한다.
> ㉥ 갑은 프랑스를 여행하고 스위스는 여행하지 않는다.

① 갑은 스웨덴을 여행하지 않는다.
② 갑이 택한 서부유럽 국가는 이탈리아, 프랑스, 독일이다.
③ 을이 덴마크를 여행할 경우 프랑스도 여행한다.
④ 을은 스위스와 독일을 모두 여행한다.
⑤ 을은 아이슬란드를 여행하지 않는다.

24 다음 조건을 근거로 판단할 때, 주어진 조건 외에 어떤 조건을 추가하는 경우 가수들의 자리를 배정할 수 없는가?

> 연말 가요 시상식에 솔로 가수 가람, 나래, 다래, 아라, 마음, 바람, 사랑 7명이 세 개의 테이블에 앉게 되었다. 각 테이블에는 숫자 1, 2, 3이라고 적힌 번호표가 놓여 있다. 가수 7명 중 가람, 나래, 다래는 '화제의 가수상'을 받을 것이고, 다래, 아라, 마음은 축하 공연을 한다. 가수들의 좌석 배치는 다음을 따른다.
>
> • 각 테이블에는 최소한 두 명의 가수가 앉고, 가수들은 자리이동을 하지 않는다.
> • '화제의 가수상'을 받는 가수들은 테이블1이나 테이블2에 앉는다.
> • 나래와 바람은 같은 테이블에 앉는다.

① 많아야 두 명의 가수가 테이블1에 앉는다.
② 정확히 세 명의 가수가 테이블1에 앉는다.
③ 축하공연을 하는 가수들은 테이블1이나 테이블2에 앉는다.
④ 축하공연을 하는 가수들은 테이블2나 테이블3에 앉는다.
⑤ 나래와 바람이 앉는 테이블에 또 다른 가수 한 명이 앉는다.

25 다음은 S사 공채 지원자에 대한 평가방식 및 지원자 A~H에 대한 평가 자료이다. 이에 근거한 설명으로 틀린 것은?

평가점수와 평가등급의 결정방식

1. 지원자 평가점수 및 평가등급 산정방식은 다음과 같이 두 가지가 있다.
   방식 1) (필기평가 점수 × 1.5) + 실무진면접 점수 + 임원면접 점수 + 최종학위 점수

평가등급	평가점수
1등급	45점 이상
2등급	40점 이상 45점 미만
3등급	40점 미만

   방식 2) 필기평가 점수 + 실무진면접 점수 + 임원면접 점수

평가등급	평가점수
1등급	35점 이상
2등급	30점 이상 35점 미만
3등급	30점 미만

2. 최종학위 점수는 학사 0점, 석사 1점, 박사 2점이다.

S사 공채 지원자 평가 자료

(단위 : 점)

구분 지원자	필기평가 점수	실무진면접 점수	임원면접 점수	최종학위
A	19	9	8	박사
B	16	9	8	학사
C	15	6	7	석사
D	18	7	7	석사
E	14	8	9	학사
F	17	9	6	학사
G	15	8	9	학사
H	18	10	8	박사

※ 필기평가는 20점, 실무진면접과 임원면접은 10점 만점이다.

① 2등급인 지원자는 산정방식 1)보다 산정방식 2)를 적용할 때 더 많다.
② 산정방식에 상관없이 등급이 동일한 지원자는 6명이다.
③ 산정방식 1) 기준으로 최종 학위가 석사 이상이면 최소한 2등급 이상을 받는다.
④ 전체 지원자 중 최종 학위가 석사 이상인 지원자 수보다 필기평가 점수가 16점 이상인 지원자수가 더 많다.
⑤ 1등급을 받은 지원자만 채용한다면, 어떤 방식으로 평가하더라도 동일한 지원자가 채용된다.

[26~27] 다음은 R호텔 연회장 관련 자료이다. 이를 보고 이어지는 물음에 답하시오.

R호텔 연회장 정보

구분	필요 스태프 수	테이블 타입 / 수용인원			
		I-Shape	V-Shape	S-Shape	T-Shape
A홀	7명	50명	50명	65명	90명
B홀	10명	75명	80명	100명	120명
C홀	10명	90명	100명	100명	130명
D홀	12명	110명	125명	125명	150명

- 연회장 이용가능시간: 10:00~22:00
  (단, 예약 시간 전후 1시간은 준비 및 정리로 예약 불가)
- R호텔은 하루 예약을 최대 3건으로 제한하며, 동일 연회장은 하루 2건만 예약 가능
- 연회장 스태프는 총 27명이며, 예약 시간대에 모든 홀의 필요 스태프가 총 스태프 인원을 초과할 수 없음

R호텔 연회장 7월 예약 현황

일	월	화	수	목	금	토
	1일	2일	3일	4일	5일	6일
	C (10~12시)			D (11~17시) C (18~21시)	B (12~17시)	B (13~16시) A (15~17시)
7일	8일	9일	10일	11일	12일	13일
	A (15~18시) C (15~17시)	D (16~18시)		A (11~17시) D (15~18시)	B (13~18시)	B (10~18시) C (18~20시)
14일	15일	16일	17일	18일	19일	20일
B (15시) D (18시)			A (11~14시)	C (13~15시) B (17~20시)	D (18~20시)	C (18~20시)
21일	22일	23일	24일	25일	26일	27일
	D (17~20시)	C (17~19시) D (18~20시)	B (16~18시) C (17~21시)	A (19~22시)	C (17~21시) B (18~20시)	D (16~20시) A (19~21시)
28일	29일	30일	31일			
B (16~18시) A (12~14시)	C (11~18시)		B (14~20시)			

26 R호텔에서 연회장 예약 업무를 맡은 윤 과장은 〈보기〉와 같은 예약 문의를 받았다. 윤 과장이 고객에게 안내할 예약 날짜와 시간 및 예약 연회장을 고르면? (단, 스태프들은 각 홀에서 1시간 단위로 근무한다.)

보기

안녕하세요? ○○기업 총무팀 송△△ 대리입니다. 7월 둘째 주에 연회장을 예약하고 싶어 문의 드립니다. 총 인원은 125명이며, 11일, 12일, 13일 중에서 예약을 하고 싶습니다. 시간은 오후 4시에서 오후 7시로 예약하려 합니다. 만약, 말씀 드린 날짜 모두 예약 가능하다면 가장 빠른 날짜로 예약해 주시면 좋겠고, 가급적 수용인원이 가장 많은 연회장이 좋겠습니다. 답변 기다리겠습니다.

① 11일, D홀
② 12일, C홀
③ 12일, D홀
④ 13일, C홀
⑤ 13일, D홀

27 윤 과장은 7월 18일 B홀을 예약한 고객으로부터 4일과 11일 중 가장 빠른 날짜로의 예약 변경을 원한다는 요청을 받았다. 다음 예약 사항을 참고하여 윤 과장이 예약을 변경한 날짜와 연회장을 고르면?

예약 사항

구분	예약 일자	예약 시간	테이블 타입	총인원
기존 예약 사항	18일	17~20시	V-Shape	70명
변경 요청 사항	4일 또는 11일	17~20시	I-Shape	82명

① 4일, C홀
② 4일, D홀
③ 11일, B홀
④ 11일, C홀
⑤ 11일, D홀

[28～29] 다음은 2025년 1분기 ○○시 취업지원 프로그램 안내문이다. 이를 보고 이어지는 물음에 답하시오.

2025년 1분기 ○○시 취업지원 프로그램

1. 프로그램 진행기간: 2025. 1. 3.(금)~3. 28.(금)
2. 프로그램 진행장소: ○○시청 별관 청사 본관 및 별관
3. 접수기간: 2024. 12. 9.(월)~12. 27.(금)
4. 접수방법
   - 온라인 접수: 시청 홈페이지(취업지원－취업지원 프로그램 안내－접수)
   - 현장접수: ○○시청 별관 1층 취업지원센터 (☎ 000－0000)
5. 수강료: 해당 프로그램 수업시간 80% 이수 시 무료
   ※미충족 시 별도로 안내하는 프로그램 수강비용을 지불하셔야 합니다.
6. 프로그램 시간표

프로그램명	대상	주요 내용	정원	강의실	수업시간
청년취업ON	청년	직무군별 주요 역량이해와 관련된 개인 경험연계 중심 구직기술 강화	25명	본관 501호	금 15:00～18:00
구직 플러스	청년	• 근로능력이 있는 성인의 자기이해를 통한 구직의욕 향상 프로그램 • 구직 의욕 향상 지원	40명	본관 501호	월・수 14:00～16:00
신중년 재취업설계	신중년 (50세～60세)	퇴직자 및 이・전직을 준비하는 재직자나 실직자를 대상으로 변화하는 노동시장 이해와 경력전환기의 재취업 지원	20명	본관 501호	수・목 18:00～20:00
40대를 위한 취업역량강화	40대 구직자	40대 구직자들의 진로전환 및 적응능력 향상을 위해 심리역량을 강화하고 취업 의지를 높이며 구직기술 향상	30명	본관 501호	토 09:00～12:00
청년취업 역량강화	대졸(예정) 청년구직자	역량기반 채용트렌드에 적합한 구직기술 강화 및 역량개발 계획 수립	20명	본관 501호	화・목 13:00～15:00
Hi! 고졸청년 취업지원	고졸(예정) 청년구직자	• 취업의욕 제고 • 취업기술과 직장적응력 강화	20명	본관 501호	화・금 17:00～19:00
경력단절여성 취업지원	경력단절 여성	• 경력단절여성의 재취업 분야 설정 • 선정된 분야에 재진입하기 위한 계획 수립 및 실천방안 모색	30명	본관 505호	월・화・수 14:00～16:00
취업특강	구직급여 수급자	이력서, 자기소개서, 면접요령, 직업심리검사와 직업선택, 근로기준법, 성공하는 취업정보수집 등	50명	별관 103호	화・목・금 09:00～12:00
면접특강	구직급여 수급자	• 면접 스킬 교육 • 면접 1:1 코칭	15명	별관 103호	목 13:00～16:00

- 모든 프로그램은 진행기간 동안 고지한 시간에 매주 진행되며, ○○시에 거주하는 해당 프로그램 대상자만 신청이 가능합니다.
- '청년'은 19~24세인 구직자, '경력단절 여성'은 결혼과 출산으로 경력단절기간이 3년 이상인 여성이 해당됩니다.
- '구직급여 수급자'는 ○○시 거주자 외에도, 직전 직장이 ○○시인 구직급여 수급자도 해당됩니다.
- 프로그램은 2개까지 신청이 가능합니다.

28 **위 프로그램 안내문에서 수업시간대가 중복되는 것을 발견하게 된 담당자 서 과장은 중복되는 시간대의 프로그램 시간을 바꾸려고 한다. 정원이 적은 프로그램 시간대를 바꾼다고 할 때, 어떤 프로그램의 시간대를 바꾸면 되겠는가?**

① 청년취업ON
② 신중년 재취업설계
③ 청년취업역량강화
④ Hi! 고졸청년 취업지원
⑤ 면접특강

29 **위 프로그램과 관련해 담당자 서 과장이 상담자와 상담하고 있다. 위 안내문에 근거할 때, 상담 내용이 잘못된 것을 〈보기〉에서 모두 고르면?**

보기

㉠ 약 4년간 집안에 고립되어 지내다가 취업을 하고자 하는 24세 구직자인 갑에게 '구직 플러스'를 수강할 것을 권하였다.
㉡ 5년 전 출산 후에 ○○시 소재의 회사를 관두고 현재 가정주부인 을은 ○○시 인근 △△시에 거주 중이다. 이에 을이 경력단절여성 취업지원 프로그램 수강이 가능하다고 안내하였다.
㉢ 구직급여 수급자 병이 재취업에 도움이 될 만한 프로그램을 알려달라고 요청하자 '취업특강'과 '면접특강'을 모두 수강하면 좋을 것이라고 답변하였다.
㉣ 지난달에 고등학교를 졸업하고 구직 중인 20세 정이 신청할 수 있는 프로그램은 총 4개이며, 이 중 2개까지 신청이 가능하다고 안내하였다.

① ㉠, ㉡
② ㉠, ㉣
③ ㉡, ㉢
④ ㉡, ㉣
⑤ ㉢, ㉣

30 P기업 해외영업부서에 근무하는 한 대리는 해외 바이어에게 주문 받은 제품을 배송하려고 한다. 배송에 적합한 물류 운송사를 선정하기 위하여 다음 3개 운송사의 물류 운송 서비스 규정을 검토하였다. 제시된 규정들을 참고할 때, 한 대리의 판단으로 올바른 것은?

구분	갑 운송사	을 운송사	병 운송사
환불보장 서비스	가능	추가약정 시 가능	없음
발송 가능 국가	29개 국가	82개 국가	220개 국가 이상
단일 물품 중량제한	40kg	50kg	70kg
발송건당 최대물품수	10개	10개	제한 없음
단일 물품 크기제한 (cm/가로 × 세로 × 높이)	100 × 80 × 60	120 × 60 × 80	120 × 80 × 80
팔레트 중량제한	취급불가	취급불가	300kg
발송건당 중량제한	300kg	450kg	1,000kg
배송예정 시간	약정한 배송일 오전 9시 배송(미국은 오전 10:30)	약정한 배송일 오후 12시(정오) 배송	약정한 배송일 업무 마감시간 이전 배송

※ 발송건당 최대 물품수는 발송건당 포함할 수 있는 단일 물품의 최대 개수를 의미한다. 발송건당 비용은 동일하며 발송 횟수에는 제한이 없다. 팔레트 1개의 중량은 19.5kg이다.

① 높이가 70cm인 A제품의 환불을 보장받기 위해서는 별도의 약정이 필요 없겠군.
② 어느 운송사를 선정하더라도 34kg짜리 B제품 7개와 23kg짜리 C제품 3개를 주문 받은 경우 배송예정일 오전 내 배송은 불가능하겠군.
③ 무게가 13kg이고 운송 시 5개당 1개의 팔레트를 사용하여 포장해야 하는 D제품 60개를 주문받은 경우 한 번의 발송으로 보낼 수 없겠네.
④ 가로 길이가 120cm, 세로 60cm, 높이 80cm이고 무게가 55kg인 E제품 8개를 주문 받은 경우 2개의 운송사를 이용할 수 있겠네.
⑤ 미국 바이어가 주문한 무게 33kg인 F제품 9개를 배송할 경우 갑 운송사를 이용하면 확실히 오전 9시에 구매자가 물건을 받을 수 있겠군.

자원관리능력 | 31 ~ 40번

31 한국전력공사의 근무지 외 출장 여비 규정과, 이 회사 홍보팀과 연구기획팀 출장계획이 다음과 같다. 이때, 규정을 근거로 출장계획을 판단한 것으로 옳지 않은 것은?

근무지 외 출장 여비 규정

구분	숙박비(원/박)	일비(원/일)
임원	180,000	120,000
차장 · 부장	120,000	80,000
과장 이하	100,000	50,000

※ 단, 일반출장이 아닌 세미나 참가 시 일비는 제시된 일비의 절반만 지급됨

홍보팀과 연구기획팀의 출장계획

구분	홍보팀	연구기획팀
출장 목적	거래처 미팅	학회 세미나 참석
인원	부장 1명, 과장 1명, 대리 1명	이사 1명, 차장 2명, 대리 2명, 주임 1명
출장기간	2박 3일	1박 2일
예산한도	1,200,000원	1,300,000원

① 두 팀 모두 주어진 예산한도를 초과하지 않았다.
② 홍보팀과 연구기획팀의 출장기간 1인당 평균 일비는 약 10만 원 이상 차이가 난다.
③ 홍보팀의 숙박비는 연구기획팀의 숙박비보다 8만 원 적다.
④ 연구기획팀의 출장비 총액에서 임원이 차지하는 금액의 비중은 30% 미만이다.
⑤ 두 팀의 출장비 총액 차이는 5만 원 이상이다.

[32 ~ 33] 다음은 A지역에 위치한 ○○랜드 시설에 대한 요금규정이다. 이를 보고 이어지는 물음에 답하시오.

○○랜드 요금규정

1. 입장료(1인당 1일 기준)

구분	하절기 및 평상시 요금	동절기(12월~2월) 요금
어른	30,000원	25,000원
청소년(만 13세 이상 19세 미만)	25,000원	20,000원
어린이(만 13세 미만)	20,000원	18,000원
입장료 면제	다자녀 가정(부모 및 자녀 입장료 면제)	

※ '다자녀 가정'은 만 19세 미만의 자녀가 3인 이상 있는 가족을 말한다.
※ A지역 거주자일 경우 본인 및 가족 개인 입장료가 각각 20% 할인된다.

2. 야영시설 및 숙박시설 이용료(시설당 1박 기준)

구분		요금(원)		비고
		성수기(7~8월)	비수기(7~8월 외)	
야영시설	텐트(개)	30,000원		입장료 별도
	캠핑카(동)	70,000원		
숙박시설	3인실	228,000원	186,000원	입장료 면제
	4인실	265,000원	210,000원	
	5인실	300,000원	240,000원	

※ '다자녀 가정'인 경우 비수기에 한해 야영시설 및 숙박시설 이용료의 40%를 할인하며, A지역 거주자일 경우 성수기와 비수기에 상관없이 야영시설 및 숙박시설 이용료의 10%를 할인한다. (단, 이 사항은 중복 적용이 되지 않으며 본인이 해당하는 것 중 할인 혜택이 큰 것을 선택하면 된다.)
※ 텐트 1개당 4인, 캠핑카 1동당 3인이 이용할 수 있다.

3. ○○랜드 주차요금

구분	최초 60분	이후 30분당	일 최대 요금
모바일 정산	2,000원	1,000원	30,000원
사전 무인정산기	2,500원	1,500원	30,500원
출구 무인정산기	3,000원	2,000원	31,000원

4. 총 이용요금 = ○○랜드 입장료 + 야영시설 및 숙박시설 이용료 + 주차 요금
(예를 들어, 1박 2일을 머무는 경우 ○○랜드 입장료는 2일, 야영시설 및 숙박시설 이용료는 1박으로 산정하여 사용 인원에 따라 계산한다.)

32 A지역 거주자 K씨가 가족과 함께 ○○랜드 시설을 이용한다고 할 때, 납부해야 할 요금은?

시설 이용 신청서

신청자	K씨	사용일 및 기간	2025. 2. 2. ~ 2025. 2. 5. (3박 4일)
사용 시설	숙박시설 5인실	사용인원	신청자 본인 포함 5명
세부사항	• K씨(만 52세), 아내(만 50세), 자녀 3명(각각 21세, 18세, 12세) • ○○랜드 주차장에 4일간 주차(사전 무인정산기로 4일 분 결제)		

① 760,000원
② 770,000원
③ 780,000원
④ 790,000원
⑤ 800,000원

33 한국전력공사 영업본부의 정 주임이 입사동기 5명과 같이 ○○랜드 시설을 이용한다고 할 때, 납부해야 할 요금은?

시설 이용 신청서

신청자	정 주임	사용일 및 기간	2025. 7. 21. ~ 2025. 7. 23. (2박 3일)
사용 시설	야영시설 캠핑카	사용인원	신청자 본인 외 5명
세부사항	○○랜드 주차장 5시간 이용(출구 무인정산기로 결제)		

① 719,000원
② 756,000원
③ 799,000원
④ 826,000원
⑤ 839,000원

34 기획팀 곽 대리는 회의실에서 사용할 프로젝터를 구매하려고 한다. 다음은 곽 대리가 구매할 프로젝터를 검색하면서 구입 시 고려해야 할 사항 및 최종 구입 후보모델을 정리한 것이다. 이 자료를 보고, 곽 대리가 구매할 프로젝터로 가장 적절한 것을 고르면? (단, 프로젝터의 구매 시점은 2024년 6월이다.)

1. 구매가격이 500,000원을 초과하지 않는 모델을 구매한다.
2. 출시된 지 3년 이상인 제품은 구매하지 않으며, 출시된 지 1년 이내의 제품을 우선 고려한다.
3. 사무실 기기 중 가장 많은 비중을 차지하는 G사의 제품을 가장 선호하며, 그 다음으로는 S사의 제품을 우선 고려한다.
4. 품질보증기간이 긴 모델을 우선 고려한다.

＊1 → 4의 순서대로 고려사항에 우선순위를 두고 프로젝터를 구매한다.

	모델명	가격	브랜드	출시일자	품질보증기간	비고
①	SB−10ELN50	510,000원	S사	2022. 12.	2년	시즌 오프 5% 할인
②	SB−20ELN31	480,000원	S사	2023. 08.	3년	
③	J1510−22	560,000원	J사	2022. 07.	1년	시즌 오프 10% 할인
④	GB156−Y	535,000원	G사	2023. 11.	1년	시즌 오프 10% 할인
⑤	GK450−U	490,000원	G사	2023. 10.	2년	

[35 ~ 36] 한국전력공사 인사팀에서는 A시와 B시에서 진행되는 채용박람회에 참여하기로 결정하였다. 이때, 진행 인원이 부족하여 총무팀에서 직원 갑, 을, 병, 정, 무 5명이 지원을 나가기로 했다. 다음 자료를 보고 이어지는 물음에 답하시오.

◎ 박람회 일정

구분	진행 일정		필요인원
A시	9월 2일(월요일)~4일(수요일)	09:00~17:00	2인
B시	9월 4일(수요일)~6일(금요일)	10:00~18:00	3인

※ 필요인원은 총무팀 인력지원이 필요한 인원을 의미한다.

◎ 박람회 참여 가능 총무팀 직원 명단

직원	참여 가능일	참여 가능 시간
갑	월요일	09:00~12:00
	수요일	15:00~18:00
	목요일	12:00~18:00
을	화요일	15:00~18:00
	수요일	09:00~18:00
	금요일	12:00~18:00
병	화요일	09:00~17:00
	수요일	09:00~12:00
	금요일	15:00~18:00
정	월요일	09:00~17:00
	목요일	09:00~15:00
	금요일	09:00~12:00

- 갑, 을, 병, 정이 반드시 진행해야 할 각자의 업무 시간을 제외한 시간을 나타낸 것으로, 참여 가능 시간에 박람회 지원을 나갈 수 있다.
- 직원 무는 B시에서 진행되는 박람회에만 지원을 가서 진행 시간 내내 상주하기로 했다.
- 참여 가능 직원이 없는 시간대에는 파트타이머를 구한다.
- A시와 B시의 거리가 멀기 때문에 하루에 두 지역 박람회에 갈 수는 없다. 하루에 한 개 지역 박람회에만 지원을 갈 수 있다.

35 B시 박람회에서 금요일에 같이 지원 근무를 하게 되는 직원들끼리 묶은 것은?

① 을, 정, 무
② 을, 병, 정
③ 갑, 정
④ 을, 병
⑤ 을, 정

36 총무팀 직원으로도 필요인원을 채우지 못하는 시간대에는 시간당 11,000원의 일당을 주고 파트타이머를 고용하기로 했다. A, B시 채용박람회 기간 공사에서 파트타이머에게 지급할 일당 총액은 얼마인가? (단, 파트타이머는 직원들이 지원근무를 나가지 못하는 시간대에만 고용해 일당을 줄이도록 한다.)

① 418,000원
② 440,000원
③ 462,000원
④ 495,000원
⑤ 561,000원

37 **다음은 갑이 구매하려는 도서 목록과 인터넷 서점인 A, B서점의 가격정책에 관한 자료이다. 이에 대한 설명으로 옳은 것을 〈보기〉에서 모두 고르면?**

다음은 갑이 구매를 고려하고 있는 도서 목록이다. 책들은 A서점이나 B서점에서 구매하려고 하는데, 제시된 도서는 두 서점 모두에 재고가 있는 상태이며, 정가는 동일하다.

도서명	장르	정가(원)
유럽미술산책	예술	13,000
성공의 비결	자기계발	15,000
너의 얼굴	소설	13,000
오래된 물음	소설	10,000
바인더의 힘	자기계발	11,000
우리는 날마다 한 걸음씩	에세이	12,000
한 끼 뚝딱! 한상	요리	16,000
모차르트를 열망하다	예술	18,000
당신 지갑에 돈이 없는 이유	경제	22,000
멋진 거짓말	소설	13,000

- A서점은 정가 10,000원 이상인 도서를 10% 할인하여 판매하고, B서점은 정가 15,000원 이상인 도서를 10% 할인하여 판매한다.
- A서점의 배송비는 2,500원이고 20,000원 이상 구매 시 배송비가 무료이다. B서점의 배송비는 3,000원이고 15,000원 이상 구매 시 배송비가 무료이다.
- A서점은 예술분야 도서를 20% 할인판매 중이고, B서점은 자기계발 분야 도서를 30% 할인판매 중이다.(이 경우 정가 10% 할인은 적용되지 않는다.)

보기

㉠ 갑이 <당신 지갑에 돈이 없는 이유>와 <유럽미술산책>을 구매할 때, A서점에서 사는 것이 B서점에 사는 것보다 2,500원 이상 저렴하다.
㉡ 갑이 정가 15,000원 이상인 책 중에서 자기계발 분야 1권, 예술분야 1권을 구매하는 경우, A서점보다 B서점을 이용하는 것이 구매 비용이 더 저렴하다.
㉢ 갑이 한 권의 소설책을 구매한다고 할 때, 최소 구매비용은 12,000원이다.
㉣ 갑이 정가 12,000원 이하인 책을 모두 구매할 경우 A, B 서점에서의 구매비용은 동일하다.

① ㉠, ㉡, ㉢
② ㉠, ㉡, ㉣
③ ㉡, ㉢, ㉣
④ ㉠, ㉣
⑤ ㉢, ㉣

38 **한국전력공사 본사에서 A~E 지사에 승진시험 관리감독 인원을 파견하려고 한다. 다음과 같은 조건을 따를 때, 옳지 않은 것을 〈보기〉에서 모두 고르면?**

- 승진시험 관리감독 인원은 총 3명이다.
- 혹시 모를 시험 문제 유출 가능성을 줄이기 위해 시험 시작일에서 종료일까지의 기간을 가능한 한 최소화하여 A~E 지사에 관리감독 인원을 투입한다.
- 4월 5일 월요일~4월 9일 금요일 중에 모든 시험을 끝내며, 시험은 오전 또는 오후에 볼 수 있다.
- 각 지사의 요청사항은 다음과 같다.

A지사: 목요일 또는 금요일에 시험을 볼 예정입니다. 관리감독 인원은 3명을 요청합니다.

B지사: 식목일은 나무 심기 행사가 있어서 곤란하고, 다른 날은 오후라면 언제든 괜찮습니다. 관리감독 인원은 3명이 필요합니다.

C지사: 임원 출장 때문에 월요일이나 화요일에 시험을 볼 수 있겠네요. 아, 수요일 오후에도 가능합니다. 관리감독 인원은 3명 이상 필요합니다.

D지사: 목요일과 금요일은 사내 행사가 있어서 시험을 진행할 수 없습니다. 되도록이면 다른 날 오전에 와 주셨으면 합니다. 관리감독 인원은 2명만 있어도 괜찮을 듯합니다.

E지사: 화요일과 금요일을 제외한 다른 날에 파견을 부탁합니다. 사원 규모가 적어서 관리감독 인원은 1명만 보내주셔도 됩니다.

보기

㉠ A지사는 오후에 시험을 보게 된다.
㉡ A~E 지사의 승진시험 일정을 이틀 만에 마무리할 수 있다.
㉢ 만일 C지사가 수요일 오후가 아닌 수요일 오전에 시험을 볼 수 있게 되어도 전체 시험 일정은 변화가 없다.
㉣ 시험이 있는 날 관리감독 인원 3명 중 한 명이라도 파견을 나가지 않는 시간대는 없다.

① ㉠, ㉡　　② ㉠, ㉢
③ ㉡, ㉢　　④ ㉡, ㉣
⑤ ㉢, ㉣

39 한국전력공사 A팀장이 근무하는 부서는 업무 특성상 24시간 근무가 필요해 교대근무를 실시하고 있다. 교대근무와 관련한 규정과 A팀장이 작성한 주간근무 초안이 다음과 같다고 할 때, 이에 대한 설명으로 옳지 않은 것은?

□ 교대근무 규정

1. 8시간 근무 후 16시간 휴무를 원칙으로 한다.
2. 16시간 이상 휴식을 취한 경우에만 연속으로 16시간까지 근무할 수 있다.
3. 어떠한 경우에도 24시간을 연속해서 근무할 수는 없다.
4. 교대근무 등 부득이한 사정으로 16시간을 근무한 후에는 비상상황이 아닌 한 반드시 8시간 이상 휴식을 취해야만 한다.
5. 부서원은 총 9명(A~I)이며, 3명이 동시에 근무한다. 단, 공휴일에는 2명만 근무한다.

□ 주간근무 초안

구분	일	월	화	수	목	금	토
오전(8시간)	A, B	G, H, I	G, H, I	G, H	D, E, F	D, E, F	D, E
오후(8시간)	C, D	A, B, C	A, B, C	I, A	G, H, I	G, H, I	F, G
야간(8시간)	E, F	D, E, F	D, E, F	B, C	A, B, C	A, B, C	H, I

※ 공휴일은 토요일, 일요일이며, 이번주 수요일은 공휴일이다.
※ 지난주의 근무는 이번 주 근무에 영향을 주지 않는다고 가정한다.

① 월요일 오후에 병원에 가야 하는 A는 화요일 야간의 D와 근무를 바꿀 수 있다.
② 수요일 오전에 출근해야 하는 G는 갑작스러운 몸살로 출근이 어려울 경우 목요일 야간의 B와 근무를 바꿀 수 있다.
③ 주말을 맞이해 토요일 오후부터 1박 2일로 여행을 떠나려는 F는 목요일 야간의 B와 근무를 바꿀 수 있다.
④ 화요일 오후의 C와 금요일 오전의 F가 근무를 바꾸는 것은 규정상 불가능하다.
⑤ 일요일 오전에 자격증 시험에 응시해야 하는 B는 같은 공휴일인 수요일 오전의 H와 근무를 바꿀 수 있다.

40 한국전력공사에 근무하는 최 대리는 9월 13일부터 미국으로 출장을 가게 되었다. 최 대리는 출장 전 출장경비를 계산하여 일정을 조정하고 비행기 티켓을 예매하기 위해 다음과 같이 관련 정보를 정리하였다. 출장비를 최대한 절약하려고 할 때, 최 대리가 계산한 비행편 포함 출장경비와 예매할 비행편이 바르게 짝지어진 것은?

◎ 출장 일정 및 관련 정보
- 9월 15일과 17일에 뉴욕에서 거래처와 미팅이 있으므로 15일과 17일에는 뉴욕에만 머무른다.
- 9월 23일에 서울 본사에서 출장 결과에 대한 PT가 있으므로 적어도 21일 오전에는 한국에 도착해야 한다.
- 뉴욕에서 업무를 마친 후 워싱턴을 방문해 업무 관련 세미나에 참석한다. 이때 워싱턴에서 1박을 한다.
- 컨디션 관리를 위해 도시에 도착한 당일 다른 도시로 떠나지 않는다.
- 출장경비는 다음과 같이 계산한다.
  a. 뉴욕 1일 경비 : 25만 원
  b. 워싱턴 1일 경비 : 20만 원
  c. 한 도시에서 다른 도시로 이동하는 데 필요한 경비(편도) : 20만 원
  d. X도시에 n일에 도착하여 n+a일에 떠나는 경우, X도시에서의 a일 경비를 준비한다.

◎ 비행편 정보

구분		출국		입국		왕복 티켓 가격(원)
		출발	도착	출발	도착	
L항공	도시	인천	뉴욕	뉴욕	인천	1,780,000
	날짜	9/13	9/13	9/20	9/21	
	시간	12:20	18:30	17:40	13:05	
D항공	도시	인천	뉴욕	뉴욕	인천	2,100,000
	날짜	9/13	9/14	9/20	9/21	
	시간	16:00	08:40	15:00	09:20	
K항공	도시	인천	뉴욕	워싱턴	인천	1,840,000
	날짜	9/13	9/13	9/19	9/20	
	시간	13:10	19:20	15:55	11:30	

출장경비	비행편
① 348만 원	L항공
② 381만 원	D항공
③ 395만 원	D항공
④ 317만 원	K항공
⑤ 349만 원	K항공

[41 ~ 43] 다음은 M사의 보안시스템 코드에 대한 설명이다. 이를 보고 이어지는 물음에 답하시오.

보안시스템 상태

아래 LCD 화면에 나타나는 정보를 참고로 시스템 상태를 판독하고, 적절한 코드를 입력할 것

```
System is processing requests...
System code is X
Run...
...

Error found!
Index SLCDWF of folder HSLEDF

Final Code? (          )
```

항목	세부 사항
Index ## of folder ##	• 오류 문자: Index 뒤에 나타나는 문자 • 오류 발생 위치: folder 뒤에 나타나는 문자
Error value	오류 문자와 오류 발생 위치를 의미하는 문자에 사용된 알파벳을 비교하여 미일치하는 알파벳의 개수를 확인
Final Code	Error value를 통하여 시스템 상태 판단

시스템 상태 판단 기준	Final Code
미일치하는 알파벳의 개수 = 0	Airplane
0 < 미일치하는 알파벳의 개수 ≤ 2	Subway
2 < 미일치하는 알파벳의 개수 ≤ 4	Bus
4 < 미일치하는 알파벳의 개수 ≤ 6	Taxi
6 < 미일치하는 알파벳의 개수	Ship

41 다음 중 문제 화면에 입력할 코드로 알맞은 것은?

```
System is processing requests...
System code is X
Run...
...

Error found!
Index ELSIQPCA of folder JLBNXPRO

Final Code? (          )
```

① Airplane ② Subway ③ Bus
④ Taxi ⑤ Ship

42 다음 중 문제 화면에 입력할 코드로 알맞은 것은?

```
System is processing requests...
System code is X
Run...
...

Error found!
Index WJSIDN of folder WESIZN

Final Code? (          )
```

① Airplane
② Subway
③ Bus
④ Taxi
⑤ Ship

43 다음 중 문제 화면에 입력할 코드로 알맞은 것은?

```
System is processing requests...
System code is X
Run...
...

Error found!
Index ANXKSIQHS of folder QLCUENKDH

Final Code? (          )
```

① Airplane
② Subway
③ Bus
④ Taxi
⑤ Ship

[44~46] 다음은 J전자의 회사제품 A/S 문의자 명단 및 제품의 서비스 코드이다. 이를 보고 이어지는 물음에 답하시오.

고객명	접수일	제품 코드번호	고객명	접수일	제품 코드번호
정태민	240708	22102E020627054	윤호철	240628	23123H031156009
김철수	240723	23061D010215004	이현우	240703	20034J020608014
이소연	240712	20091A021029673	최수민	240709	18011B020704978
송진묵	240717	19034J020809714	홍지훈	240730	22102F031117005
김효진	240718	24011B020901703	오지수	240625	21041B020420075
박초롱	240731	22073H010122351	임현민	240614	21112E010332769
박성욱	240701	23081A010315847	송선영	240723	20103G021025608

〈예시〉 제품 코드 분석

2305 – 3H – 0205 – 19026

생산년월	생산 공장	제품 종류	생산순서
2305	3H	0205	19026

생산년월

생산연도(2자리) + 생산월(2자리)

예 2411 : 2024년 11월
2207 : 2022년 7월

생산 공장

지역코드		고유번호	
1	경기	A	제1공장
		B	제2공장
		C	제3공장
		D	제4공장
2	서울	E	제1공장
		F	제2공장
3	전북	G	제1공장
		H	제2공장
4	강원	I	제1공장
		J	제2공장

제품 종류

분류코드		고유번호	
01	컴퓨터	01	PC
		02	노트북
		03	모니터
02	가정용 전자제품	04	냉장고
		05	세탁기
		06	건조기
		07	식기세척기
		08	청소기
		09	김치냉장고
		10	에어컨
03	스마트폰	11	스마트폰

생산순서

- 00001부터 시작하여 다섯자리 숫자가 매겨짐
- 해당 생산공장에서 생산된 순서를 나타내며, 매년 숫자가 갱신됨

※ 〈예시〉 제품은 2023년 5월 전북 제2공장에서 19026번째로 생산된 세탁기이다.

44 2022년 11월 전북 제2공장에서 10022번째로 생산된 컴퓨터 모니터에 대한 제품코드로 알맞은 것은?

① 20113G100220103
② 20113H010210022
③ 22113G010310022
④ 22113H010210022
⑤ 22113H010310022

45 전북과 강원 지역 공장에서 생산한 제품 중 A/S 문의가 들어오지 않은 제품은?

① PC
② 세탁기
③ 건조기
④ 에어컨
⑤ 스마트폰

46 2024년 7월 10일 이후에 접수된 A/S건 중에서, 경기 공장에서 생산된 가정용 전자제품에 대해 문의한 고객은 몇 명인가?

① 1명
② 2명
③ 3명
④ 4명
⑤ 5명

47 사물인터넷에 대한 다음 글의 빈칸 ㉠~㉤에 들어갈 내용으로 적절하지 않은 것은?

> 사물인터넷(Internet of Things)은 세상에 존재하는 여러 종의 사물들이 다양한 방식으로 서로 연결되어 개별 객체들이 제공하지 못했던 새로운 서비스를 제공하는 것을 말한다. 사물인터넷(Internet of Things)은 단어의 뜻 그대로 (㉠) 혹은 '사물들로 구성된 초연결사회의 인터넷'을 말한다. 기존 인터넷이 컴퓨터나 무선 인터넷이 가능했던 휴대전화들이 서로 연결되어 구성되었던 것과는 달리, 사물인터넷은 책상, 자동차, 가방, 나무, 애완견 등 세상에 존재하는 모든 사물이 연결되어 구성된 인터넷이라 할 수 있다. 사물인터넷은 연결되는 대상에 있어서 책상이나 자동차처럼 단순히 유형의 사물에만 국한되지 않으며, 교실, 커피숍, 버스정류장 등 공간은 물론 상점의 결제 프로세스 등 (㉡)
> 사물인터넷은 일반적으로 사물, 사람, 장소, 프로세스 등 유/무형의 사물들이 연결된 것을 의미한다. 하지만 세부적인 본질에서는 이러한 사물들이 연결되어 진일보한 새로운 서비스를 제공하는 것을 의미한다. 즉, (㉢) 개별적인 사물들이 제공하지 못했던 새로운 기능을 창조하고 제공하는 것이다. 예를 들어 침대와 실내등이 연결되었다고 가정해 보자. 지금까지는 침대에서 일어나서 실내등을 켜거나 꺼야 했지만, 사물인터넷 시대에는 (㉣) 마치 사물들끼리 서로 대화를 함으로써 사람들을 위한 편리한 기능들을 수행하게 되는 것이다.
> 이처럼 편리한 기능들을 수행하기 위해서는 침대나 실내등과 같은 현실 세계에 존재하는 유형의 사물들을 (㉤) 필연적으로 주택 설계나 사물 제작 단계부터 사물인터넷과 관련된 프로그램을 고려해야 한다. 그리고 스마트폰이나 인터넷상에 '사람이 잠들면 실내등을 끈다'거나 혹은 '사람이 깨어나면 실내등을 켜다'와 같은 설정을 미리 해놓으면 새로운 사물인터넷 서비스를 이용할 수 있게 되는 것이다.

① ㉠: '사물들(things)이 서로 연결된(Internet) 것'
② ㉡: 무형의 사물까지도 그 대상에 포함한다.
③ ㉢: 두 가지 이상의 사물들이 서로 연결됨으로써
④ ㉣: 침대 자체에 실내등 스위치가 설치되어 사람이 누워서도 실내등을 켜거나 끌 수 있다.
⑤ ㉤: 인터넷이라는 가상의 공간에 존재하는 것으로 만들어줘야 한다.

[48～49] 다음 자료를 보고 이어지는 물음에 답하시오.

8801169873306

바코드는 제조 또는 그 유통 업체가 제품의 포장지에 여러 개의 줄로 생산국, 제조업체, 상품 종류, 유통 경로 등을 저장해 놓음으로써, 판매될 때 계산기에 설치된 스캐너(감지기)를 통과하면 즉시 판매량, 금액 등 판매와 관련된 각종 정보를 집계할 수 있다. 오늘날 전 산업계에서 널리 이용되고 있는 바코드는 슈퍼마켓의 관리 효율을 높이기 위해 고안되었으며, 고객이 계산대 앞에서 기다리는 시간을 줄이고 판매와 동시에 재고기록 갱신을 자동적으로 이루고자 하는 목적이었다. 바코드를 사용하면 상품의 판매시점 정보 관리, 즉 POS(point of sales)와 재고 관리가 쉽다. 바코드 체계는 유럽과 아시아 지역에서 사용되는 EAN(유럽상품코드)와 미국과 캐나다에서 사용하는 UPC(통일상품코드)로 나누어진다. 한국은 1988년부터 EAN으로부터 국별 코드인 KAN(한국상품코드)를 부여받아 사용하고 있다.

한편, 바코드 아래에는 13개의 숫자가 있는데, 그 중 앞쪽 3자리 숫자는 국가별 식별코드, 그 다음 6자리는 제조업체 코드, 그 다음 3자리는 상품코드, 마지막 1자리는 검사숫자를 나타낸다. 맨 앞의 3자리는 GS1 International에서 부여하고 있으며, 우리나라는 항상 880으로 시작된다. 다음으로 제조업체 코드는 일반적으로 6자리 숫자이나, 특별한 경우 4자리(의약품 제조 및 판매업체), 5자리(의료기기 제조 및 판매업체)가 부여되기도 한다. 3자리의 상품코드는 바코드를 생성한 해당 업체에서 자사의 제품에 부여하는 고유한 상품코드이고, 마지막의 1자리 검사숫자는 바코드가 정확히 구성되어 있는가를 보장해 주는 컴퓨터 체크 디지트로, KAN의 신뢰도를 높여 주게 된다. 검사 숫자 부여 방식은 '10－{(홀수 번째 숫자를 더한 값 + 짝수 번째 숫자를 더한 값의 3배)한 값의 일의 자리 수}로 구할 수 있다.

48 위 자료에 대한 설명으로 옳지 않은 것은?

① 바코드는 슈퍼마켓 계산대 앞에서 기다리는 시간을 줄이고 제품의 재고를 관리하기 위해 고안되었다.
② 바코드는 13개의 숫자로 구성되어 있고, 맨 앞의 3자리는 국가별 식별코드로 GS1 International에서 부여하고 있다.
③ 스페인 G업체에서 나온 바코드가 '8439280143626'일 경우 스페인의 국가별 식별코드는 '843'이다.
④ 한국의 R업체에서 생산한 제품의 경우 업체코드가 '119250'이고, 상품코드가 '248'이면 부여해야 될 바코드는 8801192502484이다.
⑤ 위에 제시된 바코드의 검사숫자는 6이 아닌 4이어야 한다.

49 다음 중 12개의 바코드 번호와 마지막 검사숫자가 바르게 짝지어진 것은?

	바코드 번호	검사숫자
①	880297560225	4
②	880458327678	8
③	880149725861	7
④	880943764105	9
⑤	880627894270	5

50 다음은 각 지역의 제품 매출액이다. 이때, 컴퓨터의 1분기 매출액 합계를 구할 경우 [D12] 셀에 들어갈 함수로 옳은 것은?

	A	B	C	D	E	F	G
1							
2		지역	제품명	1분기	2분기	3분기	
3		서초구	컴퓨터	10,000,000,000	9,000,000,000	8,000,000,000	
4			복합기	5,000,000,000	5,000,000,000	6,000,000,000	
5			휴대폰	6,000,000,000	5,000,000,000	7,000,000,000	
6		동작구	컴퓨터	9,000,000,000	5,000,000,000	6,000,000,000	
7			복합기	6,000,000,000	4,000,000,000	5,000,000,000	
8			휴대폰	5,000,000,000	7,000,000,000	5,000,000,000	
9		마포구	컴퓨터	8,000,000,000	7,000,000,000	9,000,000,000	
10			복합기	6,000,000,000	5,000,000,000	4,000,000,000	
11			휴대폰	4,000,000,000	3,000,000,000	6,000,000,000	
12		컴퓨터 총 매출액					
13							

① =SUM(C3:C11, "컴퓨터", D3:D11)

② =SUM(D3:D11, "컴퓨터")

③ =SUMIF(C3:C11, D3:D11, "컴퓨터")

④ =SUMIF(C3:C11, "컴퓨터", D3:D11)

⑤ =SUMIF("컴퓨터", C3:C11, D3:D11)

KEPCO
한국전력공사

직무능력검사

박문각

KEPCO
한국전력공사

직무능력검사

봉투모의고사

/

3회

박문각

제3회 직무능력검사

(50문항 / 70분)

의사소통능력 | 01 ~ 10번

01 다음 글의 내용과 일치하는 것은?

비트코인은 2009년 사토시 나카모토라는 가명을 쓰는 개발자에 의해 만들어진 세계 최초의 가상자산으로, 정부, 중앙은행, 금융회사의 개입 없이 온라인상에서 개인과 개인이 직접 돈을 주고받을 수 있도록 만들어졌다. 비트코인의 총발행량은 2,100만 개로 제한돼 있으며, 이는 컴퓨터 프로그램으로 수학문제를 풀어 직접 채굴하거나 채굴된 비트코인을 거래하는 시장에서 구입할 수 있다. 이 비트코인에는 블록체인 기술이 적용돼 있는데, 이는 디지털 통화 거래 내역을 기록하기 위해 개발된 분산형 장부 기록 데이터베이스 기술을 말한다. 블록체인은 새로운 거래가 발생할 때마다 그 정보를 별도의 블록으로 만들고 이 블록을 기존 장부에 연결하는 방식으로, 거래가 일어날 때마다 분산된 장부들을 서로 대조하기 때문에 장부 조작이 극히 어려워 강력한 보안 유지가 가능하다. 비트코인의 첫 실물 거래는 지난 2010년 당시 미국 플로리다주의 한 남성이 비트코인 1만 개로 피자 2판을 구매하면서 이뤄진 바 있다.
이후 2017년 미 금융당국이 비트코인의 선물(先物) 거래를 허용하면서 제도권 시장에 일부 진입했으며, 2024년 1월에는 미국 증권거래위원회(SEC)가 비트코인 현물 상장지수펀드(ETF) 상장 및 거래를 승인했다. ETF는 증시에 상장해 주식처럼 거래할 수 있는 펀드로, 여기에는 주식뿐 아니라 금·원유 등 원자재와 같은 다양한 자산을 담을 수 있다. 그간 비트코인에 투자하려면 가상자산거래소에 계좌를 만들고 디지털 지갑에 보관해야 했지만, SEC의 결정에 따라 비트코인을 직접 보유하지 않고도 상장된 ETF를 통해 비트코인에 간접투자를 할 수 있는 길이 열리게 된 것이다. SEC가 승인한 대상은 블랙록, 그레이스케일, 피델리티 등 자산운용사가 운용하는 11개 비트코인 현물 ETF다. 비트코인 선물을 기반으로 한 ETF는 이미 2021년 미국 등 글로벌 증시에 상장됐고 같은 해 캐나다에서는 비트코인 현물 ETF도 상장된 바 있으나, 글로벌 금융 중심지인 미국에서 현물 ETF가 승인된 것은 이번이 처음이다.
한편, 아시아 국가 중에서는 2024년 4월 홍콩이 처음으로 비트코인 현물 상장지수펀드(ETF) 거래를 승인했다. 전 세계적으로는 독일과 캐나다, 미국에 이어 네 번째인데, 특히 홍콩은 미국보다 가상자산 현물 ETF의 거래 범위를 확장했다는 점에서 주목받고 있다. 미국은 비트코인 현물 ETF에 대해 현금 상환만 허용한 반면 홍콩은 현금과 비트코인 현물 상환을 모두 허용했으며, 비트코인뿐 아니라 이더리움을 기초자산으로 하는 현물 ETF도 허용했다.
홍콩의 이와 같은 행보는 새로운 가상자산 상품을 통해 아시아 가상자산 허브로서의 위상을 세운다는 전략에 따른 것으로 분석된다. 중국 정부는 본토에서 가상자산 거래와 투자를 엄격히 금지하고 있지만, 홍콩은 미국과 경쟁할 금융허브로 키우기 위해 예외를 두고 있다.

① 비트코인은 세계 최초의 가상자산으로, 2010년 첫 실물 거래가 이루어진 이래 2,100만 개로 그 발행량이 제한돼 있다.
② 미국에서 비트코인 선물 거래를 허용한 것은 전 세계에서 세 번째이다.
③ 2024년 1월 이전에는 세계 어디서든 비트코인을 디지털 지갑에 직접 보유하고 있는 경우에만 비트코인 투자가 가능했다.
④ 미국에서는 이더리움을 기초자산으로 하는 현물 ETF가 허용되지 않는다.
⑤ 중국 정부가 홍콩의 비트코인 현물 상장지수펀드 거래를 승인한 것은, 중국을 향후 아시아 가상자산 허브로 키우려 하기 때문이다.

[02 ~ 03] 다음 글을 보고, 이어지는 물음에 답하시오.

1814년 이래 210년간 중립국 지위를 지켜왔던 스웨덴이 2024년 3월 북대서양조약기구(NATO · 나토)의 32번째 회원국이 됐다. 스웨덴은 러시아의 우크라이나 침공 3달 만인 지난 2022년 5월 나토에 가입을 신청했고, 신청한 지 21개월 만에 회원국이 된 것이다. 이처럼 핀란드에 이어 스웨덴이 1년 9개월여 만에 나토에 합류하게 되면서 나토 회원국과 러시아가 마주하는 국경은 기존보다 2배가량 늘어나게 됐다. 스웨덴은 나토에 합류하면서 나토의 집단방위 규정(5조)을 적용받게 됐는데, 이는 한 회원국이 외국의 침략을 받았을 경우 나토 전체에 대한 공격으로 간주해 다른 회원국도 전쟁에 자동 개입하도록 규정한 조항이다.
핀란드와 스웨덴은 제2차 세계대전 이후 냉전 시기를 거치면서 서방과 러시아 간의 완충지대 역할을 담당해 왔다. 이 가운데 스웨덴은 1814년부터 200년 넘게 비동맹 중립 노선을 견지해온 국가로, 1949년 나토 출범 때부터 군사적 비동맹 노선을 선언했다. 대신 자체 안보 역량 강화를 위해 북유럽 최대 규모의 육 · 해 · 공군을 유지해 왔는데, 북유럽에서 유일하게 자체 전투기 개발과 생산 능력도 갖추고 있다. 그러다 2022년 2월 러시아의 우크라이나 침공 이후 안보 우려가 지속되면서 동맹 가입으로 여론이 전환됐고, 그해 5월 핀란드와 함께 나토 가입을 신청했다. 이후 핀란드는 2023년 4월 나토에 가입했으나, 스웨덴은 튀르키예와 헝가리의 반대에 부딪히면서 가입이 지연돼 왔다. 나토 가입을 위해서는 기존 회원국이 모두 자국 의회에서 비준안을 처리해야 하는데, 튀르키예는 스웨덴이 테러단체인 쿠르드노동자당(PKK)을 지원하고 반(反)이슬람 시위를 방조해 왔다고 주장했고, 헝가리는 스웨덴이 자국의 정치 상황을 비민주적이라고 비판해 온 것을 문제 삼은 것이다. 그러나 튀르키예가 2024년 1월 24일 스웨덴의 나토 가입을 비준한 데 이어 2월 26일에는 헝가리가 마지막으로 비준하면서 스웨덴의 나토 가입이 확정됐다.
핀란드에 이어 스웨덴까지 나토에 가입하면서 나토 회원국이 러시아 제2도시 상트페테르부르크와 맞닿은 북극권의 전략적 요충지인 발트해를 포위하는 형세가 됐다. 실제로 덴마크, 독일, 폴란드와 발트 3국(에스토니아, 라트비아, 리투아니아) 등 발트해 연안 국가들 가운데 러시아를 제외하고는 모두 나토 회원국이다. 발트해 연안에는 러시아의 역외영토이자 핵심 군사기지인 칼리닌그라드가 있는데, 이로써 러시아 유일의 부동항인 칼리닌그라드의 발트 함대는 완전히 고립될 것으로 보인다. 또 발트해는 러시아의 중요 원유 경로라는 점에서도 러시아에 상당한 영향을 미칠 것으로 보이는데, 러시아는 정유산업의 상당수가 밀집해 있는 상트페테르부르크에서 생산한 원유를 발트해를 거쳐 핀란드만으로 운송하고 있다. 여기에 러시아를 제외하고 북극을 둘러싼 미국, 캐나다, 덴마크, 핀란드, 아이슬란드, 노르웨이, 스웨덴이 모두 나토 회원국이라는 점에서 러시아의 북극 전략에도 상당한 영향을 미칠 것이라는 전망이 나온다.

02 윗글의 제목으로 가장 적절한 것은?

① 중립국인 스웨덴이 나토에 가입하기까지
② 나토 회원국과 러시아 간 갈등이 일어난 원인
③ 스웨덴의 나토 가입이 러시아에 미치는 영향
④ 나토, 러시아의 전략적 요충지를 포위하다
⑤ 스웨덴과 핀란드의 나토 가입 배경

03 윗글의 내용과 일치하지 않는 것은?

① 스웨덴은 핀란드와는 달리 자체 전투기 개발 및 생산능력을 갖춘 국가로, 북유럽에서 가장 큰 규모의 군대를 유지하고 있다.
② 스웨덴과 핀란드는 동시에 나토 가입을 신청했고, 스웨덴이 핀란드보다 약 1년 늦게 가입이 확정됐다.
③ 스웨덴이 나토 가입이 지연된 것은 튀르키예, 헝가리와의 정치적 문제 때문이다.
④ 칼리닌그라드는 부동항이면서 러시아의 원유 경로라는 점에서 전략적 요충지에 해당한다.
⑤ 북극을 둘러싼 국가는 러시아를 포함해 모두 8개국이다.

04 다음 글에서 추론할 수 없는 것은?

우리는 전체 집단에서 특정 표본을 추출할 때 표본이 무작위로 선정되었을 것이라 기대하지만, 실제로 항상 그런 것은 아니다. 이 같은 표본 선정의 쏠림 현상, 즉 표본의 편향성은 종종 올바른 판단을 저해한다. 제2차 세계대전 중 전투기의 보호 장비 개선을 위해 미국의 군 장성들과 수학자들 사이에서 이루어졌던 논의는 그 좋은 사례이다. 미군은 전투기가 격추되는 것을 막기 위해 전투기에 철갑을 둘렀다. 기체 전체에 철갑을 두르면 너무 무거워지기에 중요한 부분에만 둘러야 했다. 교전을 마치고 돌아온 전투기에는 많은 총알구멍이 있었지만, 기체 전체에 고르게 분포된 것은 아니었다. 총알구멍은 동체 쪽에 더 많았고 엔진 쪽에는 그다지 많지 않았다. 군 장성들은 철갑의 효율을 높일 수 있는 기회를 발견했다. 전투기에서 총알을 많이 맞는 동체 쪽에 철갑을 집중해야 충분한 보호 효과를 볼 수 있다는 생각이었다.
반면, 수학자들은 이와 같은 장성들의 생각에 반대하면서 다음과 같은 주장을 펼쳤다. 만일 피해가 전투기 전체에 골고루 분포된다면 분명히 엔진 덮개에도 총알구멍이 났을 텐데, 돌아온 전투기의 엔진 부분에는 총알구멍이 거의 없었다. 왜 이러한 현상이 발생한 것일까? 총알구멍이 엔진에 난 전투기는 대부분 격추되어 돌아오지 못한다. 엔진에 총알을 덜 맞은 전투기가 많이 돌아온 것은, 엔진에 총알을 맞으면 귀환하기 어렵기 때문이다. 병원 회복실을 가보면, 가슴에 총상을 입은 환자보다 다리에 총상을 입은 환자가 더 많다. 이것은 가슴에 총상을 입은 사람들이 회복하지 못했기 때문이다.
이 사례에서 군 장성들은 자신도 모르게 복귀한 전투기에 관한 어떤 가정을 하고 있었다. 그것은 기지로 복귀한 전투기가 출격한 전투기 전체에서 무작위로 추출된 표본이라는 것이었다. 군 장성들은 복귀한 전투기를 보호 장비 개선 연구를 위한 중요한 자료로 사용하고자 했다. 그러나 만약 잘못된 표본에 근거하여 정책을 결정한다면, 오히려 전투기의 생존율을 낮추는 결과를 초래할 수 있다.

① 수학자들의 주장에 따르면, 출격한 미군 전투기에서 총알구멍 위치의 정확한 표본을 추출하기 위해서는, 복귀하지 못하고 격추된 전투기까지 고려해야 한다.
② 전투기에 철갑을 많이 두를수록 기능을 수행하기 어려워지기 때문에, 중요 부분에만 둘러야 했다.
③ 교전을 마치고 돌아온 미군 전투기의 총알구멍이 엔진 쪽보다 동체 쪽에 더 많았던 이유는, 엔진에 총알을 맞은 전투기가 귀환하지 못한 경우가 많았기 때문이다.
④ 미군 장성들이 전투기 엔진보다 동체 쪽에 철갑을 두르는 선택을 했다면, 귀환하는 전투기의 숫자가 늘어났을 것이다.
⑤ 다리에 총상을 입은 환자와 동체에 총알구멍이 난 귀환 전투기는 편향된 표본에 해당한다.

05 다음 글의 내용과 일치하는 것은?

최근 4차 산업혁명이 시작되면서 에너지관리에 대한 관심이 커지고 있다. 이에 발맞추어 나온 것이 바로 '스마트그리드'이다. 스마트그리드란 기존의 공급자 중심인 일방향 전력망(그리드)에서 벗어나, 전력망에 정보·통신기술을 접목하여 공급자와 수요자가 양방향으로 실시간 정보를 교환하여 지능형 수요관리, 신재생 에너지 연계, 전기차 충전 등을 가능하게 하는 차세대 전력인프라 시스템이다.
한국전력공사는 스마트그리드 기술을 활용한 K-BEMS 시스템을 개발하여 빌딩 및 주택 내의 에너지 이용현황을 실시간으로 확인하고 제어하고 있다. 스마트그리드와 관련해서 최근 BEMS, FEMS, HEMS라는 용어가 많이 쓰이고 있다. 이 세 가지 단어의 약자를 하나씩 살펴보면, BEMS, FEMS, HEMS에서의 'EMS'는 'Energy Management System'의 약어로 '에너지관리 시스템'을 뜻한다. 이때 앞에 붙은 B는 'Building(빌딩)', F는 'Factory(공장)', H는 'Home(주택)'을 의미한다. 즉, 차례로 빌딩, 공장, 주택 에너지 관리 시스템을 의미하는 것이다. 각각을 좀 더 자세히 살펴보면 다음과 같다.
우선, BEMS란 건물의 에너지 이용 효율을 극대화시키는 냉난방 설비, 콘센트, 조명 등 건물 내 에너지를 사용하는 기기에 계측 장비를 설치한 뒤 동시에 통신망을 연계하여 효율적으로 관리할 수 있게 도와주는 것이다. 이렇게 제어함으로써 탄소 배출량 감소와 블랙아웃(정전)에 대한 대비를 할 수 있게 된다. 더 나아가 효율적인 에너지 사용으로 비용을 절감하고 쾌적한 실내 환경을 제공하여 사무 능률을 극대화시킬 수 있다.
둘째, FEMS란 저비용으로 에너지 효율을 높이는 공장 관리 시스템을 말한다. 첨단 IoT 기술은 공장에서도 유용하게 사용되는데, 제품생산 및 공정관리가 복잡하게 구성된 공장의 경우 FEMS가 공장 내 에너지 소비를 통합 관리하여 최적의 에너지 사용 환경을 구축해준다. 즉, 전기, 수도, 가스 등 공장 내 에너지 사용 효율을 극대화하고 비용을 절감할 수 있게 하는 것이다. 구체적으로 그 양식을 살펴보자면, 건물 전체 전기 에너지 사용을 실시간 감시하며, Peak 제어와 전기, 수도, 가스 사용량 모니터링 및 건물 내부의 통합제어를 가능하게 한다. 또한, 정해진 스케줄에 따라 층별, 실별 에너지를 자동 제어하고 재실 감지 센서를 통해 사용하지 않는 공간을 자동 절전해 준다.
마지막으로 HEMS는 일반 가정에서의 에너지 관리 시스템을 의미한다. 대표적인 예가 집안의 조명을 관리하는 시스템이다. TV 광고에서는 조명을 끄지 못한 채 집 밖을 나온 주인이 차 안에서 원격으로 불을 끄는 장면이 등장하곤 한다. 이러한 모습은 이제는 먼 미래가 아닌 우리 생활 속에서 흔히 볼 수 있는 광경이 될 것이다. HEMS는 에너지 절약뿐만 아니라 다양한 서비스를 제공하기 위한 인프라로서 발전 가치가 높다. 대표적으로 이미 국제표준화가 이루어진 스마트 하우스용 제어 프로토콜 및 스마트미터(AMI) 등이 있다. HEMS를 활용하여 실내 공기 오염 정도를 측정하고 공기 상태를 그래프로 보여주거나, 귀가 시간에 맞춰 기기들의 작동 시각도 설정할 수 있는 것이다. 귀가 시간에 맞추어 전기 인덕션을 통해 찌개를 데우거나, 특정한 시간에 라디오를 켜는 것, 잠을 잘 때 자동으로 조명이 꺼지는 것과 같은 콘센트 작동제어가 바로 그 예이다.

① 스마트그리드 시스템은 K-BEMS 기술을 활용하여 개발된 시스템으로 빌딩 및 주택 내의 에너지 이용 현황을 파악하고 제어할 수 있다.
② HEMS의 주 기능에는 조명, 전기 인덕션, 라디오 등의 원격 스위치 시스템 조작이 있다.
③ 층별, 실별 에너지 자동 제어 및 센서를 통한 자동 절전을 주로 하는 관리 시스템은 스마트미터(AMI)와 관련된다.
④ FEMS는 공장 내 최적의 에너지 사용 환경을 구축해주어 제품생산 및 공정관리가 단순한 공장의 경우에 매우 유용하다.
⑤ 공장 내의 실내 공기 오염 정도를 측정하고 공기 상태를 그래프로 보여주는 등 공기질 관리에 스마트그리드 기술이 활용된다.

06 다음 글의 내용에서 추론할 수 있는 것은?

문화재청은 2024년 석가모니의 일생과 그의 가르침을 9폭의 그림으로 펼쳐낸 불화인 '순천 송광사 영산회상도 및 팔상도'를 국보로 지정할 예정이라고 밝혔다. 이는 지난 2003년 보물로 지정된 지 약 21년 만의 국보 승격이다. 또한 조선시대 건축물인 '고창 문수사 대웅전'과 '의성 고운사 가운루'를 국가지정문화유산 보물로 지정 예고한다고 밝혔다.
순천 송광사 영산회상도 및 팔상도는 영산회상도 1폭과 팔상도 8폭으로 이뤄져 있는 불화로, 영산회상도는 석가모니가 제자에게 설법하는 모습을 담은 불화이며, 팔상도는 석가모니의 생애에서 역사적인 사건을 8개의 주제로 표현한 그림을 뜻한다. 팔상의 개념은 불교문화권에서 공유됐지만 이를 구성하는 각 주제와 도상, 표현 방식은 나라마다 차이가 있다. 송광사 영산회상도의 경우 다른 영산회상도와 달리 그림 아랫부분에 설법을 듣는 청중과 사리불(舍利佛 · 석가모니의 10대 제자 가운데 한 사람)까지 배치한 점이 특징이다. 팔상도는 통일된 필선과 색채를 유지하면서 섬세하게 묘사한 점이 돋보이는 그림으로, 석가모니가 도솔천에서 코끼리를 타고 사바세계로 내려오는 장면인 '도솔래의상', 룸비니공원에서 마야부인의 옆구리를 통해 출생하는 모습을 그린 '비람강생상' 등으로 구성된다. 이는 그림에 남아있는 기록을 통해 조선 영조 재위 시기인 1725년에 승려 의겸(義謙) 등이 그렸다는 점을 확인할 수 있으며, 영산회상도와 팔상도를 함께 조성해 봉안한 작품으로서도 가치가 크다. 아울러 조선 후기 영산회상도의 다양성과 팔상도의 새로운 전형을 제시했다는 점에서도 의미가 있다.
고창 문수사 대웅전은 전라도 대표 문수도량인 문수사의 주불전으로, 보물로 지정된 고창 문수사 목조석가여래삼불좌상을 봉안하고 있다. 정확한 창건 시기는 알 수 없으나 <문수사 창건기>(1758)에 따르면 임진왜란 이후인 1607년(선조 40) 중창됐고, 1653년(효종 4) 회적 성오화상이 고쳐 지었다. 이후 1654년 제자 상유가 삼불좌상과 시왕상 등을 조성한 기록으로 볼 때 문수사 대웅전도 이 시기에 중창된 것으로 추정된다. 정면 3칸 · 측면 2칸의 문수사 대웅전은 단순하지만 강직한 공포의 형태와 짜임이 엿보이는 조선 전기~중기의 건축 양식과 전라도의 지역적 특색이 뚜렷하며, 단청에는 전통무기안료와 아교가 사용된 옛 기법이 남아 있어 학술적 · 역사적 가치를 더하고 있다.
의성 고운사 가운루는 대한불교조계종 제16교구의 본사인 고운사의 진입부에 위치하며, 계곡 위를 가로질러 건립된 사찰 누각 중 가장 크다. <고운사사적비>(1729), <고운사사적비>(1918) 등의 문헌사료에 따르면 고운사 가운루는 1668년 극성 · 승묵 · 덕종 스님에 의해 건립됐다. 정면 5칸 · 측면 2칸의 장방형 평면에 팔작지붕 형식을 갖춘 사찰 누각으로, 조선 중기~후기의 건축 양식이 잘 남아 있다. 특히 세 쌍의 긴 기둥이 계곡 바닥에서 누각을 떠받치고 있고, 기둥 간의 간격(주칸)을 넓게 배치한 점 등이 기존의 사찰 누각과는 다른 독특한 구조적 특징이다.

① 영산회상도는 보통 그림에 설법을 듣는 청중의 모습을 그려 넣지는 않는다.
② 팔상도가 표현한 '팔상'은 석가모니의 생애에서 역사적인 사건을 8개의 주제로 나타낸 것으로, 우리 불교에서만 나타나는 개념이다.
③ 승려 의겸 등이 영산회상도 및 팔상도를 그렸다는 사실은 조선 영조 재위 시기 의겸이 남긴 기록을 통해 확인할 수 있다.
④ 고창 문수사 대웅전은 17세기 초에 창건된 것으로 추정된다.
⑤ 의성 고운사 가운루는 지붕 모양이 기존 사찰 누각과 다른 독특한 특징을 띤다.

07 **다음 글의 중심 내용으로 가장 적절한 것은?**

사람의 내장 기관 중 재생 능력이 가장 뛰어난 간의 경우, 건강한 사람은 간의 절반 정도를 잘라내도 다시 원래대로 재생되는 것이 관찰되었다. 나머지 다른 기관들도 어느 정도까지는 재생 능력이 있는데 가장 중요한 뇌세포는 재생되지 않는다. 그동안의 연구 결과에 따르면 뇌세포는 분열할 능력은 있지만 여러 가지 조건상 분열이 제한되어 있어 다른 기관과 달리 재생되지 않는 것이 밝혀졌다. 관찰 결과 뇌의 신경 세포가 상처를 입으면 주변을 둘러싸고 있는 교세포들이 신경 세포의 재생을 막는 방해물들을 내어 재생을 막는 것이다. 그런데 실험실에서 신경 세포 하나만을 꺼내서 일부러 상처를 입힌 뒤, 방해 물질과의 접촉을 막고 신경세포의 성장을 도와주는 물질들을 처리해주면 신경 세포가 재생되는 것이 관찰되었다.

그렇다면 왜 우리의 뇌는 원래 재생력이 없는 것도 아니면서 교세포가 방해 공작을 펴서 신경세포의 분열과 재생을 막도록 진화해왔을까? 우리가 어떤 정보를 뇌세포에 기억시키는 것은 그 정보를 신경 세포의 회로에 저장한다는 것이다. 이 신경 세포는 이후에 이동하거나 변화되면 안 된다. 정보를 저장한 뒤에도 신경 세포가 마구 분열한다면 이후 이 회로는 엉망이 되어 기억의 내용이 뒤죽박죽되어버릴 것이기 때문이다. 그러므로 일단 정보를 저장하고 회로가 완성되면 신경 세포들은 더 이상 분열하지 않아야 한다. 그래야 기존의 기억을 제대로 보관할 수 있다. 그래서 우리의 뇌는 상처를 입었을 때 재생할 수 없다는 엄청난 위험 부담을 감수하고서라도 기존의 신경, 전달 회로를 지키려는 전략을 택하게 되었다. 하나를 얻기 위해 다른 하나는 희생해야 하는 것, 진화는 그렇게 냉정하게 진행되어 왔다.

① 뇌는 신경 세포의 정보 저장 능력을 지키기 위해 재생 능력을 진화시켜 왔다.
② 인간의 진화 과정에서 뇌의 재생 능력 또한 진화되어 왔다.
③ 뇌세포가 재생되지 않도록 진화된 것은 기존의 신경, 전달 회로를 지키기 위해서이다.
④ 뇌가 타 기관보다 재생 능력이 떨어지는 것은 뇌신경 세포의 특성 때문이다.
⑤ 간과 뇌 등 사람의 내장 기관은 정도의 차이는 있으나 모두 재생 능력을 갖추고 있다.

08 다음 글의 (가)~(마) 문단을 순서에 맞게 배열한 것으로 가장 적절한 것은?

(가) 같은 해 8월 10일에는 여론조사 결과가 발표되었는데, 참여한 백성의 정확한 숫자까지 모두 기록으로 남아있다는 점이 흥미롭다. 여론조사에 참여한 백성들은 총 17만 2,806명으로, 그 가운데 찬성은 9만 8,657명, 반대는 7만 4,149명인 것으로 나타났다. 당시 조선 인구를 기록한 <세종지리지>에 따르면 당시 총인구수는 69만 2,477명이었다. 무려 조선 인구의 25%가 참여한 것이다. 고령의 노인과 어린이를 제외하면 거의 모든 백성들이 참여한 대규모 여론조사였던 것이다. 1430년 8월 10일 자 실록에는 3품 이하 전·현직 관리들의 찬반 여부와 함께 각도 감사·수령과 백성들의 찬반 결과 또한 정확한 숫자로 기록되어 있다. 실록에 따르면 3품 이하의 전·현직 관리 중 현직 259명과 전직 443명이 찬성하여 총 702명, 현직 393명과 전직 117명, 총 510명이 반대 의사를 나타내었으며, 공법의 장단점과 해결책을 제시하라는 세종의 지시대로 3품 이상의 고위 및 홍문관·사헌부·사간원 3사의 관리들은 나름의 견해를 피력하기도 했다.

(나) 뜻밖인 것은 여론조사 결과 공법 시행에 찬성하는 의견이 더 많았음에도 불구하고 세종이 공법안 시행을 보류했다는 점이다. 장장 5개월여에 걸쳐 전 백성을 대상으로 그들의 뜻을 묻고, 전국 각지에서 올라온 여론조사 결과를 보고받고도 "영의정 황희 등의 의논에 따른다"라고 밝힌 것이다. 당시 영의정 황희와 우의정 맹사성, 찬성 허조 등이 "공평치 않고 자칫 국가재정의 손실을 초래할 수 있다"라는 점을 이유로 들어 공법의 시행을 강하게 반대하자, 신하들의 뜻을 꺾지 못한 것이다. 하지만 세종은 이를 포기하지 않고 13년 후인 1443년(세종 25년) 10월 27일 또 한 번 공법의 시행을 추진하기 위해 다음과 같은 제안을 한다.

(다) 세종 12년인 1430년 3월 5일, 세종대왕은 다음과 같은 명을 내렸다. "전국의 전·현직 관리는 물론이고 세민(細民·가난하고 비천한 백성)들에게까지 모두 가부를 물어 그 결과를 아뢰도록 하라." 이는 호조가 '전답 1결당 조 10두 징수'를 골자로 한 공법(세금) 방안을 제출한 데 대해 세종이 전국을 범위로 하는 여론조사를 지시한 내용이다. 이 공법 시행을 놓고 세종은 장장 5개월여에 걸쳐 17만 명의 백성이 참여한 전국적인 여론조사를 실시했다. 같은 해 7월 5일에는 '여론조사 중간점검 회의'까지 열렸다. 이 중간점검 회의에서 호조판서 안순은 "지금까지의 조사를 보면 경상도에서는 찬성이 많고, 함길·평안·황해·강원 등은 반대가 많다"며 조사 결과를 중간보고하기도 했다. 이에 대해 세종은 "각 도의 여론조사 결과가 도착하면 중앙 및 지방의 관리들은 공법의 장단점과 해결방안을 마련해서 보고하라"고 지시했다.

(라) "지금 공법은 시행하지 않더라도 후세 자손들은 반드시 재론할 것이다. 그러니 미룰 수 없다. 과인은 경상·전라 양 도의 백성 중 공법의 시행을 희망하는 자가 3분의 2가 되면 우선 이 양 도에서 시행할 것이다." 조선 최초로 지금의 국민투표에 맞먹는 대규모 여론조사를 실시한 데 이어, 현재 민주정치 체제에서도 시행하기 어려운 3분의 2 가중다수결 원칙을 제안한 것이다. 당시 조선 초기 사회가 조선을 통틀어서 가장 왕권이 강력했던 왕조시대임을 고려할 때, 왕조시대의 군주가 민주주의의 시발점인 유럽 국가에서도 찾아볼 수 없었던 민주적 행보를 보인 것이다.

(마) 세종이 공법 실현을 위해 세계시 어디에서도 찾아보기 힘든 행보를 이어간 데에는 공법이 불확실성을 배제한 공평조세였다는 점이 크게 작용했다. 세종 19년인 1437년 7월 9일의 <세종실록>에 따르면 공법세부안을 만든 호조는 공법이 만들어지면 백성들은 모두 미리 바칠 조세의 양을 알아서 스스로 납부하게 되므로 번거롭지 않을 것이며, 세법은 만세에 행해질 것임을 강조하였다는 대목이 등장하는데, 이것이 평균 수확량을 고려해서 매년 일정액의 조세를 징수하는 공법을 도입하고자 한 주된 이유였다. 조세의 확실성을 높이고자 한 세종의 공법은 조세의 공평을 골자로 하고 있는데, 후에 영국의 애덤 스미스가 조세부과의 4원칙 가운데 하나로 '예측 가능한 공평의 원칙'을 제시하면서 조세의 기본원칙으로 강조한 것보다도 무려 350여 년이나 앞선 15세기 중엽의 일이었다.

① (가) – (나) – (다) – (라) – (마)
② (나) – (마) – (가) – (다) – (라)
③ (다) – (가) – (나) – (라) – (마)
④ (다) – (마) – (라) – (나) – (가)
⑤ (가) – (나) – (다) – (라) – (마)

09 다음 글의 내용과 부합하는 것은?

자유라디칼 누출이 빨라질수록 수명은 짧아진다. 자유라디칼 누출 속도는 대체로 대사율에 의해 결정되는데, 대사율이란 세포가 산소를 소비하는 속도를 말한다. 즉 대개 빠른 호흡을 하면 자유라디칼 누출이 많아지고 수명이 짧아지는 것이다. 몸집이 작은 동물은 대사율이 높은 반면, 몸집이 큰 동물은 대사율이 낮고 자유라디칼 누출도 적어 수명이 길다. 그러나 조류는 조금 다르다. 예를 들어 비둘기는 약 45년을 사는데, 이는 크기와 대사율이 비슷한 쥐에 비해 약 10배를 오래 사는 것이다. 하지만 이 또한 자유라디칼 누출로 설명된다. 새들은 산소 소비량이 비슷한 포유류에 비해 자유라디칼 누출이 10배 정도 적기 때문이다.

자유라디칼 누출은 수명뿐만 아니라 건강에도 영향을 미친다. 노화 관련 질환의 발병은 시간의 경과가 아닌 생물학적 나이에 의해 결정되는데, 만약 자유라디칼이 빠른 속도로 누출되면 퇴행성 질환이 빠르게 발병하게 된다. 같은 병을 앓는 쥐와 인간의 경우, 쥐가 2~3년이면 발병하는 데 반해 인간은 수십 년의 시간이 걸리는 이유도 여기에 있다. 일부 퇴행성 질환은 쥐와 인간에게서 정확히 같은 돌연변이가 원인이 되어 발병하지만, 마찬가지로 수십 년의 시간 격차가 나타난다.

세포의 미토콘드리아 집단이 손상을 입기 시작하면 자유라디칼 누출이 조금씩 증가하다가 어느 순간 위험 수준으로 증가한다. 이때 세포가 정상상태를 회복하려고 시도하면서 약하지만 만성적인 염증이 일어나게 되는데, 여기서 세포가 죽고 원활히 재생되는 것이 일반적이나 세포가 죽고 재생이 되지 않으면 몸의 조직과 기관을 위축시켜 퇴행성 질환을 일으킨다. 이를 통해 젊었을 때 열량 제한을 시작하면 노화와 노화 관련 질환까지 예방되는 이유를 알 수 있다. 열량 제한을 하면 자유라디칼 누출이 감소하고, 손상을 방지하는 미토콘드리아 막을 강화하여 미토콘드리아 수를 늘림으로써 생체 시계를 다시 되돌리게 된다.

① 자유라디칼 누출이 위험 수준으로 증가하면 세포는 죽게 되고, 이것이 퇴행성 질환의 원인이 된다.
② 자유라디칼 누출이 증가한 사람은 최근에 열량 제한을 시작했을 것이다.
③ 인간에게 발병하는 퇴행성 질환의 원인은 마찬가지로 쥐에게도 모두 동일하게 적용된다.
④ 동물의 몸집과 산소 소비 속도는 비례하므로, 크기가 비슷한 동물들은 비슷한 수명을 가지게 된다.
⑤ 세포의 미토콘드리아 집단의 손상은 노화 관련 질환의 원인 중 하나이다.

10 **다음 글의 빈칸에 들어갈 진술로 가장 적절한 것은?**

> 케인스학파의 직관적 거시경제모형은 정부정책이 변화해도 경제주체들이 종전과 동일한 방식으로 행동한다는 비현실적인 가정을 하고 있다. 그러나 현실은 그렇지 않다. 정부가 경제안정화정책을 사용하더라도 사람들은 정부 정책에 대한 정보를 바탕으로 그 결과를 합리적으로 예상하여 행동하기 때문에, 정부 정책은 장기적으로는 물론 단기적으로도 실물변수에 영향을 줄 수 없다. 따라서 정부의 행태 중 민간 부문이 예상하지 못한 거시경제 정책만이 일시적인 효과를 갖게 되며, 이 경우에도 그 효과는 가격변수의 신축적 조정과 예상의 조정을 통해 곧 사라진다고 주장한다.
> 예를 들면 케인스는 총수요 진작을 위해서는 조세감면 조치가 중요하다고 주장한다. 왜냐하면 조세감면은 개인의 가처분소득을 증가시키고, 이에 따라 개인은 소비를 늘린 결과 총수요수준이 증가하기 때문이다. 그러나 만약 경제주체들이 합리적으로 예상한다면, 개인은 조세감면에 따른 재정수지 적자의 보전을 위해 정부가 언젠가는 다시 조세를 올릴 것으로 예상한다. 이는 민간 부문이 실질적으로 가처분 소득에 변화가 없다는 사실을 파악하는 것을 의미한다. 그 결과 합리적 경제주체는 (　　　　　　　　　)

① 단기적으로 가처분 소득의 증가를 인식하고 소비를 늘린다.
② 정부의 재정적자를 고려하지 않고 소비한다.
③ 단기와 장기를 나누어 소비를 결정한다.
④ 미래의 가처분 소득이 감소하기에 소비를 줄인다.
⑤ 현재 조세를 줄인다고 해서 소비를 늘리지 않는다.

11 다음은 저탄소 녹색성장 10대 기술 분야의 특허출원 및 등록현황에 대한 자료이다. 이에 대한 설명으로 옳은 것을 〈보기〉에서 모두 고르면?

저탄소 녹색성장 10대 기술 분야의 특허출원 및 등록현황

(단위: 건)

구분	2022년		2023년		2024년	
	출원	등록	출원	등록	출원	등록
태양광/열/전지	1,018	1,687	967	1,542	1,523	962
수소바이오/연료전지	1,689	890	1,523	1,232	1,487	862
CO_2포집저장처리	672	573	634	507	632	380
그린홈/빌딩/시티	790	723	976	688	988	275
원전플랜트	353	310	549	325	631	286
전력IT	502	356	503	385	582	278
석탄가스화	119	93	169	92	201	91
풍력	145	42	262	123	373	187
수력 및 해양에너지	120	26	189	52	268	33
지열	34	5	36	16	40	11
전체	5,442	4,705	5,808	4,962	6,725	3,365

보기

㉠ 2023년에 전년 대비 출원건수가 감소한 기술 분야는 3개이다.
㉡ 2023년과 2024년의 등록건수가 많은 상위 5개 기술은 동일하다.
㉢ 2024년 출원건수가 많은 상위 3개 기술 분야의 출원건수 합은 당해 전체 출원건수의 60% 이상을 차지한다.
㉣ 2022년 출원건수가 가장 많은 기술 분야와 등록건수가 가장 많은 기술 분야는 2024년과 동일하다.

① ㉠
② ㉠, ㉣
③ ㉡, ㉢
④ ㉡, ㉣
⑤ ㉡, ㉢, ㉣

12 다음은 2024년 기준 국내 라면 시장 점유율 상위 10개 업체의 2019~2024년 라면 판매량에 관한 자료이다. 이에 대한 〈보고서〉의 설명 중 옳은 것을 모두 고르면?

2024년 기준 국내 라면 시장 점유율 상위 10개 업체의 라면 판매량 및 시장 점유율

(단위: 천 개, %)

업체 \ 연도	2019년	2020년	2021년	2022년	2023년	2024년
S사	43,840 (15.9)	63,479 (14.4)	81,161 (10.8)	227,066 (17.4)	304,353 (19.8)	458,385 (22.1)
A사	2,850 (1.0)	3,718 (0.8)	39,454 (5.2)	56,294 (4.3)	87,936 (5.7)	218,626 (10.6)
N사	5,190 (1.9)	12,748 (2.9)	18,424 (2.5)	24,093 (1.8)	69,427 (4.5)	212,959 (10.3)
G사	60,129 (21.8)	78,048 (17.7)	85,308 (11.3)	140,441 (10.8)	143,780 (9.4)	184,278 (8.9)
Y사	1,364 (0.5)	6,460 (1.5)	26,841 (3.6)	53,138 (4.1)	98,737 (6.4)	146,153 (7.1)
M사	9,623 (3.5)	46,909 (10.6)	42,715 (5.7)	103,263 (7.9)	147,185 (9.6)	130,970 (6.3)
J사	412 (0.1)	1,495 (0.3)	10,490 (1.4)	34,105 (2.6)	52,547 (3.4)	68,924 (3.3)
P사	1,543 (0.6)	5,054 (1.1)	4,640 (0.6)	8,553 (0.7)	6,855 (0.4)	67,446 (3.3)
Z사	–	–	–	15 (0.0)	40,272 (2.6)	60,135 (2.9)
H사	–	–	–	5,245 (0.4)	38,865 (2.5)	56,261 (2.7)

※ 괄호 안의 수치는 국내 라면 시장에서 해당 업체의 판매량 기준 점유율임

보고서

2024년 국내 라면 시장에서 판매량 기준 업체별 순위는 S사, A사, N사, G사, Y사 순이었다. ㉠ Y사의 2024년 라면 판매량은 2020년 대비 20배 이상 상승하였으며, 시장 점유율은 7.1%였다. ㉡ Y사의 라면 판매량 순위는 2019년 7위에서 2020년 5위로 상승하였으며, 2023년에는 4위로 오른 후 2024년에 다시 5위를 기록하였다. S사는 2024년 약 4억 5천만 개로 가장 많은 라면을 판매한 업체였다. ㉢ S사의 라면 판매량이 2020년 이후 전년 대비 가장 많이 증가한 해에는 시장 점유율도 전년 대비 가장 많이 증가하였다. 한편, A사는 2024년 약 2억 1천만 개의 라면을 판매하였는데, 이 중 81.4%인 약 1억 7천만 개가 서울에서 판매되었다. N사는 2024년 다양한 종류의 라면을 출시하여 시장 점유율을 확대하였는데, ㉣ N사의 2024년 라면 판매량은 전년 대비 1억 4천만 개 이상 증가하여 라면 판매량 상위 10개 업체 중 판매량 증가율이 가장 높았다.

① ㉠
② ㉠, ㉡
③ ㉠, ㉣
④ ㉡, ㉢
⑤ ㉡, ㉢, ㉣

13 다음은 2020~2024년 용도별 판매전력량과 2022~2024년 발전전력량을 나타낸 자료이다. 이에 대한 설명으로 옳은 것은?

2020~2024년 용도별 판매전력량

(단위: GWh)

용도별	2020년	2021년	2022년	2023년	2024년
총 판매전력량	484,655	497,039	507,746	526,149	520,499
가정용	63,794	66,173	66,517	70,687	70,455
공공용	22,179	22,908	23,605	24,569	24,458
서비스업	132,049	137,982	140,952	147,189	145,816
농림어업	14,645	15,397	15,981	17,126	17,305
광업	1,631	1,755	1,746	1,478	1,493
제조업	249,357	252,824	258,945	265,100	260,972

2022~2024년 발전전력량

(단위: GWh)

구분	2022년	2023년	2024년
총 발전전력량	553,530	570,647	563,040
전년 대비 증가율	2.5%	3.1%	−1.3%

※ 잉여전력량 = 발전전력량 − 판매전력량

① 전체 판매전력량 중 가정용의 비중은 매해 증가하고 있다.
② 2022~2024년 잉여전력량은 매해 감소하고 있다.
③ 2023년 전체 판매전력량 중 농림어업이 차지하는 비중은 3% 이하이다.
④ 2021년에는 발전전력량 중 95% 이상을 판매했다.
⑤ 2024년에는 모든 분야에서 판매전력량이 전년 대비 감소하였다.

14 다음은 어느 지역의 고용률 및 연령별 인구에 관한 자료이다. 이에 대한 설명으로 옳지 않은 것은?

고용률

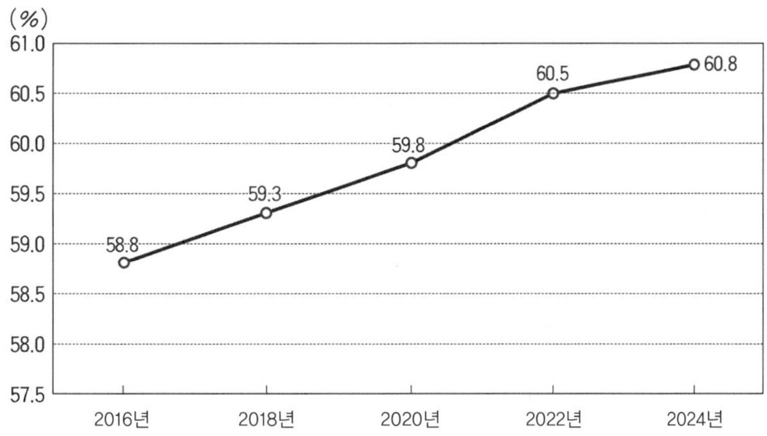

※ 고용률 : 15세 이상 인구 중 취업자의 비율

연령별 인구

(단위 : 명)

구분	2016년	2018년	2020년	2022년	2024년
전체 인구	49,308	49,937	(　　)	51,015	51,446
유소년(0~14세) 인구	9,006	8,550	8,125	7,776	7,515
생산가능(15~64세) 인구	35,125	35,860	36,282	36,705	36,860
고령(65세 이상) 인구	5,177	5,527	6,022	6,534	7,071

※ 노령화지수 : 유소년 인구 100명에 대한 고령 인구의 비
※ 노년부양비 : 생산가능 인구 100명에 대한 고령 인구의 비
※ 유소년부양비 : 생산가능 인구 100명에 대한 유소년 인구의 비
※ 고령인구비율 : 총인구에 대한 고령 인구의 구성비

① 2020년의 고령인구비율은 약 0.12이다.
② 2022년의 노령화지수는 약 84이다.
③ 2024년 유소년부양비는 2016년 대비 약 25% 감소했다.
④ 2024년 취업자 수는 2016년 대비 10% 이상 증가했다.
⑤ 2016년~2024년 사이의 노년부양비는 점차 증가하는 추세이다.

[15 ~ 16] 다음은 2020~2024년 국내 화물운송업의 업체 현황에 관한 자료이다. 이를 보고 이어지는 물음에 답하시오.

국내 화물운송업의 유형별 업체수, 보유대수, 종사자수

(단위 : 개, 대, 명)

유형	구분 \ 연도	2020	2021	2022	2023	2024
A	업체수	10	10	8	8	8
	보유대수	2,282	2,159	2,042	2,014	1,947
	종사자수	5,944	5,382	4,558	4,381	4,191
B	업체수	99	98	96	92	90
	보유대수	2,041	1,910	1,830	1,730	1,650
	종사자수	3,327	3,338	3,341	3,353	3,400
C	업체수	105	95	91	87	84
	보유대수	7,907	7,529	7,897	7,837	7,901
	종사자수	15,570	14,270	14,191	14,184	14,171
D	업체수	325	339	334	336	347
	보유대수	29,239	30,036	30,538	30,732	32,457
	종사자수	66,191	70,253	70,404	71,126	74,427

15 다음 〈조건〉을 보고 A, B, C, D에 해당하는 유형을 바르게 나열한 것은?

조건

- 일반형과 덤프형의 종사자수는 각각 매년 증가한 반면, 특수용도형과 벤형 종사자수는 각각 매년 감소하였다.
- 2024년 업체당 종사자수가 2020년에 비해 감소한 유형은 벤형이다.
- 덤프형의 2024년 업체당 보유대수는 2020년 대비 감소하였다.

	A	B	C	D
①	덤프형	벤형	특수용도형	일반형
②	덤프형	일반형	특수용도형	벤형
③	특수용도형	덤프형	벤형	일반형
④	벤형	일반형	특수용도형	덤프형
⑤	벤형	덤프형	특수용도형	일반형

16 2025년 벤형의 업체당 보유대수는 전년 대비 24% 증가하였고, 일반형의 업체당 종사자수는 전년 대비 40% 감소하였다고 할 때, 두 값의 차로 옳은 것은? (단, 소수점 이하는 절사한다.)

① 169
② 171
③ 173
④ 182
⑤ 186

17 교실에 학생의 이름이 적혀 있는 5개의 의자가 있다. 이를 알지 못하는 5명의 학생이 자리에 앉았을 때, 2명만 자신의 이름이 적힌 자리에 앉게 되는 경우의 수는?

① 10가지
② 15가지
③ 20가지
④ 25가지
⑤ 30가지

18 다음은 신재생에너지원별 에너지 생산량과 에너지 생산량 구성비에 대한 자료이다. 이에 대한 〈보기〉의 설명 중 옳은 것만을 모두 고르면?

신재생에너지원별 에너지 생산량

(단위: 천toe)

구분 / 연도	태양열·태양광	풍력	수력·수열·해양	바이오	폐기물	기타	합계
2017	225	186	977	963	5,122	111	( )
2018	264	193	913	1,335	5,999	148	8,852
2019	372	242	994	1,558	6,502	209	9,877
2020	576	242	685	2,822	6,905	308	11,538
2021	878	283	563	2,766	8,436	367	13,293
2022	1,121	355	714	2,765	8,743	480	14,178
2023	1,544	462	713	3,599	9,359	771	16,448
2024	2,005	525	837	4,442	( )	944	( )

2024년 에너지원별 에너지 생산량 구성비

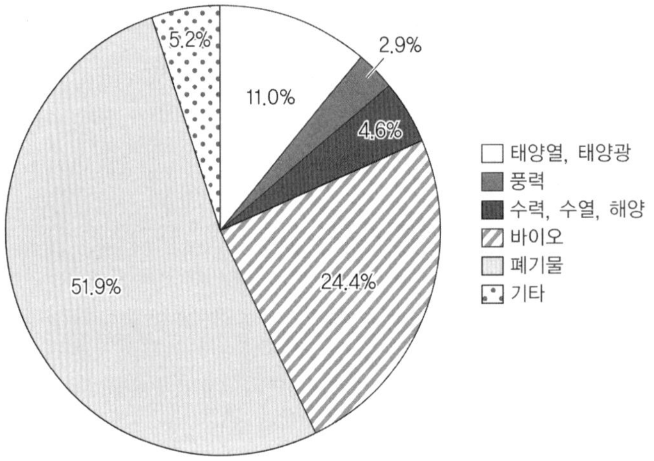

보기

㉠ 수력·수열·해양을 제외하고 2017년 대비 2024년 생산량 증가율이 가장 낮은 에너지원은 폐기물이다.
㉡ 2018년부터 2024년까지 매년 전년 대비 생산량이 증가한 에너지원은 4종이다.
㉢ 2019년 바이오 생산량은 풍력 생산량의 6배 이상이다.
㉣ 전체 생산량 중 태양열·태양광 비중은 2017년이 2024년보다 크다.

① ㉠, ㉡
② ㉠, ㉢
③ ㉠, ㉣
④ ㉡, ㉢
⑤ ㉢, ㉣

[19～20] 다음은 2024년 한국전력공사 전체 임원(A～J)의 보수 현황에 관한 자료이다. 이를 보고 이어지는 물음에 답하시오.

한국전력공사 전체 임원의 보수 현황

(단위: 십만 원)

임원	직급	사업부	등기여부	보수총액		
					급여	상여
A	비서실장	비서실	미등기	7,187	2,700	4,487
B	상임감사위원	감사실	등기	6,497	2,408	(　)
C	부사장	경영본부	등기	4,068	(　)	2,000
D	부사장	전력계통본부	미등기	(　)	1,130	2,598
E	본부장	기획본부	등기	3,609	1,933	1,676
F	본부장	안전&영업배전본부	등기	3,069	1,643	1,426
G	본부장	해외원전사업본부	미등기	3,050	1,633	1,417
H	본부장	경영본부	미등기	3,036	1,626	1,410
I	본부장	안전&영업배전본부	등기	3,000	2,000	1,000
J	본부장	해외원전사업본부	미등기	2,990	2,176	814
합계	－	－	－	40,234	19,317	20,917

※ 보수총액 = 급여 + 상여

19 위 자료에 대한 설명으로 옳은 것은?

① 보수총액이 많은 임원일수록 상여도 많다.
② 기획본부 임원의 보수총액에서 급여가 차지하는 비중은 50% 미만이다.
③ 임원 1인당 보수총액 평균이 가장 적은 사업부는 임원 1인당 급여 평균도 가장 적다.
④ 보수총액에서 상여가 차지하는 비중이 가장 큰 임원은 D이다.
⑤ 미등기 임원의 급여 합은 등기 임원의 급여 합보다 많다.

20 2025년 한국전력공사는 일괄적으로 모든 사업부의 본부장 급여를 10% 올리고, 해외원전사업본부와 경영본부 상여를 20% 올리기로 했다. 이때 2024년 C와 G의 보수총액으로 바르게 짝지은 것은?

① 4억 4,680만 원, 3억 2,133만 원
② 4억 2,748만 원, 3억 2,133만 원
③ 4억 6,748만 원, 3억 3,334만 원
④ 4억 6,748만 원, 3억 4,967만 원
⑤ 4억 4,680만 원, 3억 4,967만 원

21 갑 공장에서는 토요일과 일요일 A~F 6명의 직원이 3교대(오전, 오후, 밤 근무)로 근무한다고 한다. 다음 조건에 따라 근무를 한다고 할 때, 항상 참이 아닌 것은?

- B는 F가 근무하기 전날 근무한다.
- C는 밤 근무만 한다.
- A는 E보다 늦게 근무를 하고, 오전 근무를 한다.
- E는 C가 근무하기 바로 전 시간대에 근무를 한다.

① B는 오전 근무를, E는 오후 근무를 한다.
② F는 오전 근무를 하지 않는다.
③ C와 D는 같은 날 근무를 하지 않는다.
④ F와 A는 같은 날 근무한다.
⑤ D는 밤 근무를 하지 않는다.

22 정호는 집에서 약속 장소까지 대중교통을 이용하여 이동을 하려 한다. 약속 장소까지의 경로가 다음과 같을 때, 옳은 설명은?

- 집에서 회사까지의 경로는 다음과 같은 세 가지가 있다.
  경로 1. 지하철 1 – 지하철 2 – 지하철 3 – 버스 1 – 도보 13분
  경로 2. 지하철 1 – 지하철 2 – 버스 2 – 도보 19분
  경로 3. 버스 3 – 지하철 2 – 버스 4 – 도보 5분
- 지하철 1은 45분, 지하철 2는 32분, 지하철 3은 17분이 걸린다.
- 버스 1은 11분, 버스 2는 17분, 버스 3은 30분, 버스 4는 33분이 걸린다.
- 경로 1은 2,250원, 경로 2는 1,950원, 경로 3은 3,000원의 요금이 든다.
- 지하철과 지하철 간 환승에는 5분이 소요되는데, 지하철과 버스 간 환승은 실외에서 이루어지므로 지하철 환승과 비교해 두 배의 시간이 소요된다.

① 날씨가 너무 추워서 실외에 있는 시간을 최소화하려고 한다면 경로 3을 선택할 것이다.
② 지하철 1이 고장으로 인해 15분 연착되었다는 소식을 들었다면, 정호는 최단시간 경로로 경로 3을 선택할 것이다.
③ 정호가 이동 시간을 가장 짧게 하려면 경로 1을 선택할 것이다.
④ 정호가 최소경비로 이동한다면 환승시간은 가장 길다.
⑤ 정호가 왕복 시 환승시간을 최소한으로 하려 한다면 경로 1을 선택할 것이다.

23 다음 자료를 근거로 판단할 때 옳은 것은?

△△회사 정직원 전환시험은 전공시험, 영어시험, 적성검사 3개 과목으로 이루어진다. 3개 과목 합계 점수가 높은 사람 순으로 정원까지 합격한다. 3개 과목 시험은 모두 5점 단위로 점수가 매겨진다. 2024년 하반기 시험 응시자는 7명(A ~ G)이며, 7명의 각 과목 성적에 대해서는 다음과 같은 사실이 알려졌다.

- A를 포함해 3명이 시험에 합격했으며, 3명 중 A와 합계 점수가 같은 사람은 1명이다.
- 합계 점수가 가장 높은 사람과 가장 낮은 사람의 점수 차이는 35점이다.
- A, B, F, G의 시험 점수만 알려졌으며, 이들의 점수는 아래와 같다.

구분	A	B	F	G
전공시험	75	95	85	85
영어시험	85	75	100	65
적성검사	80	65	75	85

① C, D, E 중에서 합계 점수가 230점대인 사람은 없다.
② D의 합계 점수가 E보다 낮다면, C는 시험 합격자이다.
③ D의 점수가 225점이라면 C는 합격자가 아니다.
④ 합격자의 합계 점수 평균은 245점 이상이다.
⑤ C, D, E 중 230점대 점수를 받은 사람은 없다.

24 갑, 을, 병, 정 4명은 200m 달리기를 하였고, 들어온 순서에 대해 다음과 같이 말했다. 이때, 갑, 을, 정은 자신보다 먼저 들어온 사람에 대해서는 참을 말했고, 자신보다 늦게 들어온 사람에 대해서는 거짓을 말했다고 진술하였다. 이때, 달리기에서 가장 먼저 들어온 사람과 가장 늦게 들어온 사람을 순서대로 바르게 나열한 것은?

갑 : 을은 두 번째로 들어왔거나 가장 늦게 들어왔다.
을 : 정은 1등으로 들어왔거나 가장 늦게 들어왔다.
정 : 병은 세 번째로 들어왔다.

① 갑, 병
② 을, 정
③ 병, 갑
④ 병, 갑
⑤ 정, 병

25 **S시에서는 미세먼지 대책으로 인해 한시적으로 차량번호 끝자리를 기준으로 차량 운행을 제한하는 정책을 시행 중이다. 시행 조건이 다음과 같고 S시에 거주하는 갑, 을, 병이 이에 대해 한 말이 〈보기〉와 같았다. 이번주 1일 월요일부터 5일 금요일까지 미세먼지가 '매우나쁨' 단계였던 날은 2일과 3일이었을 때, 이에 대한 설명으로 옳지 않은 것은?**

- S시에서 시행하는 미세먼지 저감 초강력 대책이 시행 중이다.
- 주중, 즉 월요일부터 금요일까지 자신의 차량번호 끝자리를 기준으로 요일별로 지정된 특정 끝 번호를 가진 차량의 운행이 전면 금지된다. 월요일에는 끝 번호 1과 2, 화요일에는 3과 4, 수요일에는 5와 6, 목요일에는 7과 8, 금요일에는 9와 0을 끝 번호로 가진 차량을 운행할 수 없다.
- 주중 미세먼지가 '매우나쁨' 단계인 날에는 끝 번호가 홀수인 차량은 홀숫날에만, 끝 번호가 짝수인 차량은 짝숫날에만 운행할 수 있다.

보기

갑: 나는 이번 주에 주말을 제외하고 하루만 차량을 운행할 수 없었어. 월요일에도 내 차를 운전했어.
을: 나는 주중에 4일을 차량을 가지고 나올 수 있었어. 수요일에는 차를 운행했어.
병: 나는 월요일, 수요일, 금요일을 포함한 4일간 차량을 운행할 수 있었어.

① 갑의 차량 끝 번호가 될 수 있는 가장 큰 수는 5이다.
② 을의 차량 끝 번호가 될 수 가장 큰 수는 5이다.
③ 병의 차량 끝 번호가 될 수 있는 수의 합은 15이다.
④ 병의 차량 끝 번호가 될 수 있는 가장 큰 수와 갑의 차량 끝 번호가 될 수 있는 가장 작은 수의 차는 4이다.
⑤ 갑, 을, 병 각 차량의 끝 번호가 될 수 있는 가장 큰 수들의 합은 18이다.

[26~27] 한국전력공사는 다음의 산출 방식에 따라 직원 성과 점수를 산출한다. 이를 보고 이어지는 물음에 답하시오.

직원 성과 점수 산출 방식

직무능력, 업무태도, 성과 항목에 대한 점수는 각각 100점 만점이다. 직원 성과 점수는 다음과 같이 구한다.

직무능력 점수 + 업무태도 점수 + (성과 점수 × 부서평가 등급 환산값) + 추가점수

• 부서평가 등급에 따른 환산값
A등급은 2, B등급은 1.8, C등급 이하는 1.5로 한다. 같은 팀 구성원들은 팀별로 동일한 등급을 부여받는다.

• 추가점수
사내교육을 이수한 직원에 대해 추가 점수 5점을, 영어성적은 아래 기준에 따라 3점~7점을 추가로 부여한다.

시험 구분		추가점수	시험 성적		추가점수
토익	900점 이상	7	텝스 (뉴텝스)	370점 이상	7
	850점 이상 900점 미만	5		340점 이상 370점 미만	5
	800점 이상 850점 미만	3		310점 이상 340점 미만	3

26 다음은 각 팀 팀장이 제출한 승진 대상 직원인 갑~경에 대한 업무점수표 및 사내교육 이수 여부와 영어성적이다. 승진 대상 직원 중 직원 성과 점수가 높은 순서대로 2명만 승진시킨다고 할 때, 승진하는 직원은 누구인가? (단, 기획팀과 인사팀은 부서평가 등급에서 A등급을, 재무팀은 B등급을 받았다.)

소속팀	직원명	업무 점수			사내교육 이수 여부	영어성적
		직무능력 점수	업무태도 점수	성과 점수		
기획팀	갑	85	80	85	○	토익 950
	을	70	95	75	○	텝스 350
	병	65	85	70	×	토익 820
재무팀	정	90	70	95	×	–
	무	70	95	80	○	–
인사팀	기	85	85	80	○	토익 800
	경	80	90	85	×	토익 920

① 갑, 정
② 갑, 경
③ 을, 무
④ 을, 병
⑤ 무, 기

27 직원 성과 점수에서 320점 이상을 받은 직원을 대상으로, 직무능력 점수와 성과 점수를 '직무능력 점수 ×0.7 + 성과 점수×0.3'와 같이 계산하여 85점 이상의 점수를 받는 직원에게 보너스를 지급하려고 한다. 이때, 보너스를 받게 되는 직원은 몇 명인가?

① 0명
② 1명
③ 2명
④ 3명
⑤ 4명

28 ○○시청에서는 어린이날을 맞이해 다음과 같은 행사를 기획 중이다. 이에 대한 설명으로 옳은 것은?

행사 일정

시간	일정	비고
09:00~09:30	개회식	
09:30~11:30	동요대회	• 최우수상 1인 • 우수상 2인 • 장려상 3인
11:30~01:00	점심식사	외부업체에서 도시락 주문 예정
01:00~04:00	체육대회	• 종목 – 보물찾기(5인 1조) – 풋살(10인 1조) – 줄다리기(20인 1조) – 이어달리기(4인 1조) • 각 종목별 우승팀 1팀 시상
04:00~05:30	백일장대회	주제: 어린이날 • 최우수상 1인 • 우수상 3인
05:30~06:00	폐회식 및 시상	각 대회별 시상자 일괄 수여

• 참가자는 보호자 1인 포함 260명이다.

• 시상품
 – 동요대회: 최우수상(문화상품권 10만 원), 우수상 및 장려상(문화상품권 5만 원) 수여
 – 체육대회: 종목별 우승팀에게는 개인별로 상장 및 문화상품권(5만 원) 수여
 – 백일장대회: 최우수상(문화상품권 10만 원), 우수상(문화상품권 5만 원) 수여

• 도시락 업체 가격 비교

구분	A업체	B업체	C업체
가격(개당)	8,500원	8,200원	7,500원
비고	50개 이상 주문 시 10% 할인	100개 이상 주문 시 8만 원, 200개 이상 주문 시 20만 원 할인	–

※ 도시락 업체는 A, B, C 업체 중 가장 저렴한 한 곳을 선정해 예약 주문하려고 한다.

• 행사 시 야외천막 대여 및 설치 비용
 행사에는 특대형 야외천막 1개, 중형 야외천막 2개가 필요하다.

구분	D업체	E업체
비용	특대형 야외천막: 35만 원 대형 야외천막: 27만 원 중형 야외천막: 18만 원	특대형 야외천막: 30만 원 대형 야외천막: 30만 원 중형 야외천막: 24만 원
비고	제시된 비용은 대여비용이고, 설치 시 개당 2만 원의 비용이 추가된다.	대여비용과 설치 비용이 포함된 가격이다.

※ D와 E업체 중 야외천막 설치 비용이 저렴한 한 곳을 선택한다.

① 도시락은 B업체에 주문하며, 이때 주문가격은 190만 원 미만이다.
② 야외천막 대여 및 설치는 D업체를 이용하며, 이때 D업체에 지불하는 비용은 77만 원이다.
③ 시상품으로 증정할 문화상품권 중 5만 원권은 총 42매를 구매해야 한다.
④ 시상품 구매에는 총 250만 원이 든다.
⑤ 행사에 필요한 예산은 600만 원 이상이다.

29 **다음은 어느 전력회사 대구지역 본부의 출장용 차량 이용 규정 및 주간 예약 현황이다. 이를 참고할 때, 배차를 받을 수 있는 부서는?**

◎ 배차 규정
1. 동일한 차량을 2개 이상의 부서가 신청한 경우 먼저 신청한 부서에게 우선권이 있다.
2. 왕복 200km를 초과하여 운행한 차량은 검사를 위해 최소 1일은 배차할 수 없다.
3. 승합차는 차량 이용 인원이 최소 6명이 되어야 한다.
4. 1톤트럭은 화물의 무게가 200kg 이상이거나, 길이가 2m 이상인 경우에만 이용할 수 있다.

◎ 배차 예약 현황

11월 21일(월)	11월 22일(화)	11월 23일(수)	11월 24일(목)	11월 25일(금)
승합차(경산) 경차(대구)	1톤트럭(대구)	준중형(대전) 준중형(밀양) 경차(대구)	승합차(대전)	1톤트럭(부산)

※ (   ) 안은 출장 목적지를 나타낸다.
※ 대구 – 대전의 편도거리는 약 140km, 대구 – 밀양의 편도거리는 약 75km라고 가정한다.

◎ 이용 가능 차량 현황
승합차 1대, 준중형차 2대, 경차 2대, 1톤트럭 1대

부서	신청차량	이용 인원	화물	예약 날짜	신청 날짜
배전운영부	1톤트럭	2명	180kg 175cm	11월 23일	11월 16일
전력공급부	승합차	7명	없음	11월 25일	11월 17일
전자제어부	준중형차	3명	120kg	11월 24일	11월 16일
고객지원부	준중형차	2명	없음	11월 24일	11월 18일
지역협력부	승합차	5명	없음	11월 22일	11월 15일

① 배전운영부
② 전력공급부
③ 전자제어부
④ 고객지원부
⑤ 지역협력부

30 다음 글을 근거로 아래 표의 내용을 판단할 때 적절한 것은?

> 시장집중지수란 시장이 기업수와 기업 규모 면에서 얼마만큼 집중되어 있는지 측정하기 위한 척도이다. 시장집중지수에는 여러 가지가 있다. 허쉬만-허핀달지수와 상위 k기업 집중률이 주로 사용된다. 이러한 지표를 통해 특정산업에서 기업 간 시장구조가 경쟁적인지 또는 독점적인지를 판단하게 된다.
> 허쉬만-허핀달지수는 흔히 HHI라고 불리며, 관련 시장 내 모든 회사의 시장점유율을 제곱한 값을 합산하여 정해진다. 지수가 낮을수록 경쟁적인 시장이라고 볼 수 있다. 통상적으로 HHI 100~1,000은 집중도가 거의 없는 시장, 1,000~1,800은 경쟁적 시장, 1,800~4,000은 과점적 시장으로 보며, 4,000 이상은 독점적 시장으로 본다. 시장점유율이 높을수록 HHI의 가중치가 높게 계산되어 시장점유율이 높은 기업일수록 경쟁에서 영향력이 크다는 점을 반영하게 된다는 특징이 있다.
> 시장집중도를 측정하는 또 하나의 지표가 있다. 상위 k기업 집중률(CRk)은 상위 몇 개 기업의 시장점유율 합계를 의미한다. 주로 CR1 CR2, CR3, CR4 등을 사용하는데, 시장점유율 1위 기업의 시장점유율을 CR1이라 하고 1위와 2위의 시장점유율을 합한 것은 CR2, 1위부터 3위까지의 시장점유율을 합한 것은 CR3, 1위부터 4위까지의 시장점유율을 합한 것은 CR4라고 부른다. 대체로 상위 3개 기업의 시장점유율 집계를 내어보면 경쟁적 시장인지 독점적 시장인지를 판별할 수 있다. 통상 CR1이 50% 이상이면 독점, CR2가 75% 이상이면 복점, CR3가 75% 이상이면 과점으로 해석한다. 한편, CR4가 90% 이상이면 독점적 시장, 40% 이하면 경쟁적 시장이라고 판단한다. HHI가 시장에 참여하는 모든 기업의 시장점유율을 포함하였다면 CRk는 복잡한 계산 없이 상위 몇 개 기업의 시장점유율만 고려한다는 점이 차이점이다.

각국의 상위 5개 회사의 시장점유율

(단위 : %)

A국	25	20	15	10	5
B국	30	30	20	10	–
C국	30	20	10	10	5
D국	45	30	10	10	5
E국	30	20	15	10	10

① B국의 HHI지수가 가장 높을 것이다.
② E국은 HHI지수로 볼 때 경쟁적 시장이다.
③ A~E국 중 독점적 시장은 존재하지 않는다.
④ A국과 C국의 CR3와 HHI지수는 각각 같을 것이다.
⑤ HHI보다 CRk가 더 간편하게 시장의 독과점 구조를 알아볼 수 있다.

자원관리능력 | 31 ~ 40번

31 ○○회사 본사 회의실은 팀별로 예약하여 사용하게 되어 있다. 10월 둘째 주에 회의실을 예약하려는 팀과 예약 가능한 회의실 정보가 다음과 같고, 아래 4개 팀이 회의실을 예약한 요일은 모두 다르다고 한다. 이때, 이에 대한 설명으로 옳지 않은 것은?

팀별 참여인원 및 요청사항

구분	참여인원(명)	요청사항
영업팀	10	월요일 또는 화요일에 회의실 사용 희망
기획총무팀	18	방송장비 필요
홍보팀	15	오전에 회의실 사용 희망
재무팀	15	영업팀 회의결과가 필요하므로 영업팀보다 늦게 회의실 사용

회의실 정보

구분	수용 가능 인원(명)	비고
제1회의실	15	이용인원이 12명 이상인 경우만 사용 가능
제2회의실	15	
제3회의실	25	오후 시간대에만 사용 가능
대회의실	40	방송장비 사용 가능

10월 둘째 주 요일별 사용 가능 회의실

월요일	화요일	수요일	목요일	금요일
제1회의실	제1회의실, 제2회의실	제3회의실	제2회의실, 제3회의실	제1회의실, 대회의실

① 영업팀은 제2회의실을 예약한다.
② 홍보팀은 제3회의실을 예약하지 않는다.
③ 기획총무팀은 제2회의실을 예약하지 않는다.
④ 홍보팀은 금요일에 회의실을 예약할 수도 있다.
⑤ 재무팀은 홍보팀과 같은 회의실을 예약할 수도 있다.

32 S회사 인사팀 양 대리는 2025년도 신입사원 연수회에서 신입사원들에게 지급할 업무용 다이어리를 주문하려고 한다. 다음 자료를 읽고 이해한 것으로 적절한 것은?

제품별 단가와 기타 금액표

제품명	단가	크기	옵션	포장	배송
그린 A	2,200원	소형	하드커버 : 무료 스프링 : 200원 가죽커버 : 500원 문구각인 : 100원	포장지 : 150원 부직포 포장 : 250원 OPP 비닐 포장 : 100원 종이쇼핑백 : 300원 비닐쇼핑백 : 200원 포장 박스 : 700원	일반배송 : 50권당 4,500원 총알배송 : 50권당 5,000원
그린 B	2,600원	중형			
그린 C	3,500원	중형			
그린 D	2,800원	소형			
그린 E	4,100원	중형			
그린 F	2,200원	소형			

※ 인쇄, 포장가격은 개당 가격

※ 100권 이상 주문 시 전체금액의 5%가 할인됨

다이어리 제작 업체 명세표

품목	수량	단가	공급가액	비고
다이어리	270			
옵션				'2025 K기업 상반기 신입사원 연수기념' 문구 표지에 각인
포장			108,000원	
배송			27,000원	

양 대리와 박 과장의 대화

양 대리 : 다이어리는 제일 저렴한 것으로 주문하려고 하는데, 괜찮을까요?

박 과장 : 네. 그런데 지난해 주문했던 다이어리는 크기가 너무 작다는 얘기가 있었거든요. 또 펜을 꽂을 수 있도록 스프링이나 가죽커버로 주문하면 좋을 것 같아요.

양 대리 : 네, 그럼 그 점을 고려하여 주문하겠습니다.

① 양 대리가 주문한 다이어리의 공급가액은 594,000원이다.
② 양 대리가 주문한 다이어리는 총알배송으로 배송될 것이다.
③ 양 대리는 두 가지 이상의 포장 방법을 선택하였다.
④ 양 대리가 업체에 지불해야 할 금액은 총 918,000원이다.
⑤ 양 대리가 옵션을 선택하지 않는다면 81,000원을 절약할 수 있다.

[33~34] ○○회사에서는 신입사원을 대상으로 3주간 교육을 실시한 후 세 번의 시험으로 평가하였다. 다음은 신입사원 A~G의 평가점수 및 희망부서, 각 부서별 결원 현황이다. 이를 보고 이어지는 물음에 답하시오.

신입사원 평가점수 및 희망부서

구분	기본능력평가 점수	직무능력평가 점수	종합평가 점수	입사 시 희망부서
A	80	75	65	재무관리부
B	85	65	75	마케팅부
C	75	90	65	IT정보부
D	90	60	60	마케팅부
E	70	100	50	IT정보부
F	60	85	65	재무관리부
G	90	85	60	경영관리부

부서별 결원 현황

부서	결원 수	부서	결원 수
경영관리부	1명	인사지원부	1명
재무관리부	1명	IT정보부	2명
전략기획부	2명	마케팅부	2명

33

〈보기〉의 기준에 따라 신입사원 평가시험 점수를 매긴 후 높은 점수를 받은 2명의 사원을 우수 신입사원으로 선정하려고 한다. 이때 우수 신입사원으로 선정되는 사원을 바르게 짝지은 것은?

보기
- 기본능력평가, 직무능력평가, 종합평가의 비중을 각각 30%, 30%, 40%로 하여 최종평가점수를 매긴다.
- 세 가지 평가에서 60점 이하의 점수를 두 번 이상 받은 신입사원은 선정 대상에서 제외한다.
- 점수의 합이 가장 높은 신입사원을 우수 신입사원으로 선정한다.

① A, B
② A, G
③ B, F
④ C, G
⑤ C, E

34

신입사원 A~G의 입사 시 희망부서를 반영하여 부서배치를 하려고 한다. 다만 결원 수보다 부서 희망자 수가 더 많은 경우 신입사원 평가점수가 더 높은 사원을 우선 배치한다고 할 때, 자신이 희망하는 부서에 배치되지 못하는 신입사원은 누구인가? (단, 이때의 평가점수는 직무능력평가와 종합평가 점수의 합으로 한다.)

① A
② C
③ D
④ F
⑤ G

[35 ~ 36] 다음은 V마트의 이벤트 상품 안내문과 마트 고객 A, B의 장바구니 목록이다. 이를 보고 이어지는 물음에 답하시오.

V마트 이벤트 상품 안내

구분	금액	비고
사과(10개입 1상자)	25,000원	1인 1상자 한정
쇠고기(600g)	10,000원	
우유(1L)	2,500원	우유(1L) 구매 시 1L 증정(이달 말까지)
찹쌀(1kg)	5,200원	잡곡 500g 증정(이달 말까지)
잡곡(500g)	2,400원	
대파(1단)	3,500원	1인 2단 한정
돼지갈비(600g)	15,000원	돼지갈비 600g당 1,000원 할인(이달 말까지)
고등어(4마리)	8,000원	• 회원일 경우 손질 무료 • 비회원 4마리당 손질 1,000원
섬유유연제(800ML)	3,500원	
물티슈(100매 × 10팩)	11,500원	1인 10팩 한정
샴푸 1 + 1세트(2L)	12,000원	

※ 50,000원 이상 구매 시 배송비는 무료이며, 50,000원 미만 구매 시 배송비 3,500원
※ 신선포장 요청 시 전용포장지가 제공되며 1,000원의 비용이 추가됨
※ 첫 구매 시 다음 달에 사용할 수 있는 5,000원 쿠폰 2매 증정
※ 회원가입은 가입비가 50,000원이며 1년 동안 구매 시마다 10%가 할인됨(단, 배송비는 할인되지 않음)

장바구니 목록

고객	품목	비고
A	쇠고기(1,200g), 우유(2L), 잡곡(500g), 고등어(4마리), 샴푸 1 + 1세트(2L)	• 고등어 손질 및 봉투 요청 • 배송 요청, 비회원, 첫 구매
B	사과(1상자), 돼지갈비(1,800g), 대파(2단), 물티슈(10팩)	• 신선포장 요청 • 배송 요청 • 6개월 전 회원가입

35 A, B 두 사람이 각자 장바구니 목록의 물품을 구매할 때, 두 사람이 지불해야 할 금액의 합으로 알맞은 것은?

① 99,250원
② 100,930원
③ 103,250원
④ 127,250원
⑤ 134,900원

36 A는 첫 구매를 마친 후, V마트에 회원가입을 하였다. 다음 달에 같은 장보기 목록을 갖고 쇼핑을 했을 때 지불해야 할 총액은? (단, 다음 달에도 상품가격 및 조건이 동일하며, 배송을 요청한다.)

① 22,900원
② 34,910원
③ 36,400원
④ 38,010원
⑤ 40,520원

[37～38] M시에 거주 중인 정 과장은 다음 주에 K시로 이사를 하게 되어, 이사할 집에서 회사까지의 출퇴근 경로를 미리 검색해 보았다. 광역버스를 타는 방법과, 시내버스를 탄 뒤 지하철을 타는 방법이 있으며, 광역버스 노선으로는 세 가지가 있다. 이를 보고 이어지는 물음에 답하시오. (단, 이사하게 될 K시 집에서 회사까지의 거리는 56km이다.)

구분 \ 노선	광역버스			지하철
	M501	G024	G1890	
기본요금	2,300원	2,100원	1,900원	3,200원
기본구간	35km	30km	33km	−
추가요금	1km마다 50원	1km마다 50원	1km마다 100원	−
평균 이동시간(편도)	44분	50분	55분	38분
비고	K시 거주자 기본요금 100원 할인	−	K시 거주자 기본요금 50원 할인	지하철로 17정거장 이동

※ M광역버스 정류장은 집에서 도보 2분, 회사에서 도보 1분이 걸린다.
※ G광역버스 정류장은 집과 회사 바로 앞에 있어 집에서 정류장, 회사에서 정류장까지의 이동시간을 따로 계산하지 않는다.
※ 지하철 이용 시 집에서 지하철역까지 도보 10분, 지하철역에서 회사까지는 도보 3분이 소요된다.

37 한 달 평균 22일 출근을 한다고 할 때, 위 자료에 대한 설명으로 옳은 것은?

① 이동시간이 가장 짧은 통근 방법은 지하철을 이용하는 것이다.
② 정 과장이 8시에 출발할 때, 8시 50분까지 회사에 도착할 수 있는 노선은 광역버스 중 두 개 노선이다.
③ 한 달에 22일 출근한다고 할 때, 광역버스 G024를 이용하면 한 달 통근 교통비는 15만 원 이상이다.
④ 편도 기준으로 광역버스 노선 중 M501과 G024 노선의 추가요금 합은 2,000원을 넘지 않는다.
⑤ 지하철을 이용할 경우 하루에 왕복 2시간 이상을 통근시간에 사용하게 된다.

38 정 과장은 다음 달부터 광역버스 및 지하철에 대한 요금 정책이 〈보기〉와 같이 바뀐다는 사실을 알게 됐다. 바뀌는 정책에 따라 정 과장이 한 달에 지출할 최저 통근 교통요금을 구하면? (단, 한 달에 22일 출근하는 것으로 계산한다.)

보기
- 2,000원 이상인 광역버스 기본요금은 200원씩, 2,000원 미만인 광역버스 기본요금은 150원씩 인상된다.
- 모든 광역버스 노선의 추가요금은 1km마다 70원으로 통일된다.
- 지하철 기본요금은 10% 인상한다.
- K시 거주자는 광역버스 중 M버스의 기본요금에서 100원을 할인받는다. 다른 광역버스에 대한 할인은 없다.

① 150,160원　② 154,880원
③ 158,480원　④ 160,440원
⑤ 161,040원

39 부산에 위치한 P회사는 서울과 인천의 거래처에 각각 직급이 서로 다른 한 명을 출장 보내야 한다. 다음은 P회사의 시간외 수당 지급 규정과 출장 내용 및 KTX 시간표를 나타낸 자료이다. 자료를 참고할 때, 이번 출장으로 회사가 지급해야 할 시간외 수당의 최소 금액은 얼마인가? (단, 서울과 인천에 도착하여 기차역에서 거래처까지 이동하는 데 걸리는 시간은 고려하지 않으며, 각각 공장 참관과 회의가 끝나면 서울로 바로 돌아온다고 가정한다.)

시간외 수당 지급 규정

- 근무시간은 오전 9시부터 오후 6시까지이며, 근무시간 이외에 추가 근무를 할 경우 아래 규정에 따라 시간외 수당을 직급별로 차등 지급한다.
- 시간외 근무는 일 최대 5시간까지 가능하며, 시간외 근무 수당을 1시간 단위로 나누어 지급하고 나머지는 다음 시간외 근무 시 이월하여 지급한다.

예 근무시간 외로 2시간 45분을 근무하는 경우 2시간만큼의 시간외 수당만을 지급하고, 나머지 45분에 해당하는 시간외 수당은 다음 시간외 근무 수당으로 이월된다.

직급	시간외 수당(시간당)
부장	25,000원
과장	20,000원
대리	14,000원
사원	10,000원

출장 내용

- 오전에 회사에 출근하여 자료를 가지고 오후 1시 이후에 부산역에서 출발한다.
- 서울에 출장을 간 직원은 거래처의 공장을 참관한다. 매 정시마다 공장을 참관할 수 있으며, 참관에는 90분이 소요된다.
- 인천에 출장을 간 직원은 회의에 참석한다. 인천에 도착하고 30분 뒤 회의가 시작되며, 회의에는 60분이 소요된다.

부산 ~ 서울 간 KTX 시간표

출발지	도착지	출발 시각	소요시간
부산역	서울역	오후 12 : 50	2시간 20분
		오후 13 : 20	
		오후 13 : 50	
		오후 14 : 20	
		오후 15 : 20	

출발지	도착지	출발 시각	소요시간
서울역	부산역	오후 17 : 00	2시간 20분
		오후 17 : 40	
		오후 18 : 20	
		오후 19 : 00	

부산 ~ 인천 간 KTX 시간표

출발지	도착지	출발 시각	소요시간
부산역	인천역	오후 12 : 45	2시간 40분
		오후 13 : 30	
		오후 14 : 15	
		오후 15 : 00	
		오후 15 : 45	

출발지	도착지	출발 시각	소요시간
인천역	부산역	오후 17 : 30	2시간 40분
		오후 18 : 30	
		오후 19 : 20	
		오후 20 : 00	

① 28,000원
② 30,000원
③ 44,000원
④ 58,000원
⑤ 72,000원

40 프리랜서로 일하는 프로그래머 L씨는 효율적인 업무수행을 위해 계획을 세워주는 프로그램을 만들었다. 다음 규칙에 따라 프로그램이 월요일~금요일 일정을 세웠다고 할 때, 일정이 적절한 것은?

- 업무는 11 : 00부터 시작하여 하루에 5시간을 초과하여 하지 않는다.
- 필요시간이 6시간 이상인 업무는 2일 이상에 걸쳐 수행한다. 단, 필요시간이 5시간 이하인 업무는 하루 안에 마무리한다.
- 6시간 이상 수행해야 하는 업무는 하루에 1개까지만 배치하며, 최대한 수행할 수 있는 만큼 수행해야 한다.

  예 필요시간이 7시간인 업무의 경우 업무를 하는 첫째 날 5시간, 둘째 날 2시간을 수행한다.
- 급한 업무를 먼저 해결하도록 배치한다.(단, 급한 업무는 업무기한에 의해 결정된다.)
- 업무 필요시간이 긴 업무일수록 하루 일정에서 먼저 수행하도록 한다.

  예 X업무가 2시간, Y업무가 3시간 걸리고 이 두 업무를 같은 날 처리해야 한다면, Y업무를 X업무보다 앞에 배치한다.

업무별 필요시간

업무	필요시간	업무기한
A	8	화요일
B	4	목요일
C	2	수요일
D	6	목요일
E	2	금요일
F	3	금요일

① <월요일 일정>

시간	업무
11:00~12:00	A
12:00~13:00	A
13:00~14:00	A
14:00~15:00	A
15:00~16:00	A

② <화요일 일정>

시간	업무
11:00~12:00	A
12:00~13:00	A
13:00~14:00	C
14:00~15:00	C
15:00~16:00	D

③ <수요일 일정>

시간	업무
11:00~12:00	D
12:00~13:00	D
13:00~14:00	D
14:00~15:00	C
15:00~16:00	C

④ <목요일 일정>

시간	업무
11:00~12:00	B
12:00~13:00	B
13:00~14:00	B
14:00~15:00	D
15:00~16:00	D

⑤ <금요일 일정>

시간	업무
11:00~12:00	E
12:00~13:00	E
13:00~14:00	F
14:00~15:00	F
15:00~16:00	F

정보능력 | 41 ~ 50번

[41~42] 다음은 H컴퓨터 회사의 PC 코드이다. 이를 보고 이어지는 물음에 답하시오.

〈예시〉 PC 완성품목

2020년 2월에 완성된 코어2 듀오 울프데일 DDR1 1테라 17895대의 코드 : 2002−1A−01002−17895

2002 − 1A − 01002 − 17895

완성년월

- 2020년 2월 − 2002
- 2021년 8월 − 2108
- 2022년 2월 − 2202
- 2022년 8월 − 2208

본체

제품 코드		코드명	
1	코어2 듀오	A	울프데일
		B	콘로
2	코어2 익스트림	C	요크필드
		D	켄츠필드
		E	콘로
3	코어i3	F	노스울드
		G	울프데일
4	코어i5	H	스미스필드
		I	프레스캇
5	코어i7	J	프레슬러
		K	시더밀
6	코어i9	L	블룸필드
		M	린필드
		N	프레스캇
7	애슬론 X−2	O	레고르
		P	쿠마

램(RAM)

분류 코드		용량 번호	
01	DDR1	001	768GB
		002	1TB
		003	1.5TB
02	DDR2	004	1TB
		005	1.5TB
03	씽크 RAM	006	768GB
		007	1TB
		008	1.5TB
04	DDR3	009	1TB
		010	1.5TB
05	씽크 RAM2	011	768GB
		012	1TB
		013	2TB
06	씽크 RAM3	014	768GB
		015	1TB
		016	1.5TB

완성품 수량

00001부터 시작하여 완성품 수량만큼 5자리의 번호가 매겨짐

41 2020년 2월에 완성된 코어i7 시더밀 씽크 RAM2 2테라 12,700대의 PC 코드로 옳은 것은?

① 20025K0501312700
② 20025J0501212700
③ 20025K0601612700
④ 20085K0501312700
⑤ 20085J0501412700

42 상품 코드 22087O0400956204에 대한 설명으로 옳은 것은?

① 6만 대 이상 완성되었다.
② 2022년 2월에 완성되었다.
③ 코어i9 프레스캇이 부착되어 있다.
④ DDR3 1테라가 PC에 장착되어 있다.
⑤ 애슬론 X−2 쿠마가 부착되어 있다.

43 **다음은 한 공공기관의 정보보안 교육강사의 강연 내용이다. 다음 중 빈칸에 들어갈 내용으로 옳지 않은 것은 무엇인가?**

> A: 최근 갑자기 우리 기관에 컴퓨터 악성코드가 유행하고 있어 여러분들에게 주의를 당부드리기 위해 이러한 자리를 마련하게 되었습니다. 먼저 컴퓨터 보안과 관련한 기본 용어를 알려드리도록 하겠습니다.
>
> [　　　　　　　　]

① "컴퓨터 바이러스(Virus)는 컴퓨터 프로그램의 일종으로 사용자 몰래 스스로를 복제하여 다른 프로그램을 감염시키고, 결과적으로 정상적인 프로그램이나 다른 데이터 파일 등을 파괴하는 악성 프로그램을 뜻합니다."

② "웜(Worm)은 컴퓨터 바이러스와는 달리 다른 프로그램을 감염시키지 않고 자기 자신을 복제하면서 통신망 등을 통해 널리 퍼집니다. 초기에는 시스템에 나쁜 영향을 미칠 정도는 아니었으나 후에 실제로 해를 끼치는 웜이 출현하여 통신망 전체에 증식된 예도 있으니 주의하여 주십시오."

③ "트로이 목마(Trojan Horse)는 원래 서비스 기술자나 유지 보수 프로그래머들의 다른 PC에 대한 액세스 편의를 위해 시스템 설계자가 고의적으로 만들어 놓은 것입니다. 최근에는 해킹에 취약한 부분을 일컫는 용어로 쓰이고 있습니다."

④ "스파이웨어(Spyware)는 사용자의 동의 없이 또는 사용자를 속이고 설치되어 광고나 마케팅용 정보를 수집하거나 중요한 개인 정보를 빼내는 악의적 프로그램을 뜻합니다. 치명적인 피해나 불편을 주지 않는다고 하더라도 여러 가지 악의적인 목적으로 사용될 수 있기 때문에 주기적으로 탐지 프로그램 등을 사용하여 제거하는 것이 바람직합니다."

⑤ "애드웨어(Adware)란 악성 코드 프로그램의 일종으로 사용자 정보는 빼가지 않고 광고만 보여주는 프로그램을 말합니다. 과도한 광고로 인해 컴퓨터 사용이 힘들 수도 있습니다."

44 **최근 스마트폰이 랜섬웨어에 감염되어 스마트폰을 사용할 수 없을 뿐 아니라 개인정보까지 유출되는 피해가 속출하고 있다. 이에 정보보안 관리부서에 근무하는 박 과장은 '스마트폰 사용자를 위한 랜섬웨어 예방법'을 제작하여 사내에 공지하고자 한다. 다음 중 공지 내용이 잘못된 것을 고르면?**

① 스마트폰 전용 백신을 반드시 설치하고 주기적으로 검사를 실행한다.
② 출처가 불명확한 문자・메신저・이메일 내 링크(URL)은 바로 열지 않는다.
③ 기기관리자 등록을 요구하는 앱의 경우 신뢰할 수 있는 경우에만 설정하도록 한다.
④ 공격자는 보안에 취약한 낮은 버전의 OS나 앱을 노리는 경우가 많으므로 항상 OS를 최신버전으로 유지하도록 한다.
⑤ 원래는 유료인 앱을 무료로 제공한다는 apk 파일은 악성기능을 포함할 가능성이 있으므로 백신프로그램으로 검사 후 다운로드한다.

45 **정보보안전문기업 R시스템에 근무하는 박 대리는 금번 새로 입사한 신입사원들에게 정보보안 기본 교육을 실시하기 위하여 '신입사원을 위한 정보보안 용어집'을 만들어 교육자료로 활용하려고 한다. 다음 중 수정되어야 할 용어는 무엇인가?**

① 디지털 저작권 관리(DRM) : 디지털 미디어의 불법 또는 비인가된 사용을 제한하기 위해 저작권 소유자나 판권 소유자가 이용하는 정보 보호 기술의 접근제어 기술
② 망분리 : 외부 인터넷망을 통한 불법적인 접근과 내부정보 유출을 차단하기 위해 업무망과 외부 인터넷망을 분리하는 망 차단조치
③ 스미싱(Smishing) : SMS와 Phishing의 결합어로 문자 메시지를 이용하여 특정 사이트로 유도한 뒤 개인정보나 금융정보를 탈취하는 공격
④ 워터마킹 : 전체 파일 크기를 변화시키지 않고 저작권자가 불법복제 여부를 파악할 수 있는 정보를 삽입하는 기술
⑤ 가상사설망(Virtual Private Network, VPN) : IPsec이나 SSL 기반의 암호 프로토콜을 사용한 터널링 기술을 통해 개인 사설 인터넷망을 구축할 수 있도록 해주는 암호화 기술

46 **다음 글을 보고, '제로 트러스트'에 대한 설명으로 적절하지 않은 것을 고르면?**

> 제로 트러스트(Zero Trust)란 사람 혹은 기기가 네트워크나 데이터에 접근을 요청할 때 처음부터 아무것도 신뢰하지 않는 것을 전제로 한 보안 전략이다. 데이터에 접근하기 위해서는 먼저 누구인지, 어떤 접근 권한을 가졌는지, 안전한 인가장비인지 등 유효성을 입증한 뒤 권한을 받아야 한다. 이는 사이버 보안 전문가이자 포레스터 리서치 수석연구원인 존 킨더버그(John Kindervag)가 2010년 제시한 개념으로, '신뢰가 곧 보안 취약점'이라는 원칙을 내세운 것이다.
> 코로나19 확산으로 인해 많은 기업이 원격근무나 재택근무를 도입하고, 사무실을 벗어나 가정이나 카페 등 다양한 공간으로 업무 공간이 확장되어 네트워크 보안의 중요성이 대두되면서 많은 주목을 받았다. 회사에서 지급하던 PC만을 사용했던 것과는 달리, 네트워크, 기업용 애플리케이션, 클라우드 등 외부와 접촉할 수 있는 지점이 늘어났으며, 개인용 PC나 스마트폰을 이용해 업무 시스템에 접속하고 사내 네트워크뿐만 아니라 가정 및 모바일 광대역 등 다양한 방식으로 기업 네트워크에 접근하는 경우가 늘어났기 때문이다. 기존에는 큰 울타리 하나만 세워 기업을 보호했다면, 이제는 외부에 나가 있는 기기와 사용자 각각에 울타리를 쳐야 하는 상황으로, 이 같은 환경에서 개별 사용자와 기기에 대해 모두 보안을 적용하고 관제하는 것은 많은 비용과 노력이 드는 일이다.
> 이 때문에 제로 트러스트 모델이 주목받은 것이다. 기존에는 위험은 시스템 바깥에서 침입하고 내부는 안전하다는 전제로 보안정책을 세웠다. 하지만 제로 트러스트 모델은 시스템 외부와 내부를 따로 나누지 않고 모든 곳이 위험하다고 전제하고, 적절한 인증 절차 없이는 그 누구도 믿어서는 안 되며, 누구든 시스템에 접근하려면 권한을 부여하기 전에 재차 신원을 확인해야 한다. 특히, 인증 이후에도 최소한의 영역에만 접근할 수 있도록 권한을 적용해 수평이동을 줄일 수 있다. 이러한 인증 과정에는 기본적인 ID와 비밀번호 같은 지식기반 인증뿐만 아니라 OTP나 보안키 등 소유기반 인증, 지문이나 홍채 등 속성기반 인증을 복합적으로 사용해 신원을 철저하게 확인할 수 있다.

① 제로 트러스트의 개념은 2010년에 사이버 보안 전문가인 존 킨더버그가 제시했다.
② 아무것도 믿어서는 안 된다는 것이 제로 트러스트 개념의 핵심이다.
③ 제로 트러스트가 코로나19 이후 주목받은 이유는, 업무공간이 사무실 외의 다른 공간으로 확대되면서 보안이 취약해졌기 때문이다.
④ 시스템에 여러 번 인증하여 접근할 수 있도록 하는 것도 제로 트러스트에 해당한다.
⑤ 제로 트러스트 모델이 주목받으면서, 속성기반 인증 기술이 비약적으로 발전했다.

[47~48] ○○마트에 근무하는 송 대리는 가공식품 재고조사를 하고 있다. 마트에 들여온 가공식품 코드는 다음과 같이 구성되어 있고, 창고에 있는 가공식품 재고 목록이 아래와 같을 때, 이어지는 물음에 답하시오.

가공식품 코드 분류 체계

• 코드 구성: 가공식품 종류 – 제조년월 – 생산 국가 – 생산번호

식품종류 코드	식품종류	생산 국가 코드	생산 국가
FP	밀가루 · 면	KR	한국
SH	소시지 · 햄	US	미국
SS	향신료 · 소스	CH	중국
PC	통조림	FR	프랑스
OI	식용유 · 오일	UK	영국
WT	생수 · 음료	CA	캐나다
CC	커피	MX	멕시코
SC	과자	JP	일본
		VT	베트남
		IN	인도네시아

○○마트 창고별 가공식품 목록

제1창고	OI – 2002 – FR – 1566, SC – 1906 – KR – 11096, WT – 2102 – UK – 0024, SS – 2211 – US – 0781, PC – 1710 – CH – 1004, OI – 2101 – CA – 9023, CC – 2007 – FR – 1566, SS – 2009 – UK – 1566
제2창고	WT – 2302 – CA – 0459, SC – 1910 – CH – 0724, CC – 1903 – IN – 0034, CC – 2202 – VT – 0400, OI – 2209 – US – 1271
제3창고	SH – 2303 – KR – 2334, SC – 2212 – MX – 0111, SH – 2305 – UK – 0110, SC – 2002 – FR – 0607, SC – 2111 – CH – 7813, WT – 2204 – KR – 0478
제4창고	SS – 2005 – MX – 0111, OI – 1909 – UK – 0110, SS – 2207 – JP – 0111, SH – 2008 – KR – 0110, SS – 2310 – MX – 0111, WT – 2303 – IN – 0110, FP – 2109 – US – 0111, FP – 2204 – UK – 0110, WT – 2206 – CA – 0111

47 다음 중 가공식품과 코드 분류체계에 따라 나타낸 가공식품 코드가 바르게 연결된 것은?

① 2024년 12월 캐나다에서 생산된 소스류 – SS–2412–CA–1234
② 2010년 10월 영국서 생산된 통조림류 – PC–2010–UK–1234
③ 2024년 4월 멕시코에서 생산된 과자류 – CC–2404–MX–1234
④ 2020년 12월 프랑스에서 생산된 면류 – FP–2012–KR–1234
⑤ 2018년 1월 베트남에서 생산된 커피류 – CC–2018–VT–1234

48 창고에 있는 가공식품에 대한 설명으로 옳지 않은 것은?

① 제3창고에는 영국이 생산지인 제품은 없다.
② 2020년 이전에 생산된 제품이 없는 창고는 제1~제4창고 중 1개이다.
③ 한국산 가공식품의 창고 점유율은 15%를 넘지 않는다.
④ 전체 창고에 있는 식품 중 미국산과 영국산 가공식품은 8개이다.
⑤ 제4창고에는 겨울에 생산된 제품이 없다.

49 다음 순서도를 실행했을 때의 출력값 S로 올바른 것은?

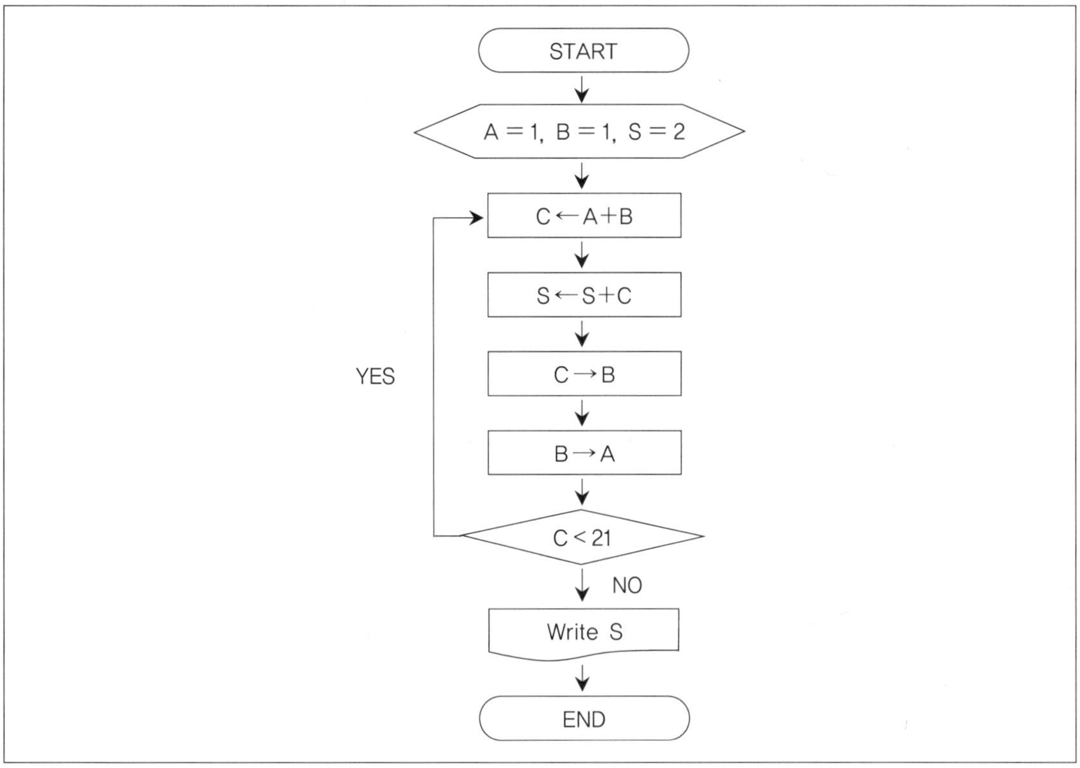

① 32
② 51
③ 54
④ 61
⑤ 64

50 한국전력공사는 2분기에 월 급여에 대한 일정액을 상여금으로 지급하고 있다. 이때 상여금 지급률을 이용하여 한국전력공사 원전수출본부 임직원의 상여금 총액을 계산하는 엑셀 함수로 옳은 것은?

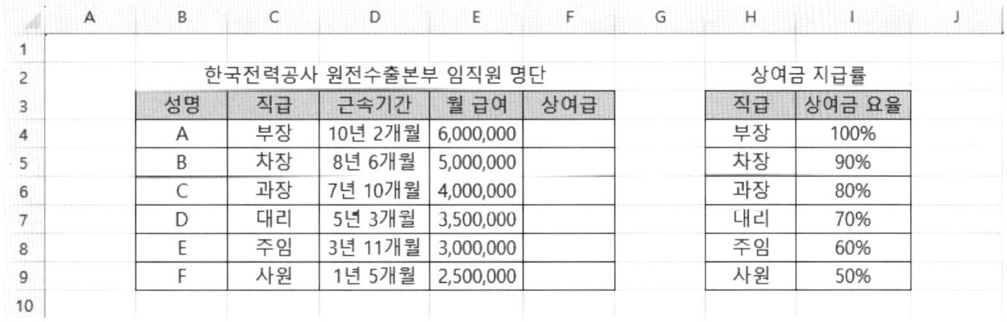

	A	B	C	D	E	F	G	H	I	J
1										
2		한국전력공사 원전수출본부 임직원 명단						상여금 지급률		
3		성명	직급	근속기간	월 급여	상여금		직급	상여금 요율	
4		A	부장	10년 2개월	6,000,000			부장	100%	
5		B	차장	8년 6개월	5,000,000			차장	90%	
6		C	과장	7년 10개월	4,000,000			과장	80%	
7		D	대리	5년 3개월	3,500,000			대리	70%	
8		E	주임	3년 11개월	3,000,000			주임	60%	
9		F	사원	1년 5개월	2,500,000			사원	50%	
10										

① =COUNTIF(E4*I4)
② =RANK(E4,$E$4:$E$9)*I4
③ =SUM(E4*I4,E5*I5,E6*I6,E7*I7,E8*I8,E9*I9)
④ =MATCH(E4*I4,E5*I5)
⑤ =VLOOKUP(C4,$H$4:$I$7,2,FALSE)*E4

KEPCO

한국전력공사

직무능력검사

박문각

KEPCO
한국전력공사

직무능력검사
봉투모의고사
/
4회

박문각

제4회 직무능력검사

(50문항 / 70분)

의사소통능력 | 01 ~ 10번

01 다음 글에서 추론할 수 있는 내용으로 적절하지 않은 것은?

보통 수질오염은 생물학적, 물리적, 화학적으로 정상적인 값으로부터 변화하여 물이라는 원래의 용도로 사용할 수 없거나 생태적으로 나쁜 영향을 미칠 만큼 수질이 악화된 상태를 말한다. 수질오염이 드러나는 현상은 부영양화가 대표적이다. '부영양화'란 강이나 호수에 영양 염류나 유기 물질이 과도하게 유입되어 발생하는 수질 악화 현상을 말한다. 유입된 영양 염류나 유기 물질은 미생물과 조류(식물성 플랑크톤 포함)의 영양분이 되어 수중 생태계의 생산자를 크게 증가시킨다. 이에 따라 먹이 사슬에 의해 1차 소비자인 동물도 증가하며, 이들의 사체가 강이나 호수 밑바닥에 퇴적됨으로써 유기 물질이 더욱 증가하고, 이렇게 퇴적된 유기 물질들을 미생물이 분해하기 시작하면 물속의 용존 산소를 대량으로 소비하게 된다. 이때 조류가 급격히 증식하면 물의 색깔이 변하는데, 이를 적조라고 한다. 원인이 되는 생물종에 따라 물의 색깔이 붉은색, 녹색, 갈색을 띤다.

이러한 수질오염의 원인은 무엇일까? 우선, 오염 물질의 배출원 문제가 있다. 오염 물질은 주로 가정 하수와 산업 폐수이며, 산성비도 주요 수질 오염원의 하나이다. 축산 폐수는 물론 농경지에서 유입되는 비료와 농약 성분 등에 의한 수질 오염도 심각한 수준이다. 둘째, 자정 작용의 한계이다. 자정 작용이란 오염된 물이 시간이 지나면서 자연적인 작용을 통해 스스로 깨끗해지는 현상을 말한다. 이러한 자정 작용은 희석, 확산, 침전 등의 물리적 작용과 수중 미생물에 의한 생물·화학적 작용으로 구분된다. 하지만, 자정 작용도 한계치를 벗어나면 더 이상 자연적으로 복구하기 어렵고, 그 때의 오염원들이 모여 수질오염의 원인이 되는 것이다. 셋째, 환경 용량의 제한이다. 이 부분은 자정 능력과 연관된다. 환경 용량은 강이 오염 현상을 나타내지 않고 받아들일 수 있는 오염 물질의 양으로, 자정 능력의 크기를 나타낸다. 즉, 수온, 용존 산소량, 강바닥의 기울기, pH, 일사량 등에 의해 달라지는 것이다.

이러한 수질오염을 예방하기 위해서는 우선 합성세제의 사용량을 줄여야 한다. 합성세제는 비누보다 분자구조가 복잡하여 분해되기 힘들기 때문이다. 가정에서는 빨래나 설거지를 할 때 주로 사용하는데, 항상 적정량 사용을 준수하는 자세가 요구된다. 둘째, 물을 재활용하는 습관을 가져야 한다. 한 번 사용한 물을 청소용이나 식물에 주는 용도로 다시 활용한다면, 기본적으로 하수처리장에서 정화하는 물의 양을 줄일 수 있게 된다. 또한, 오염 물질을 제거하는 식물을 조성하는 것도 중요하다. 서울 사람들의 수돗물로 쓰이는 팔당호에는 갈대, 애기부들, 달 뿌리풀 등의 식물이 자라고 있다. 이러한 식물들은 물속의 오염 물질을 제거하는 기능을 가지고 있으며, 아름다운 경관을 조성하므로 이러한 식물 조성사업 추진에 더욱 비중을 두어야 할 것이다.

① 물을 사용하고 흘려보내는 양이 많으면 물 정화에 쓰이는 에너지가 많아진다.
② 물 속에 영양분이 많아지면 미생물도 많아진다.
③ 강은 일정 수준 내로 오염되면 저절로 정화될 수 있다.
④ 합성세제는 수질오염을 일으키는 미생물의 먹이가 된다.
⑤ 물에 사는 식물들은 자정 작용에 기여할 수 있다.

02 다음 글의 내용과 일치하지 않는 것은?

제시카법(Jessica Law)은 12세 미만 아동을 상대로 성범죄를 저지른 범죄자에 최소 25년의 형량을 적용하고 출소 이후에도 평생 위치추적장치를 채워 집중 감시하도록 한 법으로, 미국에서 시행 중이다. 이 법은 범죄자가 학교나 공원 주변 등 아동이 많은 곳으로부터 2000피트(약 610m) 이내에 거주하지 못하도록 하는 내용을 담고 있다. 제시카법이라는 명칭은 2005년 미국 플로리다 주에서 아동 성폭행 전과자인 존 코이에 의해 강간 살해된 9살 소녀 제시카 런스퍼드(Jessica Lunsford)에서 이름을 딴 것이다.
국내에서도 법무부가 2023년 10월 아동을 대상으로 성범죄를 저질렀거나 재범 가능성이 큰 고위험 성범죄자의 출소 이후 주거지를 제한하는 '고위험 성범죄자 거주지 제한법' 제정안, 이른바 '한국형 제시카법'을 입법예고했다. 하지만 헌법상 거주이전의 자유를 침해해 위헌 소지가 있다는 우려가 나오며 국회 법제사법위원회를 통과하지 못했고, 21대 국회 임기 종료와 함께 자동 폐기됐다.
법무부 입법예고안에 따르면, 법원이 거주지 제한 명령을 내릴 때는 대상자가 사는 광역자치단체 내 국가·지방자치단체·공공기관 운영시설 가운데 법무부 장관이 정한 지정 거주시설을 거주지로 지정해야 한다. 거주 제한을 적용받는 대상은 13세 미만 아동을 대상으로 했거나, 3회 이상 성범죄를 저질러 전자장치를 부착한 이들 중 10년 이상의 형을 선고받고 복역한 고위험 성범죄자다. 한국형 제시카법이 시행되면 검사의 청구로 법원이 범죄자의 전자장치 부착 기간 내에서 거주지 제한 기간을 정할 수 있다. 또 이미 출소했지만 전자장치를 부착하고 있는 아동성범죄자도 적용 대상에 포함된다.
이와 같은 한국형 제시카법은 미성년자 12명을 성폭행한 김근식과 성인 여성 10명을 연쇄 성폭행한 박병화의 출소 사실이 알려지며 관련 논의가 촉발됐다. 김근식의 경우 주거지로 예정된 경기 의정부시 시장이 도로를 폐쇄하며 반발했고, 박병화의 경우 출소 후 거주지인 경기 화성시에서 매일 퇴거 촉구 집회가 열리는 등 주변 주민들의 거센 반발이 일어났다.
하지만 한국형 제시카법 도입에 우려를 표하는 입장도 있다. 헌법상 보장된 거주 이전의 자유를 과도하게 침해해 위헌 소지가 있으며, 외국과 비교해 국토면적이 작은 우리나라 특성상 출소 범죄자들이 도시 외곽이나 지방 등으로 몰리는 부작용이 있을 수 있다는 것이다. 만약 국가 지정 거주시설이 들어서게 된다면 시설이 위치한 지역 주민들의 반대 때문에 시설 건립이 난관에 부닥칠 수 있다는 지적도 있다. 아울러 성범죄자들이 주거 불안에 직면할 경우 또다시 범죄를 저지를 위험이 높아질 수 있으며, 성범죄자들이 한곳에 몰려 살게 될 경우 오히려 치안 불안정이 확대되면서 치안 영역에서의 지역격차 문제까지 발생할 수 있다는 우려도 나온다.

① 미국의 제시카법은 아동성범죄자를 대상으로 형량 및 거주지 제한에 대한 내용을 담고 있다.
② 한국형 제시카법이 국회를 통과하지 못한 것은 거주이전에 대한 자유를 제한하는 위헌적 요소가 있다는 이유 때문이다.
③ 한국형 제시카법이 국회를 통과하더라도 김근식과 박병화와 같은 출소한 성범죄자들의 거주지를 제한하는 것은 불가능하다.
④ 한국형 제시카법은 아동 성범죄자뿐 아니라 여러 차례 성범죄를 저지른 범죄자에게도 적용된다.
⑤ 한국형 제시카법 도입으로 출소 범죄자들에 대한 국가 지정 거주시설이 들어설 경우, 범죄자들이 몰리는 특정 지역의 치안이 불안정해질 수 있다.

03 다음 글에서 추론할 수 없는 것은?

조선왕조실록은 조선 태조부터 철종까지 25대 472년(1392~1863)의 역사적 사실을 편년체(일어난 순서대로 기술하는 방식)로 기록한 책으로, 유네스코 세계기록유산에 등재돼 있다. 이는 조선시대의 정치・외교・군사・제도・법률 등 각 방면의 역사적 사실을 망라하고 있는 세계적으로 그 유례가 없는 역사 기록물이다. 조선왕조의궤는 조선시대 600여 년에 걸친(1392~1910) 왕실의 주요 행사(결혼식, 장례식, 궁중연회, 사신 영접 등)가 시기별・주제별로 정리돼 있어 조선왕조의 의식변화 등을 알 수 있는 기록물이다. 특히 행사의 진행과정을 날짜순으로 자세히 적고 참여한 사람들의 명단과 비용 및 재료까지 세밀히 기록해 놓았으며, 의식에 쓰인 주요 도구와 행사 장면을 천연색으로 그려 놓아 시각적 효과와 현장성까지 살려 놓은 것이 특징이다. 600여 년의 생활상을 시각적으로 이해할 수 있는 귀중한 자료로서 그 희소성이 인정돼 2007년 6월 유네스코 세계기록유산에 등재됐다.
조선왕조실록은 조선 전기에는 서울의 춘추관을 비롯해 충주・성주・전주 사고에 보관됐으나 임진왜란이 일어나면서 전주사고본만 남고 다른 사고의 실록은 불타 없어졌다. 이후 정족산・태백산・적상산・오대산 등 4곳에 사고를 만들어 주요 서적을 분산・보관했는데, 오대산 사고에는 20세기 초까지 실록과 의궤를 포함해 총 4,416책이 소장돼 있었다. 하지만 일제강점기인 1913년 조선왕조실록 788책 전량이 도쿄대학으로 불법 반출됐고, 상당량은 1923년 관동대지진 당시 불에 타며 소실됐다. 당시 가까스로 화를 면한 27책은 1932년 서울대의 전신인 경성제국대학으로 이전됐고, 2006년에는 도쿄대에 남아 있던 47책이 서울대로 반환됐다. 2017년에는 일본 경매에 등장한 <효종실록> 1책을 국립고궁박물관이 추가 매입하면서 총 75책(성종실록 9책, 중종실록 50책, 선조실록 15책, 효종실록 1책)이 국내로 환수됐다. 오대산 사고본 의궤 역시 1922년 일본 궁내성(현 궁내청)으로 반출됐다가 2011년에 43종 82책이 국내로 돌아왔다. 2023년 11월에는 강원 평창군 진부면에 국립조선왕조실록박물관이 개관해 조선왕조실록과 의궤를 보관・전시하고 있다. 박물관에서는 서울 종로구 국립고궁박물관에서 보관・전시해 오던 오대산 사고본 실록 75책과 의궤 82책을 포함해 관련 유물 1207점을 보관・관리한다.

① 조선왕조의궤를 통해 일제강점기 직전까지의 왕실 주요 행사가 어떻게 열렸는지를 확인할 수 있다.
② 조선왕조의궤는 현재 오대산 사고본 의궤만 남아 있는 상태이다.
③ 조선왕조의궤처럼 왕실 행사의 모습이 그림으로 남아 있는 유물은 세계적으로도 흔치 않다.
④ 일제강점기에 일본으로 불법 반출됐던 조선왕조실록의 절반 이상은 관동대지진 당시에 소실됐다.
⑤ 일제강점기 이전에 국내에는 4,000권이 넘는 조선왕조실록과 의궤가 보존돼 있었다.

04 다음 글의 내용으로 알 수 있는 것을 〈보기〉에서 모두 고르면?

일본중앙은행인 일본은행(BOJ)은 2024년 3월 금융정책결정회의를 열고 마이너스 금리, 수익률곡선제어(YCC), 상장지수펀드(ETF)・부동산투자신탁(REIT) 매입 등 양적완화 3종 세트 정책을 중단한다고 밝혔다. 양적완화란 중앙은행이 금융시장의 신용경색 해소와 경기 부양을 위해 정부의 국채나 여타 다양한 금융자산의 매입을 통해 시장에 직접 유동성을 공급하는 정책을 말한다. 일본은행은 −0.1%였던 정책금리를 0~0.1%로 올렸는데, 이는 2007년 2월 이후 17년 만의 금리 인상이자 2016년 이후 8년 만의 마이너스 금리 정책 중단이다. 일본은행은 지난 1990년대 초 거품경제 붕괴 이후 경기 부양을 위해 세계적으로도 드문 장기간의 양적완화 정책을 지속해왔다.
그동안 일본은행은 2016년 2월에 도입한 마이너스 금리 정책을 통해 은행이 돈을 맡기면 −0.1%의 단기 정책금리(당좌예금 정책잔고 금리)를 적용해 왔으나, 이번에 이를 0.1%포인트 올려 단기금리를 0~0.1%로 유도하기로 했다. 또 2016년 9월 중앙은행이 국채를 무제한 매입하면서 국채시장 금리를 직접 통제하기 위해 도입한 '수익률곡선제어(YCC)'도 중단하기로 했다. 수익률곡선제어는 중앙은행이 장기금리에 일정한 목표치를 두고 이를 달성하기 위해 채권을 매수・매도하는 정책으로, 일반적인 양적완화보다 더 적극적인 통화정책이다. 이는 특정 만기 국채 수익률을 목표 수준으로 유지하기 위해 해당 국채를 사고파는 것으로, 목표 달성 때까지 채권 매입 규모에 제한을 두지 않는다. 다만 일본은행은 수익률곡선제어 철폐 이후에도 금리 급등을 막기 위해 일정 규모의 국채 매입은 지속한다는 방침이다. 아울러 ETF와 REIT의 매입 또한 이번에 중단됐는데, 일본은행의 ETF 매입은 지난 2010년 도입돼 지금까지 도쿄 주식시장 주가지수(TOPIX)의 하락폭이 2%를 넘었을 때 이뤄졌다. 다만 REIT의 경우 2022년 6월을 마지막으로 매입을 중단한 터라 이미 유명무실해진 상태다.
한편, 일본은행의 이번 조치에 따라 일본 금리는 향후 완만하게 지속적 상승을 할 것으로 보이며, 일본엔화 가치도 오를 가능성이 있다. 다만 엔화 강세는 일본 주식 등에 투자할 신규 유입을 막는 것은 물론, 마이너스 금리 해제의 원인이 된 인플레이션이 임금 인상을 일으켜 기업 수익성 하락을 가져온다는 점에서 일본 증시에 부담이 될 수 있다.

보기

㉠ 일본은행이 양적완화 정책을 중단한 이유
㉡ 일본은행의 수익률곡선제어 도입 시점
㉢ 일본은행의 REIT 매입 도입 시점
㉣ 일본 금리 및 엔화의 추이 전망
㉤ 일본의 양적완화 정책 도입 배경

① ㉠, ㉡, ㉣
② ㉠, ㉢, ㉤
③ ㉡, ㉣, ㉤
④ ㉡, ㉤
⑤ ㉢, ㉣

05 **다음 글의 빈칸 ㉠에 들어갈 문장으로 가장 적절한 것은?**

> 태양 물리학계의 핵심 미스터리로 꼽혀 오던 것 중 하나는 태양 에너지가 어떠한 방법으로 태양의 상층 대기 온도를 태양 표면보다 더 높게 만들 수 있느냐는 것이었다. 태양 표면의 온도는 대략 섭씨 6천도 정도로, 태양 상층 대기 온도의 최대치인 화씨 100만 도(섭씨 약 55만 5,500도)에 훨씬 못 미치는 수준이다. 플라스마(이온화된 고온의 가스)로 구성된 태양 대기의 가장 바깥 영역인 코로나의 온도가 태양 표면 온도의 약 200배에 육박하는 것이다.
> 미국 뉴저지 기술연구소(NJIT)와 독일 막스플랑크 태양계 연구소, NASA 마셜우주비행센터 등이 연합한 국제연구팀은 NJIT의 빅 베어 태양관측소(BBSO)에서 촬영한 새로운 이미지들을 통해 이러한 의문을 풀 수 있는 메커니즘과 이러한 메커니즘에서 알갱이 모양의 침상체를 관찰하는 데 성공했다. 연구팀이 발견한 침상체는 태양 상층 대기에서 코로나로 분출되는 바늘 모양의 침상체(spicules)인 자화 플라즈마 제트로, 태양의 팽창을 가로질러 지속적으로 분출되는 폭 200~500km의 소규모 플라스마 구조로 이루어져 있다.
> 연구팀은 전에 없던 고해상도 관측을 통해 반대 극성을 가진 자기장이 태양의 낮은 대기층과 재연결될 때 강력한 플라스마제트가 분출되는 것을 확인했다. 이러한 태양 표면의 침상체 생성에 대한 증거를 직접적으로 확인한 것은 이번이 최초이다. NASA의 태양 활동 관측(Solar Dynamics Observatory) 위성이 극자외선(EUV) 스펙트럼에서 포착한 이미지를 통해 추적한 코로나의 에너지 이동에 따르면 침상체가 코로나로 분출된 후 코로나를 가열하고, 이로 인해 태양 표면 위 1,300마일부터 시작해 모든 방향으로 수백만 마일 이상 확장되는 코로나는 태양핵과 가까운 위치에 있는 낮은 층과 비교할 때 무려 백배 이상 온도가 상승하게 된다. 즉, (　　　　　㉠　　　　　)
> 이번 연구가 가능할 수 있었던 것은 그동안 태양 물리학의 도전 과제로 일컬어지던 태양 고해상도 이미지를 확보하는 기술적 기반이 마련되었기 때문인데, 10년 전부터 세계 최대의 태양 관측 망원경인 직경 1.6미터에 이르는 BBSO 망원경 가동이 가능해지면서 태양 내부와 표면 등 다양한 부분에서의 고해상도 이미지가 최초로 포착된 것이 연구의 근거가 되었다.

① 태양 상부 대기를 가열시키는 물리적 메커니즘의 핵심은 태양핵에 있다.
② 태양 표면 아래 심부로부터 비롯된 자기장이 태양핵 온도를 높이는 것이다.
③ 태양 대기에 분출된 침상체가 코로나를 가열한다는 것이다.
④ 일식이 일어나는 동안에 태양 둘레의 플라스마 후광을 육안으로 확인할 수 있다.
⑤ 태양 표면이 층과 재연결될 때 플라즈마제트가 팽창하는 것이다.

06 다음 글의 내용과 일치하지 않는 것은?

선거철마다 논쟁거리가 되어 온 노인 대상 지하철 무임승차는 1980년 만 70세 이상 노인들에게 지하철 요금 50%를 감면해 주는 것으로 시작됐고, 1984년 5월 만 65세 이상 노인들에게 요금을 100% 면제해 주는 방식으로 정착돼 현재에 이르고 있다. 그러다 지하철 운영기관의 적자가 누적되고 사회가 고령화되면서 제도 시행에 대한 논란이 일기 시작했다. 해당 제도가 시행된 1980년대 초반까지만 해도 65세 이상 인구가 전체의 4% 미만에 불과했으나 2023년에는 19.0%까지 오르며 급격한 증가세를 보이고 있기 때문이다. '노인 = 65세'라는 기준은 1981년 제정된 노인복지법의 경로우대에서 시작된 것으로, 주요 복지 제도들도 대체로 이를 기준으로 삼고 있다. 실제로 현재 만 65세 이상 노인들에게는 지하철 무료 등 교통비 혜택 외에도 국공립박물관・미술관・공원・고궁 등 공공시설 무료 사용 및 요금 할인 등의 혜택이 주어진다.

과거보다 건강 수준이 높아지고 평균수명도 늘어난 상황에서 과거의 기준으로 노인을 구분하는 것은 불합리하므로 노인 연령은 조정할 필요가 있다는 것이 전문가들의 대체적인 의견이다. 고령자의 건강・지식・직업경험 등이 이전 노인세대와는 질적으로 다르고 특히 60세 정년 연장 등에 따라 현직 때의 업무 능력을 그대로 유지하는 사례도 적지 않은 만큼 40년간 유지돼온 과거의 노인 연령기준은 수정되어야 한다는 것이다. 여기에 노인을 대상으로 한 각종 복지 혜택과 부양 의무가 과도하게 커질 경우 젊은 층이 짊어지는 부담 역시 커지는 재정적인 문제도 있다. 우리나라의 생산가능인구는 갈수록 줄어드는 반면 저출산과 고령화에 따른 노인 부양비 부담은 점차 급증하는 점을 고려해, 우리 사회가 당면할 문제를 분담할 필요성이 있다. 한국 사회가 이미 고령사회에 접어든 데다 조만간 초고령사회 진입까지 예상되는 만큼 신체적・경제적으로나 여력이 있는 노인들에게까지 복지혜택을 제공한다면 국가 재정에 악영향을 미칠 수 있다.

다만, 노인 연령기준 상향에 앞서 은퇴 이후 연금을 받기까지 소득이 단절되는 일명 '소득 절벽'에 대한 대책이 세워져야 한다는 것에는 이견이 없다. 각종 사회복지 시스템이 65세를 기준으로 구축된 상황에서 갑자기 연령 상향이 단행된다면 사회 전반에 큰 혼란이 일어날 수 있기 때문이다. 우리나라는 경제협력개발기구(OECD) 회원국 중 노인빈곤율과 노인자살률이 가장 높은 나라이다. 이러한 상황에서 노인 연령기준을 섣불리 높이면 가뜩이나 심각한 노인 문제가 더욱 악화될 수 있으므로, 연령기준 상향 시 노인 혜택을 얻기까지 생기는 공백에 관한 대책이 반드시 필요하다. 노인 기준연령을 올리기 전에 여러 문제에 관해 예측하여 상향 시기 및 상향 폭을 조정해야 한다.

① 노인들의 지하철 무임승차 혜택은 1980년대에 생겨나 연령조정 없이 현재에 이르렀다.
② 1980년대 초와 비교해 2003년의 65세 이상 인구 비율은 약 5배 늘어났다.
③ 우리나라의 노인 기준연령은 OECD 회원국 평균보다 높다.
④ 별다른 대책 없이 노인 기준연령 상향을 시행한다면, 노인 빈곤문제가 더욱 심각해질 것이다.
⑤ 노인 기준연령 상향이 필요한 데는 노인 부양비 부담이라는 재정적 이유도 작용한다.

07 **다음 글을 통해 알 수 없는 것은?**

> 텔레비전 프로그램의 국가 간 유통에는 경제적・정치적・문화적 요인이 영향을 미칠 수 있다. 지금까지 문화상품의 국제적 유통은 주로 경제적 요인을 중심으로 분석되었는데, 이러한 시각에서는 각국의 문화 시장의 크기가 프로그램의 흐름을 결정짓는 중요한 요인으로 부각된다. 미시경제학적 유통모델을 연구하는 학자들에 의하면 미국은 영국, 프랑스, 독일, 이탈리아, 일본보다 월등히 큰 자국 시장을 소유하고 있기 때문에 더 많은 예산을 프로그램 제작에 투입하며, 제작된 프로그램은 작은 시장을 소유한 국가로 유통된다고 주장된다. 즉, 자국 시장이 큰 나라가 주로 프로그램의 수출국이 된다.
> 하지만 문화상품의 국제적 유통에는 경제적 요인뿐만 아니라, 국가 간의 문화적 유사성과 같은 문화적 요인도 영향을 미친다. 수입 텔레비전 프로그램에 대한 시청자의 반응을 살펴보면, 시청자의 언어, 인종, 문화적 특성과 비교적 유사한 지역에서 제작된 텔레비전 프로그램이 타 지역의 프로그램보다 더욱 선호되는 경향을 발견할 수 있다. 예를 들어 아시아 국가들은 서구의 텔레비전 프로그램보다는 아시아 지역의 텔레비전 프로그램을 더 많이 수입하는데, 이는 수용자들이 아시아인인 자신의 삶과 근접하고, 아시아적 규범과 감수성을 보여주는 프로그램을 선호하기 때문이다. 대만에서는 수입된 텔레비전 드라마의 경우 인접국가, 특히 일본에서 제작된 드라마의 인기가 높다. 대만의 수용자는 드라마에 재현된 일본인의 삶의 방식과 자신이 현실적으로 맺고 있는 인간관계가 서로 닮았으며, 유사한 근대화 과정으로 인한 친숙한 역사적, 문화적 배경 때문에 일본 드라마를 선호하고 있었다.
> 수용자들이 문화적 유사성이 높은 제작국의 프로그램을 보다 더 선호하는 현상을 설명하기 위하여 학자들은 문화적 할인(cultural discount)이라는 개념을 도입한다. 이들은 "프로그램이란 제작국의 문화에 기반을 두므로 그 문화 내에서는 호소력을 지닐 수 있지만 그 밖의 문화권에 노출될 경우 프로그램이 지니는 특정 스타일, 가치, 신념, 행동과 수용자와의 동일시가 어렵기 때문에 매력이 감소된다. 즉 문화적 할인효과가 발생한다."고 설명한다. 문화상품은 타 문화권에 노출될 경우 프로그램의 이용가치나 호소력이 감소하게 된다. 결국 문화적 할인효과는 프로그램의 전 세계적 확대를 저해하는 요인으로 작용한다.

① 텔레비전 프로그램이 세계적으로 확대되는 것에는 다양한 요인이 영향을 미친다.
② 문화상품의 국제적 유통에는 문화적 유사성이 경제적 요인보다 큰 영향을 준다.
③ 중국이나 일본에서 한국 드라마가 유행하는 것은 '문화적 할인'으로 설명할 수 있다.
④ 문화적 할인효과는 프로그램이 전 세계적으로 확대되는 데 부정적인 영향을 미친다.
⑤ 자국 시장이 작은 나라는 프로그램 제작에 큰 비용을 투입하기 어렵다.

08 다음 글에서 추론할 수 있는 내용으로 적절하지 않은 것은?

> 기후 연구는 아직 새로운 학문이라서 밝혀지지 않은 게 많다. 예를 들어 허리케인과 가뭄이 왜 발생하는지, 어떻게 대처할 수 있는지에 대해 정확하게 알지 못한다. 그런데도 우리는 자연재해를 일으키고 생태계의 균형을 파괴하는 몇몇 원인들을 파악하고 있다. 그중 대표적인 것이 지구상에 남아 있는 원시림의 대규모 벌채이다. 이것은 기후에 심각한 영향을 끼치고 있다.
> 말레이시아나 콩고, 남미 아마존 일대에는 원시림이 남아 있지만 매년 수만 헥타르의 원시림이 모습을 잃어가고 있다. 거대 플랜테이션 농장이 들어서거나, 목재 회사들의 벌채로 마구 파괴되고 있기 때문이다. 원시림 파괴가 지구의 기후에 미치는 영향은 참으로 끔찍하다. 물론 파괴 후 머지않아 어떠한 기상이변이 나타나는 것은 아니나, 그것이 누적되어 거대한 기후변화가 나타날 것이다. 세계에서 가장 큰 열대우림인 아마존 지역은 약 600만km^2에 걸쳐 있다. 1998년에는 약 1.7만km^2나 파괴되었으며 그 면적은 해를 거듭할수록 늘고 있다. 아마존 분지는 결국 파괴되다 소멸할 것이다. 분지의 부식층이 매우 엷어 불에 타버리면 삼림으로서 재생이 영영 불가능하기 때문이다.
> 그렇다면 누가 아마존 파괴에 책임이 있을까? 우선은 정글 내 농민들, 즉 농지를 갖지 않은 채 옮겨 다니면서 경작하는 농민들이다. 대표적으로 브라질 중서부의 대규모 사유농장이나 북동부에서 가뭄 때문에 정글로 들어온 사람들이다. 이들은 오직 화전을 일구며, 이를 위해 숲에 불을 지르고 있다. 그로 인해 원주민들은 삶의 터전과 생활기반을 잃어 죽어가고 있다. 정글을 보호하면서 활용하는 시스템도 함께 사라질 수밖에 없다. 그리고 국제기업들이 경영하는 농장이나 목장도 파괴의 주범이다. 이들은 거대한 트럭을 동원해서 기계로 대규모 벌채를 자행하고 있을 뿐만 아니라, 수백km^2의 땅에서 수만 마리의 소를 방목하고 있다.

① 토양 부식층의 두께에 따라 토양의 재생 능력이 달라진다.
② 목장을 만들려면 나무를 베어야 한다.
③ 화전민들이 머물다 떠난 경작지에서는 삼림이 재생하기 어렵다.
④ 아마존 정글이 대규모로 파괴되면 머지않아 기상이변이 나타날 것이다.
⑤ 아마존보다 더 큰 원시림은 존재하지 않는다.

09 다음 글의 중심 내용으로 가장 적절한 것은?

근년 들어 이상 기온 현상으로 여름철 폭염이 심해지면서 녹조 현상이 만연하고 있다. 녹조류의 '녹(綠)'은 녹색을 의미하며, '조류(藻類)'는 물속에 살면서 동화 색소를 가지고 독립영양 생활을 하는 하등 식물을 의미한다. 즉 녹조류는 색소체가 다량의 엽록소를 가지고 있어서 녹색을 띠는 조류를 말한다. 청각이나 파래 등이 녹조류에 속한다.
녹조는 강이나 바다, 호수 등 수중 생태계의 영양물질이 증가해서 녹조류가 늘어나 물빛이 녹색이 되는 현상을 말한다. 유속이 느린 하천에서도 녹조류가 크게 늘어난다. 일부에서는 플랑크톤이 번식해 물이 황갈색으로 변하는 적조(赤潮) 현상이 일어나기도 한다.
적조와 녹조는 모두 기온의 상승과 연관이 깊다. 기온이 올라가 수온이 섭씨 25도 이상으로 유지되고 일조량이 많아지면 수중으로 영양분이 과다하게 공급되면서 녹조류와 플랑크톤이 활발하게 증식한다. 녹조는 유속이 느린 곳에서도 자주 발생한다.
이렇게 녹조 현상이 심해지면 수중 생태계에 문제가 생긴다. 물의 표면을 녹조가 뒤덮으면 수중으로 들어가는 햇빛이 차단되고, 이에 따라 산소가 추가로 유입되지 않으면서 물의 용존산소량이 줄어들기 때문이다. 물의 용존산소량이 줄면 수중 생물들이 죽게 된다. 용존산소량은 강이나 호수 등 물속에 녹아 있는 산소의 양을 말하며, 수질 오염을 나타내는 척도의 하나다.
녹조 현상이 일어나면 일단 물고기와 수중생물이 죽어 악취가 나고 그 지역의 수중 생태계가 파괴된다. 수중 생태계를 파괴하는 녹조류로 독성물질을 생산하는 것이 있는데, 우리나라에서 자주 발견되는 남조류의 일종인 '아나베나'와 '마이크로시스티스', '지오스민'이 대표적이다. 지오스민은 인체에는 무해하지만, 물에 악취를 일으키는 원인이 된다.
녹조 현상은 인체에 크게 위험하지 않은 것으로 알려져 있으나 사람에게도 직접적인 피해를 줄 가능성은 있다. 독소가 있는 남조류가 많은 호숫물을 마실 경우 간에 손상이 가거나 구토, 복통을 일으킬 수 있다. 또한 몇십 년 이상 장기적으로 복용할 경우에는 사망에 이를 수도 있다.

① 녹조 현상은 유속의 영향을 받는다.
② 여름철 이상 고온으로 녹조 현상이 심해져 수중 생태계가 파괴되고 있다.
③ 녹조 현상은 물의 용존산소량을 줄여 수중 생물들을 죽게 한다.
④ 녹조 현상의 가장 큰 원인은 기온 상승이다.
⑤ 녹조 현상은 그 자체로 사람에게 큰 위험을 주지 않는다.

10 다음 글의 빈칸에 들어갈 내용으로 적절한 것은?

1894년, 당시 화성을 그린 여러 지도에 있는 '운하'라고 불리던 복잡하게 얽힌 선들을 근거로 하여 화성에 지적 생명체가 존재한다는 주장이 언론의 주목을 받았다. 화성의 운하로 여겨지던 복잡하게 얽힌 선들은 1878년에 처음 학계에 보고된 뒤 30년 동안 계속해서 화성지도에 그려졌다. 이렇게 존재하지도 않는 화성의 운하들이 무슨 이유에서 오랫동안 천문학자들에게 당연한 것으로 여겨졌을까?

망원경을 통해 화성을 관찰해서 화성의 지도가 많이 제작된 것은 19세기 후반이다. 특히나 1877년 9월은 지구가 화성과 태양에 동시에 가까워지는 시기여서 어느 때보다도 화성의 표면이 아주 잘 보였다. 공기가 깨끗한 포르투갈의 마데이라 섬에서는 영국의 아마추어 천문학자 그린이 13인치 반사 망원경을 사용해서 눈에 보이는 대로 화성의 표면을 그렸다. 그린은 자신의 화성 관측 경험을 토대로 다른 천문학자들의 관측 결과까지 포함해서 그 당시에 가장 정밀한 화성 지도를 만들었다.

그런데 그 다음해 이탈리아의 천문학자인 스키아파렐리가 화성지도를 발표하면서 그린의 지도는 부정되기 시작했다. 왜냐하면 그린과 같은 시기에 관측했지만 그린의 지도에서 흐릿하게 표현된 지역을 스키아파렐리는 그물 모양으로 교차하는 지형으로 나타냈기 때문이다. 스키아파렐리는 이 지형을 '카날리(canali)', 즉 '운하'라고 지칭했다.

두 사람의 절차적인 면을 비교해보면 아마추어지만 그린이 더 나았다고 할 수 있다. 여러 번 화성을 관측했던 그린에 비해 스키아파렐리는 이때가 화성 관측이 처음이었다. 또 그린은 공기가 깨끗한 곳에서 13인치 망원경을 사용했지만, 스키아파렐리는 그린이 관측한 마데이라 섬보다는 공기질이 떨어지는 자신의 천문대에서 8인치 망원경을 사용했다. 또 짧은 시간 동안 포인트만 그려 놓고, 그 이후에 자신의 기억으로 자세하게 그렸으며 다른 학자들의 관측 결과는 전혀 참고하지 않았다.

절차적 측면에서 부족한 점이 많았지만 스키아파렐리의 승리였다. (　　　　　　　　　　　　　　　　)

많은 천문학자들은 자신들이 존경하는 천문학자가 눈에 보이지도 않은 것을 그렸다고 생각하기는 어려웠다. 또 그린과 다르게 스키아파렐리는 전문가답게 지리학의 채색법을 사용했기에 공신력이 높을 수밖에 없었다. 이후에도 스키아파렐리는 운하의 관측을 보고했고, 이에 따라 그를 존경하는 천문학자들은 운하의 존재를 믿으며 계속해서 화성 지도에 운하가 그려지기 시작했다.

어느 분야에서든지 권위자가 발견한 것에 대해 부정하기란 쉬운 일이 아니다. 더욱이 망원경의 성능보다 다른 조건들이 중시되던 당시 분위기에서는 이런 문제점을 수정하기는 어려웠다. 더 놀라운 것은 운하가 있다고 믿는 사람들은 성능이 좋아진 대형 망원경에서 운하가 보이지 않은 점에 대해 대형 망원경이 배율이 높아 특정 대기상태에서는 왜곡이 심해서 소형 망원경보다 해상도가 떨어진다고 주장했다는 것이다.

① 그가 운하를 더 정확하게 그렸기 때문이다.
② 그가 더 좋은 망원경으로 지도를 그렸기 때문이다.
③ 그가 지도에 지리학의 채색법을 이용하였기 때문이다.
④ 그가 천문학계에서 권위 있는 천문학자였기 때문이다.
⑤ 그는 다른 천문학자들의 선행 관측결과를 참고했기 때문이다.

수리능력 | 11 ~ 20번

[11 ~ 12] 다음은 5개 국가의 주택소비전력 관련 자료이다. 이를 보고 이어지는 물음에 답하시오.

가구당 평균 1년 주택소비전력량

(단위 : kWh)

구분	한국	러시아	중국	이탈리아	이집트
2024년	10,104	4,318	15,651	6,286	6,922
2023년	9,953	4,221	17,508	6,483	6,837
2022년	9,698	4,122	15,518	6,333	6,719
2021년	9,676	3,983	15,325	6,562	6,747
2020년	9,752	3,499	14,774	6,519	7,129

주택소비전력 요금

(단위 : 원/kWh)

구분	한국	러시아	중국	이탈리아	이집트
2024년	119	88	106	330	183
2023년	124	93	93	327	177
2022년	135	101	99	395	204
2021년	132	105	104	388	195
2020년	125	103	104	339	178

※ 가구당 평균 1년 주택소비전력 요금 = 가구당 평균 1년 주택소비전력량 × 주택소비전력 요금

11 위 자료에 대한 설명으로 옳지 않은 것은?

① 2023년 중국의 가구당 평균 1년 주택소비전력량은 이집트의 2.5배 이상이다.
② 중국의 가구당 평균 1년 주택소비전력 요금은 매년 러시아의 4배 이상이다.
③ 주택소비전력 요금은 매년 상위 3위까지 나라 순위가 바뀌지 않는다.
④ 2021년의 전년 대비 주택소비전력 요금의 증가율은 이탈리아가 가장 크다.
⑤ 2024년 한국의 가구당 평균 1년 주택소비전력 요금은 같은 해 이집트의 가구당 평균 1년 주택소비전력 요금보다 적다.

12 전년 대비 가구당 평균 1년 주택소비전력량의 증감률이 가장 큰 국가와 그 연도를 순서대로 바르게 나열한 것은?

① 한국, 2023년
② 러시아, 2021년
③ 중국, 2023년
④ 이탈리아, 2023년
⑤ 이집트, 2024년

13 다음은 2024년 6월 A경찰서의 분야별 신고 현황과 처리결과에 관한 자료이다. 이에 대한 〈보기〉의 설명 중 옳은 것을 모두 고르면?

A경찰서의 분야별 신고상담 및 신고접수 현황

(단위: 건)

구분＼분야	강력범죄	경제범죄	부패, 공공범죄 신고	마약, 조직범죄	여성·청소년 범죄	성매매, 사행행위	기타	합
신고상담	605	81	5	6	11	12	1,838	2,558
신고접수	239	61	7	6	5	2	409	729

A경찰서에 신고접수된 사건의 분야별 처리결과

(단위: 건)

처리결과＼분야	강력범죄	경제범죄	부패, 공공범죄 신고	마약, 조직범죄	여성·청소년 범죄	성매매, 사행행위	기타	합
이첩	58	18	2	3	0	1	123	205
송부	64	16	3	1	4	0	79	167
내부처리	117	27	2	2	1	1	207	357
전체	239	61	7	6	5	2	409	729

보기

㉠ 전체 신고상담 건수는 전체 신고접수 건수의 3배 이상이다.
㉡ 전체 신고접수 건수 대비 분야별 신고접수 건수의 비율이 가장 높은 분야는 기타를 제외하면 강력범죄 분야이다.
㉢ 분야별 전체 신고접수 건수 중 '이첩' 건수의 비중이 가장 큰 분야는 부패, 공공범죄신고 분야이다.
㉣ '내부처리' 건수는 전체 신고상담 건수의 15% 이상이다.

① ㉠, ㉡
② ㉠, ㉢
③ ㉡, ㉢
④ ㉠, ㉡, ㉣
⑤ ㉡, ㉢, ㉣

14 ○○대학교에서 계절 학기를 운영하는데 1교시와 2교시에는 3개 강의, 3교시에는 4개 강의를 개설하였다. 민호가 개설된 서로 다른 10개의 강좌 중 2개 강의를 선택하여 수강하려고 할 때, 그 경우의 수로 옳은 것은? (단, 한 교시에는 1개 강의만 수강할 수 있다.)

① 27가지
② 30가지
③ 33가지
④ 36가지
⑤ 39가지

[15~16] 다음은 반려동물 양육 현황에 대한 설문조사 통계자료이다. 이를 보고 이어지는 물음에 답하시오.

반려동물 양육 여부

구분		사례수(명)	비율(%)		
			현재 기르고 있음	과거에 길렀으나 현재는 기르지 않음	한 번도 길러 본 적 없음
전체		2,000	27.9	28.6	43.5
성별	남성	988	26.2	29.9	43.9
	여성	1,012	29.4	27.4	43.2
주택 유형별	아파트	1,109	25.2	28.6	46.2
	단독주택	469	34.5	25.6	39.9
	다세대주택	303	30.7	29	40.3
	원룸	73	21.9	38.4	39.7
	기타	46	13	41.3	45.7

양육 중인 반려동물 종류

구분		사례수(명)	비율(%)									
			개	고양이	새	물고기	햄스터	토끼	고슴도치	파충류	곤충류	기타
전체		557	81.3	20.1	1.3	1.6	0.4	0.2	0.4	1.3	0.2	0.4
성별	남성	259	83.8	18.1	0.4	1.5	0.4	0.4	0.8	1.9	0.4	−
	여성	298	79.2	21.8	2	1.7	0.3	−	−	0.7	−	0.7
주택 유형별	아파트	280	78.9	19.3	2.1	1.8	0.7	0.4	0.4	2.1	−	0.4
	단독주택	162	87.7	16	0.6	1.9	−	−	0.6	0.6	0.6	0.6
	다세대주택	93	77.4	26.9	−	1.1	−	−	−	−	−	−
	원룸	16	81.3	31.3	−	−	−	−	−	−	−	−
	기타	6	83.3	33.3	−	−	−	−	−	−	−	−

※ 현재 양육 중인 반려동물의 종류를 모두 선택함(중복 가능)

15

위 자료에 대한 설명으로 적절한 것은? (단, 소수점 첫째 자리에서 반올림하여 계산한다.)

① 과거에 반려동물을 길렀으나 현재는 기르지 않는 사람은 남성보다 여성이 더 많다.
② 현재 반려동물을 기르는 사람의 비율이 가장 높은 주택 유형에서 고양이를 기르는 비율이 가장 높다.
③ 다세대주택에서 고양이를 키우는 사람보다 단독주택에서 고양이를 키우는 사람이 더 많다.
④ 단독주택에서 반려동물을 기르는 사람 중 개와 고양이를 기르지 않고 다른 반려동물을 기르는 사람의 비율은 4.9%이다.
⑤ 아파트에 거주하며 현재 반려동물을 기르고 있는 사람 수는 원룸에 거주하며 반려동물을 한 번도 길러본 적 없는 사람 수의 10배 이상이다.

16

반려동물을 양육 중인 남성 중 개와 고양이를 모두 키우는 사람은 최소 몇 명인가? (단, 소수점 첫째 자리에서 반올림하여 계산한다.)

① 1명　② 2명　③ 3명
④ 4명　⑤ 5명

[17～18] 다음은 2024년 석사학위 취득자의 고용과 관련된 자료 및 자료를 바탕으로 한 〈보고서〉이다. 이를 보고 이어지는 물음에 답하시오.

2024년 석사학위 취득자의 성별 · 전공계열별 고용률 현황

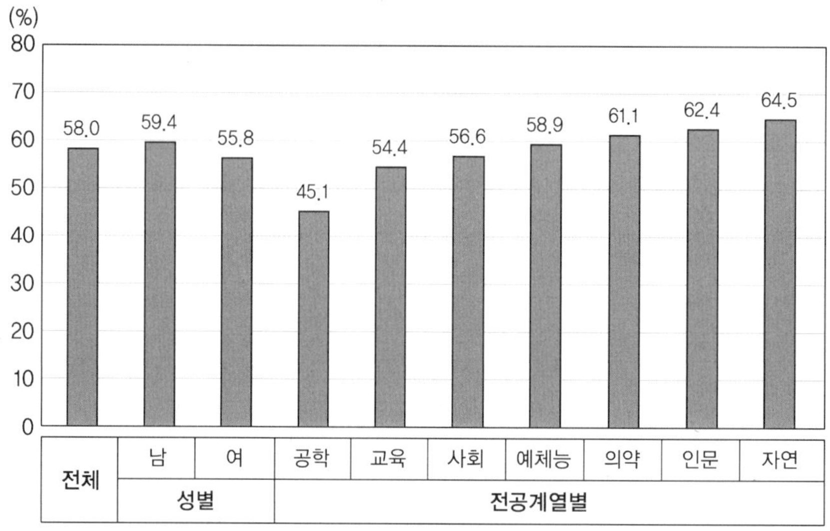

2024년 석사학위 취득자 중 취업자의 고용형태별 직장유형 구성비율

(단위: %)

고용형태 / 직장유형	전체	정규직	비정규직
민간기업	54.2	9.3	81.1
정부 · 지자체	24.9	64.3	1.2
민간연구소	10.3	8.5	11.3
공공연구소	3.3	6.4	1.5
대학	1.9	2.4	1.7
기타	5.4	9.1	3.2
계	100.0	100.0	100.0

보고서

석사학위 취득자의 전체 고용률은 58.0%이었다. 전공계열 중 자연계열의 고용률이 가장 높고 그 다음으로 인문계열, 의약계열, 예체능계열의 순으로 나타났으며, 공학계열, 교육계열, 사회계열의 고용률은 상대적으로 낮았다.

석사학위 취득자 중에서는 민간기업에 취업한 취업자가 가장 많고, 그 다음으로 정부 · 지자체, 민간연구소의 순이었다.

석사학위 취득자 중 취업자의 고용형태를 살펴보면, 여성 취업자 중 비정규직 비율은 75% 이상이었다. 전공계열별로는 예체능계열의 비정규직 비율이 가장 높고, 그 다음으로 의약계열, 교육계열, 공학계열, 사회계열, 자연계열, 인문계열 순으로 나타났다. 정규직은 과반수가 정부 · 지자체에 소속된 반면, 비정규직은 80% 이상이 민간기업에 소속된 것으로 나타났다.

석사학위 취득자의 평균 연봉은 취업자의 고용형태에 따라 차이가 큰 것으로 나타났다. 정규직 취업자의 경우 정부 · 지자체, 공공연구소, 민간연구소, 민간기업, 대학 순으로 평균 연봉이 높게 나타났다. 또한, 비정규직 내에서도 직장유형별 평균 연봉의 편차가 크게 나타났다.

17 위 〈보고서〉를 보고 추가로 필요한 자료를 〈보기〉에서 모두 고르면?

보기
㉠ 석사학위 취득자 중 취업자의 성별 고용형태
㉡ 석사학위 취득자 중 취업자의 고용형태별, 직장유형별 평균 연봉
㉢ 석사학위 취득자 중 비정규직 여성 취업자의 전공계열별 평균 근속기간
㉣ 석사학위 취득자 중 취업자의 전공계열별 고용형태
㉤ 석사학위 취득자 중 취업자의 성별, 전공계열별 평균 연봉

① ㉠, ㉡, ㉢
② ㉠, ㉡, ㉣
③ ㉠, ㉢, ㉤
④ ㉡, ㉢, ㉣
⑤ ㉡, ㉣, ㉤

18 2024년 석사학위 취득자 86만 명이라고 할 때, 이 중 민간연구소에 취업한 비정규직 인원과 대학에 취업한 정규직 인원 수가 바르게 짝지어진 것은? (단, 소수점 첫째 자리에서 반올림하여 계산한다.)

① 5,806명, 227명
② 4,367명, 227명
③ 5,806명, 392명
④ 4,367명, 161명
⑤ 5,806명, 392명

19 다음은 A아파트의 1월과 4월 전체 난방비 고지서이다. 이때, ㉠~㉣에 들어갈 값으로 옳은 것은? (단, 소수점 아래는 절사한다.)

난방비 고지서(사용기간 : 2025. 1. 1.~1. 31.)

구분	사용량(Mwh)	금액(원)	비고
기본요금		597,567	
세대 난방비	54,962	㉠	동절기 77.55원, 춘추절기 66.286원, 하절기 51.238원 단가 적용
세대 급탕비	1,072	㉡	동절기 4,400원, 춘추절기 3,600원, 하절기 2,300원 단가 적용
열 손실 차감		1,799,333	고지금액-기본료-세대 난방비- 세대 급탕비
바우처 할인		-23,810	

난방비 고지서(사용기간 : 2025. 4. 1.~4. 30.)

구분	사용량(Mwh)	금액(원)	비고
기본요금		597,567	
세대 난방비	25,241	㉢	동절기 106.84원, 춘추절기 91.78원, 하절기 70.6원 단가 적용
세대 급탕비	841	㉣	단가 : 4,400원 적용
열 손실 차감		1,499,103	고지금액-기본료-세대 난방비- 세대 급탕비
바우처 할인		-9,310	

	㉠	㉡	㉢	㉣
①	4,262,303	4,716,800	2,316,618	3,700,400
②	3,643,211	3,859,200	2,316,618	3,027,600
③	4,262,303	3,859,200	1,782,014	3,700,400
④	4,262,303	4,716,800	1,782,014	3,027,600
⑤	3,643,211	3,859,200	2,316,618	3,700,400

20 다음은 무인 주문 서비스 시스템 분야 특허등록건수 상위 10개국의 국가별 영향력지수와 기술력지수를 나타낸 자료이다. 이에 대한 〈보기〉의 설명 중 옳지 않은 것을 모두 고르면?

무인 주문 서비스 시스템 분야 특허등록건수 상위 10개국의 국가별 영향력지수와 기술력지수

구분 국가	특허등록 건수(건)	영향력지수	기술력지수
한국	500	( )	600.0
미국	269	1.0	269.0
독일	( )	0.6	45.0
일본	59	0.3	17.7
캐나다	( )	0.8	24.0
프랑스	22	( )	30.8
네덜란드	( )	0.6	10.2
영국	14	0.1	1.4
중국	( )	0.3	3.9
핀란드	9	0.7	6.3

※ 1) 해당국가의 기술력지수 = 해당국가의 특허등록건수 × 해당국가의 영향력지수

2) 해당국가의 영향력지수 $= \frac{\text{해당국가의 피인용비}}{\text{전 세계 피인용비}}$

3) 해당국가의 피인용비 $= \frac{\text{해당국가의 특허피인용건수}}{\text{해당국가의 특허등록건수}}$

4) 무인 서비스 시스템 분야의 전 세계 피인용비는 10임

보기

㉠ 프랑스의 영향력지수는 한국의 영향력지수보다 크다.
㉡ 중국과 영국의 특허피인용건수의 차이는 중국과 핀란드의 특허피인용건수의 차이보다 작다.
㉢ 특허등록건수 상위 10개국 중 일본의 특허피인용건수는 네 번째로 많다.
㉣ 캐나다의 특허등록건수는 일본의 특허등록건수의 50% 미만이다.

① ㉠, ㉡　　② ㉠, ㉢
③ ㉡, ㉣　　④ ㉠, ㉢, ㉣
⑤ ㉡, ㉢, ㉣

21 H회사에서는 신입사원 갑, 을, 병, 정, 무, 기 6명의 인턴사원을 다음 조건에 따라 총무팀, 인사팀, 마케팅팀에 배치하려고 한다. 이때 총무팀에 배치되는 인턴사원으로 가능한 조합은?

- 각 팀마다 인턴사원을 2명씩 배치한다.
- 갑과 정은 같은 팀에 배치한다.
- 을은 마케팅팀에 배치하고, 병과는 같은 팀에 배치하지 않는다.

① 갑, 기
② 을, 무
③ 병, 무
④ 병, 정
⑤ 정, 기

22 A, B, C, D, E, F 여섯 종류의 알파벳 카드를 옆으로 나란히 배치하였다. 다음 제시된 모든 조건을 고려하였을 때, 항상 거짓인 것은?

- B와 C 사이에는 두 종류의 알파벳 카드가 놓여있다.
- E는 B와 이웃해 있다.
- D는 E의 바로 오른쪽에 놓여있다.
- A는 F보다 오른쪽에 놓여있다.
- B는 C보다 왼쪽에 놓여있다.

① E는 B와 C 사이에 놓여 있다.
② D는 B보다 오른쪽에 놓여 있다.
③ A는 B의 왼쪽에 위치할 수 있다.
④ F는 B와 C 사이에 놓여 있다.
⑤ A는 여섯 카드 중 가장 오른쪽에 위치할 수 있다.

23 **같은 학과에 재학 중인 갑, 을, 병, 정, 무 5명이 새학기를 맞아 수강신청을 한 후 각자 신청한 교양수업에 대해 이야기를 나누었다. 이들이 재학 중인 학과에서 이번 학기에 신청이 가능한 교양수업은 철학, 프랑스어, 미술사, 무용 수업이며, 갑~무 5명은 각각 다음의 조건에 따라 이 중 하나의 수업을 신청했다. 이때, 이에 대한 설명이 참인 것은?**

> ㉠ 갑, 을, 병이 신청한 수업은 모두 다르다.
> ㉡ 병, 정, 무가 신청한 수업은 모두 다르다.
> ㉢ 갑이 신청한 수업은 미술사나 무용 수업이 아니며, 을이 신청한 수업은 프랑스어나 무용 수업이 아니다.
> ㉣ 정이 신청한 수업은 철학이나 미술사 수업이 아니다.
> ㉤ 병이 신청한 수업은 프랑스어 또는 철학 수업이다.
> ㉥ 신청 가능한 교양수업 중 갑~무 5명이 아무도 신청하지 않은 수업이 있다.

① 갑은 철학 수업을 신청했다.
② 을은 철학 수업을 신청했다.
③ 병은 프랑스어 수업을 신청했다.
④ 정은 무용 수업을 신청했다.
⑤ 무는 미술사 수업을 신청했다.

24 **다음 출근 시각 관련 정보를 보고 직원들이 출근한 순서를 바르게 나열한 것을 고르면?**

> • 정시출근 시각은 8시이다.
> • A, B, C, D, E 각자의 시계는 정확하지 않다.
> • A, B, C, D, E는 각자의 시계를 기준으로 출근 시각보다 A는 10분, 일찍 B는 15분 일찍 출근하였고, C는 정각에, D는 5분, 일찍 E는 10분 일찍 출근하였다.
> • C가 실제로 가장 일찍 출근하였다.
> • D의 시계가 E의 시계보다 5분 느리고, B의 시계는 E의 시계보다 5분 빠르다.
> • E는 실제로 정시에 도착하였다.
> • E와 A는 각자 시계를 기준으로 같은 시각에 도착하였지만 실제로 A는 출근 시각보다 15분 일찍 도착하였다.

① C－D－B－A－E
② C－D－A－B－E
③ C－B－A－E－D
④ C－A－B－E－D
⑤ C－A－B－D－E

25 S회사 총무팀에서는 10월에 열리는 사내 체육대회 참가 인원을 확정해 부서별로 참가 직원 명단을 제출하라고 공지했다. 기획2팀 직원들이 참가할 종목과 인원이 다음과 같이 배정되었고, 기획2팀 팀장은 해당 종목에 참가가 가능한 팀원들을 해당 종목에 참가시키려고 한다. 이때, 참가 종목과 관련된 설명으로 반드시 옳지 않은 것은?

기획2팀 종목별 배정 인원

100m 달리기	피구	배드민턴	줄다리기	이어달리기
1명	3명	1명	4명	2명

기획2팀 직원의 참가 가능 종목

	A	B	C	D	E	F	G
100m달리기				√			√
피구				√	√	√	
배드민턴	√	√					
줄다리기	√		√	√	√	√	
이어달리기				√	√	√	√

※ 직원 A~G는 참가가 가능한 종목에 √ 표시를 하였다.
※ 모든 직원은 최소 한 개 종목에는 참가해야 하며, 최대 2개 종목까지 참가할 수 있다.
※ 직원이 참가 가능한 종목에만 참가하도록 한다.

① 100m 달리기에는 G가 참가한다.
② 한 가지 종목에만 참가하는 직원은 3명 이상이다.
③ G는 이어달리기에 참가한다.
④ E와 F는 두 가지 종목에 참가한다.
⑤ D는 이어달리기에 참가하지 않는다.

26 A, B, C, D, E는 OTT 서비스를 제공하는 ○○TV에 가입하려고 한다. ○○TV의 요금제 정보가 다음과 같고, A~E는 각자의 조건에 따라 가장 저렴한 요금제로 가입하려고 할 때, 이에 대한 설명으로 옳지 않은 것은?

OOTV 서비스 요금제

구분	베이직 요금제	스탠다드 요금제	프리미엄 요금제
요금	9,500원	12,500원	16,000원
HD화질 지원	×	○	○
UHD화질 이용 가능	×	×	○
접속 가능 기기 수	1	2	4
동시 접속 인원 수	2	2	5

※ 프로모션 기간 가입 시 3개월간 월요금 2,000원 할인(단, 프리미엄 요금제 가입자에게만 적용)
※ L통신사 이용자의 경우 스탠다드, 프리미엄 요금제 사용 시 요금 20% 할인
※ 할인은 중복적용되지 않고 가입자가 선택하여 하나의 혜택만 적용 가능

> A: 출퇴근할 때는 휴대폰으로, 집에서는 노트북으로 이용하면 좋을 것 같아. 이 두 기기에서 이용할 수 있는 요금제에 가입하려고 해.
> B: 무조건 화질이 제일 좋은 걸로 보고 싶어.
> C: 부모님이 집 TV로 자주 시청하실 것 같아서 가입하려고. 운전하느라 출퇴근할 때 볼 수는 없을 것 같고, 나도 집에서 주말에 TV로 재미있는 영화를 찾아봐야지.
> D: 회사 동료들과 계정을 공유하고 요금을 나누어 부담하면 최대한 저렴하게 이용할 수 있을 것 같아.

① A와 D가 선택할 요금제는 동일하지 않다.
② B와 C가 선택할 요금제는 동일하지 않다.
③ D가 서비스에 가입하여 4명의 동료와 계정을 공유할 때, 한 사람이 부담하는 월요금은 항상 2,500원을 넘는다.
④ D가 OTT서비스에 가입하였을 때 3개월치 요금은 최소 40,000원 이상이다.
⑤ A와 B가 OTT서비스에 가입했을 때, 두 명이 6개월간 지불할 서비스 요금의 합은 항상 18만 원 이하이다.

[27～28] 다음은 K회사 영업팀의 차장급 이하 직원들에 대한 업무평가 점수와 성과급 지급 기준이다. 이를 보고 이어지는 물음에 답하시오.

평가영역별 업무평가 점수

(단위: 점)

구분	과장·차장				사원·대리				
	A	B	C	D	E	F	G	H	I
업무능력	95	70	85	88	86	65	90	77	72
근무태도	80	90	77.5	84	88	95	92	68	87
실적	97	75	86	72	82	76	88	70	84

성과급 지급 기준

과장·차장급과 사원·대리급 직원의 평가점수는 그 순위를 따로 매겨 평가한다.

1. 과장·차장급 평가 기준
   - 3개의 평가영역 중 평가영역별로 가장 높은 점수를 얻은 직원에게 100만 원씩 지급하며, 이 금액을 더해 개인별 성과급을 지급한다.
   - 업무능력, 근무태도, 실적 중 75점 미만이 2개 이상인 직원은 성과급 지급 대상에서 제외한다.
   - 성과급을 받는 직원 중 실적 점수가 90점 이상인 직원에게는 성과급의 10%를 가산하여 지급한다.
2. 사원·대리급 평가 기준
   - 3개의 평가영역 중 평가영역별로 높은 점수를 얻은 순서대로 1위에게는 70만 원, 2위는 50만 원, 3위는 30만 원을 지급하며, 이 금액을 더해 개인별 성과급을 지급한다.
   - 업무능력과 근무태도 중 70점 미만이 하나라도 있는 경우에는 성과급의 5%를 차감한다.
   - 성과급을 받는 직원 중 실적이 85점 이상인 직원에게는 성과급의 10%를 가산하여 지급한다.

27 가장 많은 성과급을 받은 직원과 가장 적은 성과급을 받은 직원의 성과급의 차액은 얼마인가? (단, 성과급을 받지 못하는 경우는 제외한다.)

① 985,000원 ② 1,275,000원
③ 1,300,000원 ④ 1,700,000원
⑤ 1,915,000원

28 영업팀 팀장인 최 부장은 성과급을 많이 받게 되는 직원 3명을 대상으로 추가 성과급을 지급하기 결정했다. 이 세 명 중 실적 점수가 높은 순서대로 각각 100만 원, 50만 원, 30만 원을 추가로 지급할 때, 이들이 받는 최종 성과급의 합계를 바르게 나열한 것은?

① 7,190,000원 ② 8,090,000원
③ 8,530,000원 ④ 9,240,000원
⑤ 9,650,000원

29 대학생인 은수는 상담을 위해 교수 연구실을 방문하려고 한다. 은수의 전공 담당 교수들의 상담 가능 시간이 다음과 같을 때, 이에 대한 설명으로 옳지 않은 것은?

교수별 오피스 아워

	월	화	수	목	금
김 교수	09:00~11:00	13:00~17:00	13:00~15:00		
이 교수	11:00~12:00 13:00~15:00			15:00~16:00	13:00~15:00
박 교수		11:00~12:00	13:00~15:00	11:00~12:00 13:00~15:00	15:00~16:00
최 교수		15:00~16:00	13:00~15:00		15:00~16:00

은수의 시간표

전공 1	월요일 11시, 월요일 13시
전공 2	화요일 13시, 목요일 12시
전공 3	수요일 13시, 수요일 14시
전공 4	목요일 14시
교양 1	목요일 15시
교양 2	화요일 14시, 금요일 10시

- 상담은 한 명 또는 두 명의 교수와 하는 것이 가능하다.
- 상담은 1시간 단위로 진행된다.
- 교수의 오피스 아워는 사전 공지되며, 이 시간 동안 학생이 사전에 교수와 연락, 자유롭게 연구실에 방문해 상담할 수 있다.
- 은수가 재학 중인 대학의 모든 강의는 정각에 시작하여 50분간 진행된다.
- 강의실에서 교수 연구실에 가는 데 걸리는 시간은 고려하지 않는다.

① 금요일에 3명의 교수와 상담이 가능하다.
② 목요일에는 오전에만 박 교수와 상담이 가능하다.
③ 화요일에 3명의 교수와 상담이 가능하다.
④ 월요일에 이 교수와 상담이 가능하다.
⑤ 수요일에는 어느 교수와도 상담이 불가능하다.

30 다음 자료를 바탕으로 할 때, 아래 〈보기〉의 빈칸 ㉠, ㉡에 들어갈 값의 차에 해당하는 값은?

문화체육관광부는 '예술작가육성 및 지원사업'의 일환으로 매해 국가에 자신의 작품을 기부한 작가들에게 다음 포상금 지급 규정에 따른 평가를 거쳐 포상금을 지급하고 있다. 아울러 올해 작품을 기부한 작가들의 평가를 위한 자료는 아래 작가별 현황을 따른다.

포상금 지급 규정

1. 기본포상금
   작가 1인당 기본포상금 1,500만 원을 지급한다.
   단, 전년도 작품 기부내역이 있는 작가의 경우는 기본포상금 2,000만 원을 지급한다.
2. 국내외 지명도에 따른 추가포상금
   'A' 등급을 받은 작가에게는 작품 1점당 120만 원,
   'B' 등급을 받은 작가에게는 작품 1점당 100만 원,
   'C' 등급을 받은 작가에게는 작품 1점당 70만 원을 추가로 지급한다.
3. 친환경재료를 사용한 작가의 경우 기본포상금과 추가포상금을 합한 금액의 30%를 추가로 지급한다.
4. 포상금은 작가 1인당 작품 개수가 5점 이상 9점 이하인 경우에만 지급한다.

작가별 현황

구분	전년도 기부여부	작품 수	국내외 지명도	친환경재료 사용여부
나영	유	5	A	○
시오	무	6	B	×
이연	무	8	A	○
지나	유	7	B	×
효준	무	9	C	×

보기

이번 문화체육관광부 '예술작가육성 및 지원사업'을 통해 가장 많은 포상금을 받게 된 작가는 (㉠)만 원을 받게 되고, 세 번째로 많은 포상금을 받게 된 작가는 (㉡)만 원을 받게 된다.

① 582
② 680
③ 780
④ 920
⑤ 1,068

자원관리능력 | 31 ~ 40번

31 한국전력공사 총무팀 정 대리는 사내 워크숍 일정 및 비용을 계산하고 있다. 계획한 워크숍 일정 및 조사한 요금에 따를 때, 총 워크숍 비용은 얼마인가? (단, 기념식수와 박물관 탐방 비용 및 단합행사 비용은 제외하여 계산한다.)

워크숍 일정

	시간	일정	비고
1일 차	08:30~09:00	회사 집결 및 출발	인원점검 및 차량탑승
	09:00~12:30	이동 및 도착	차량별로 이동
	12:30~13:50	점심식사(도시락)	야외 식사
	13:50~14:30	기념식수 행사	관광센터 앞 식수
	14:30~15:00	기념품관 방문	5개 조로 이동
	15:00~18:30	박물관 탐방	박물관 해설사 4명
	18:30~19:00	숙소 배정	△△파크
	19:00~19:20	단합행사 장소로 이동	광장
	19:20~22:00	단합행사	식사
	22:00~22:20	숙소로 이동	
	22:20~	기수별 단합행사 및 자유시간	
2일 차	08:00~09:30	기상 및 아침식사	식사
	09:30~10:20	숙소 정리 및 집결	
	10:20~14:00	회사로 이동	
	14:00~	해산	

※ 참여 인원: 76명

관련 요금

- 28인승 버스 대절(2일): 32만 원/대
- 도시락: 9,000원/개
- 박물관 입장권: 7,000원/인
- 숙소 비용(석식, 조식 포함): 150,000원/2인
  ※ 2인 1실을 기준으로 비용을 산정함

① 6,126,000원
② 7,253,000원
③ 7,876,000원
④ 8,176,000원
⑤ 8,516,000원

[32 ~ 33] 홍 주임은 A연수원의 회의실 및 세미나실 예약관리를 담당하고 있다. 세미나실의 현황과 예약 상황이 다음과 같을 때, 이어지는 물음에 답하시오.

회의실 · 세미나실 사용 정보

구분	최대 수용인원(명)	시간당 대여료(원)	최소 대여시간
제1회의실	35	40,000	1시간
제2회의실	50	60,000	1시간
제1세미나실	80	170,000	1시간
제2세미나실	120	250,000	2시간
제3세미나실	160	320,000	3시간

장비 대여료

구분	빔프로젝터	마이크(개당)
대여료	30,000원	15,000원

※ 회의실과 세미나실은 월요일~토요일 오전 10시부터 오후 9시까지 사용 가능합니다.
※ 토요일을 제외하고는 각 회의실과 세미나실은 중복된 시간에 사용이 불가능합니다.
※ 제1~제3세미나실의 경우 예약과 예약 사이 청소에 1시간이 소요됩니다. 제1~제2회의실은 중간에 청소 시간 없이 바로 사용이 가능합니다.
☞ 예를 들어 10시~11시에 제1세미나실이 사용 중이라면 같은 시간대에 다른 회의실과 세미나실을 사용할 수 없습니다. 또한, 제1세미나실은 같은 날 11시~12시는 청소를 해야 하므로 사용할 수 없습니다.

7월 예약 현황

일	월	화	수	목	금	토
	1	2	3	4	5	6
	제1회의실 10 ~ 11시 제3세미나실 16 ~ 17시	제1회의실 12 ~ 14시 제2세미나실 18 ~ 21시	제3세미나실 11 ~ 12시 제1회의실 9 ~ 11시	제1세미나실 15 ~ 18시 제3세미나실 10 ~ 12시	제1회의실 13 ~ 16시 제2회의실 16 ~ 19시	제1회의실 14 ~ 16시 제3세미나실 12 ~ 15시
7	8	9	10	11	12	13
	제1회의실 10 ~ 11시 제3세미나실 16 ~ 17시	제2회의실 12 ~ 14시 제1세미나실 18 ~ 21시	제2회의실 12 ~ 14시 제1회의실 18 ~ 21시	제2회의실 12 ~ 14시 제1회의실 18 ~ 21시	제3세미나실 12 ~ 14시 제1세미나실 18 ~ 21시	제3세미나실 12 ~ 14시

32 〈보기〉와 같이 한국전력공사 김 과장이 장소 예약을 요청해 왔다. 이때, 홍 주임의 회신 내용으로 가장 적절한 것은?

> 보기
>
> 안녕하세요? 저는 ○○공사 총무팀 김성민 과장입니다. 7월에 과장급 이하 직원들에 대한 교육이 있어, 장소를 예약하려고 합니다. 금요일과 주말을 제외하고 가능한 날이면 언제든 괜찮습니다. 참석인원은 100명인데. 확정인원이 아니어서 10여 명 추가될 수 있습니다. 빔프로젝터와 마이크도 부탁드립니다. 마이크는 네 개 준비해 주세요. 오후 1시부터 점심식사를 겸하여 3시간 동안 사용할 예정이며, 가급적 이른 시일로 예약하고 싶습니다.

① 오후 1시부터 예약하시는 거죠? 8일에 가능합니다.
② 빔프로젝터와 마이크 네 개 말씀이시죠? 장소 대여료를 포함해서 지불하실 비용은 84만 원입니다.
③ 3일 수요일에 예약하시는 것이 가장 좋을 것 같네요. 제2세미나실을 사용하실 수 있습니다.
④ 그러면 1일 월요일로 예약해 드릴게요. 비용은 총 41만 원입니다.
⑤ 안타깝지만 말씀하신 조건에 맞는 곳이 없군요. 혹시 다른 시간대는 괜찮으신가요?

33 △△회사 홍보팀 김 대리는 〈보기〉와 같은 조건으로 A연수원의 회의실 또는 세미나실을 대여하려고 한다. 이때, 김 대리가 장소 대여료 및 장비 대여료로 지급할 비용은 얼마이며, 대여 가능한 날짜는 언제인가?

> 보기
>
> • 홍보팀에서는 거래처와의 중요한 PT를 앞두고, 다른 팀 과장급 이상 직원들을 참석시켜 모의PT를 하려고 한다.
> • 모의PT에 참석할 인원은 홍보팀 12명, 타 팀 과장급 이상 직원 24명이다.
> • 모의PT는 7월 10일 이전에 시행하되, 팀장급 전체회의가 있는 월요일과 주말은 피한다.
> • 진행시간은 2시간으로. 최대한 이른 시간에 시작하고 오후 1시까지는 끝낸다.
> • 장비는 빔프로젝터와 마이크 2개를 대여한다.
> • 위 조건을 만족시키되 가장 저렴한 비용으로 이용할 수 있는 곳을 예약한다.

	대여료 합	대여 가능 날짜
①	180,000원	2일, 5일, 9일
②	160,000원	2일, 5일, 9일
③	180,000원	2일, 9일
④	160,000원	5일, 9일
⑤	180,000원	5일, 9일

[34～35] 다음은 한국전력공사 팀장급 회의에서 나온 세미나 참석과 관련한 팀장들의 대화이다. 이를 보고 이어지는 물음에 답하시오.

김 팀장: 이번 주 금요일에 부산에서 열리는 세미나에 참석할 분들은 회사에서 함께 출발하는 게 어떨까 합니다. 이번 세미나는 업무와 직접적 연관성은 없는 행사라, 참석할 인원들은 렌터카로 함께 이동하는 것이 좋을 것 같습니다.
유 팀장: 세미나 시작 시각이 금요일 오후이니 당일 출발이 가능할 것 같네요. 기획팀에서는 몇 명이 참석하나요?
조 팀장: 저를 포함해 3명이 참석합니다. 홍보팀은 몇 명 참석인가요? 여유 있게 세미나 개최시간 30분 전에는 도착해야 하지 않을까요? 제가 운전하겠습니다.
김 팀장: 맞습니다. 여기서 세미나가 열리는 부산 P호텔까지는 3시간 30분이 걸리니 여유롭게 4시간 정도라 생각하고 출발해야 합니다. 저희 홍보팀에서는 저와 최 과장이 참석할 예정입니다.
조 팀장: 그러면, 아침식사도 해야 하니 오전 8시에는 출발해야 하지 않을까요?
유 팀장: 저희 경영지원팀은 3명이 참석합니다. 그런데 8시면 조금 이르지 않나 싶은데요.
조 팀장: 그런 것 같네요. 제 생각엔 식사시간을 1시간으로 잡으면 9시에 출발해도 될 것 같습니다. 차량은 제가 렌트하겠습니다.
김 팀장: 네, 그 시간이 1층 로비에서 만나는 것으로 하겠습니다. 렌터카는 조 팀장님께서 알아봐주신다니 감사합니다. 그날 뵙겠습니다.

34 위 대화로 미루어 보아 세미나 시작 시각은 언제인가?

① 13 : 00
② 13 : 30
③ 14 : 00
④ 14 : 30
⑤ 15 : 00

35 렌터카를 이용하고 차량 대여료와 주유비를 세미나 참석 인원이 똑같이 나누어 내기로 하였다. 다음은 조 팀장이 알아본 렌터카 정보이다. 이를 참고하여 이동 비용을 최소로 하는 자동차를 선택할 때, 세미나 참석자들이 부담하는 차량 대여료와 주유비는 1인당 얼마인가? (단, 회사에서 부산 P호텔까지의 거리는 왕복 480km이며, 1인당 비용에서 10원 미만은 버림하여 계산한다.)

구분	최대 탑승 인원	차량 대여료	유종	연비
M마스터	7인	120,000원	경유	9km/L
S어반	9인	138,000원	휘발유	10km/L
G스타렉스	11인	165,000원	경유	12km/L
R마스터	15인	180,000원	휘발유	15km/L

※ 휘발유: 1,650원/L, 경유: 1,550원/L

① 27,120원
② 27,580원
③ 28,220원
④ 28,860원
⑤ 29,180원

36 ○○회사 경영지원팀에는 강 대리를 포함하여 10명의 직원이 있다. 강 대리는 비품 재고를 파악하고 팀장 결재 후 총무팀에 필요 물품을 신청하라는 지시를 받았다. 팀장은 강 대리가 작성한 다음의 물품 요청서를 보고 몇 가지 사항을 지적하였다. 다음 중 강 대리가 받아들이기에 가장 적절하지 않은 것은?

물품요청서

구분	품목	필요 수량(개)	현재 재고(개)	요청 수량(개)
1	볼펜	1인 2개	11	9
2	마우스	2	2	0
3	휴지	20	13	9
4	수정테이프	5	3	2
5	검정색 토너	1	2	0
6	A4용지	15	10	8
7	간식	1인 3개	26	4

① 볼펜 같은 것은 쉽게 잃어버릴 수 있는 것이니 조금 더 여유 있게 신청하도록 하세요.
② A4 용지는 8개나 주문했네요? 우리 팀은 보통 15개를 쓰니까 5개만 신청하도록 해요.
③ 예산이 부족하니 간식은 1인 2개로 줄이면 추가 신청을 하지 않아도 되겠네요.
④ 마우스는 고장 나면 당장 업무에 지장을 주니, 1~2개 정도는 더 마련하는 게 좋겠어요.
⑤ 수정테이프는 필요한 만큼만 있으면 추후에 사용 못할 수도 있으니까 2개 정도 더 주문하는 게 좋겠어요.

37 다음은 세계 여러 국가의 시차 정보에 관한 자료이다. 서울에 본사를 둔 P기업에는 해외지사가 몇 군데 있다. 이 중 로스앤젤레스, 캔버라, 쿠알라룸푸르에 있는 해외 지사와 1시간 동안 화상회의를 진행하여 근무시간 내에 끝내려고 할 때, 다음 중 가능한 회의 시작 시각은 한국 시각으로 몇 시인가? (단, P기업 서울 본사와 해외지사의 근무시간은 모두 현지시각으로 오전 9시부터 오후 6시까지이고, 식사시간과 서머타임은 고려하지 않는다.)

국가(도시)별 시차

도시	시간	도시	시간
서울	0:00	로스앤젤레스	−17:00
코펜하겐	−7:00	과테말라시티	−15:00
캔버라	+2:00	비엔티안	−2:00
쿠알라룸푸르	−1:00	하노이	−2:00
헬싱키	−6:00	베를린	−8:00

※ 서울 시각을 기준으로 빠르면 +, 늦으면 −이다.

① 오전 10시
② 오전 11시
③ 오후 2시
④ 오후 4시
⑤ 오후 5시

38 다음 글과 평가결과를 근거로 판단할 때, 〈보기〉에서 옳은 것만을 모두 고르면?

현재 중소벤처기업부에서 재정지원을 받고 있는 중소기업 네 곳을 대상으로 다섯 가지 항목에 대한 종합적인 평가를 진행하였다.
평가점수의 총점은 각 평가항목에 대해 해당 기업이 받은 점수와 해당 평가항목별 가중치를 곱한 것을 합산하여 구하고, 총점 90점 이상은 1등급, 80점 이상 90점 미만은 2등급, 70점 이상 80점 미만은 3등급, 70점 미만은 4등급으로 한다.
평가 결과, 1등급 기업은 특별한 조치를 취하지 않으며, 2등급 기업은 예산의 5%를, 3등급 이하 기업은 예산의 10%를 감축해야 하고, 4등급을 받으면 중소벤처기업부의 재정지원이 전액 삭감된다.

평가결과

평가항목(가중치)	A기업	B기업	C기업	D기업
고용 증가율(0.2)	90	90	80	90
고용 유지율(0.3)	95	70	65	70
매출액 증가율(0.1)	90	70	55	80
특허출원 · 등록건수(0.2)	95	70	60	60
중장기 발전계획(0.2)	90	95	50	65

보기

㉠ A기업은 예산을 감축하지 않아도 된다.
㉡ B기업은 예산의 5% 이상을 감축해야 한다.
㉢ 만약 평가항목에서 고용 증가율의 가중치를 0.3으로, 특허출원 · 등록건수의 가중치를 0.1로 바꾼다면 C기업은 중소벤처기업부의 재정지원을 받을 수 있다.
㉣ D기업은 중소벤처기업부의 재정지원을 받을 수 없다.

① ㉠, ㉡
② ㉡, ㉣
③ ㉢, ㉣
④ ㉠, ㉡, ㉢
⑤ ㉠, ㉢, ㉣

[39～40] 한국전력공사에서는 본사 건물의 정밀안전진단을 위해 안전진단 용역사업자를 다음 기준에 따라 선정하려고 한다. 안전진단 사업에 신청한 용역사업자가 아래와 같을 때, 이어지는 물음에 답하시오.

- 다음은 정밀안전진단 용역사업자 평가항목 및 배점은 아래와 같으며, 평가항목별 합산 점수가 가장 높은 사업자를 대상자로 선정한다.
- 평가항목별 합산 점수가 가장 높은 사업자가 복수인 경우 연평균 실적금액이 높은 사업자를 선정한다.

평가항목 및 배점

(가) 기술 등급

기술 등급	1급	2급	3급	4급 및 5급
점수	20	18	15	12

(나) 경력 기간

경력 기간	15년 이상	15년 미만 10년 이상	10년 미만 5년 이상	5년 미만 3년 이상	3년 미만
점수	30	28	25	20	18

(다) 연평균 실적건수

연평균 실적 건수	25건 이상	25건 미만 20건 이상	20건 미만 15건 이상	15건 미만 10건 이상	10건 미만
점수	20	18	16	12	10

(라) 연평균 실적금액

실적 금액	10억 원 이상	10억 원 미만 8억 원 이상	8억 원 미만 5억 원 이상	5억 원 미만 3억 원 이상	3억 원 미만
점수	30	27	25	22	20

신청 사업자 현황

사업자	기술 등급	경력 기간	연평균 실적 건수	연평균 실적금액
갑	2급	12.5년	23건	9.5억 원
을	1급	9년	19.5건	11억 원
병	1급	18년	14건	8.5억 원
정	1급	6년	12건	9억 원
무	3급	13년	26건	7.5억 원

39 사업자 갑~무 중 용역사업자로 선정되는 사업자는?

① 갑 ② 을
③ 병 ④ 정
⑤ 무

40 한국전력공사는 위 사업자 선정 방식을 〈보기〉와 같이 일부 수정하였다. 이때, 선정되는 사업자는?

보기

- 대상 사업자를 기술 등급 1, 2등급을 가진 사업자로 제한한다.
- 경력 기간이 10년 미만이면서 연평균 실적 건수가 15건 미만인 사업자는 제외한다.
- 연평균 실적금액이 6억 원 이상이면 모두 배점 30점을 부여한다.
- 위의 3가지 조건을 제외하고는 모두 제시되었던 방식을 적용하여 사업자를 선정한다.

① 갑 ② 을
③ 병 ④ 정
⑤ 무

[41 ~ 42] 다음은 인천지역에 위치한 ○○사의 전화코드 관련 자료이다. 이를 보고 이어지는 물음에 답하시오.

인천지역 전화국 번호체계

지역번호	032	
지역구 번호	서구	31×~32×
	남동구	23×~27×
	부평구	56×~58×
	연수구	73×~75×
	강화군	40×~42×
기관별 번호	관공서	××0~××1
	학교	××3~××4
	기업	××4~××5
	주택	××6~××9

○○사 팀별 전화코드

○○사 팀별 전화코드	번호(팀장)
총무팀	500×(5001)
기획팀	900×(9001)
인사팀	200×(2001)
영업팀	400×(4001)

41

○○사 인사팀장의 전화번호가 될 수 있는 것은? (단, ○○사는 서구에 위치한다.)

① 032) 230－2001
② 032) 414－2001
③ 032) 324－2001
④ 032) 736－2001
⑤ 032) 575－2001

42

○○사는 회사를 서구에서 부평구로 이전하였다. 이전하기 전과 후의 번호가 올바르게 연결되지 않은 것은?

	전	후
①	032) 315－9005	032) 574－9005
②	032) 324－2003	032) 575－2003
③	032) 314－5008	032) 564－5008
④	032) 315－3001	032) 585－3001
⑤	032) 325－4006	032) 584－4006

43 **다음은 컴퓨터 바이러스에 대한 글의 일부이다. 다음 중 바이러스 감염을 의심해 볼 수 있는 상황이 아닌 것은?**

> 컴퓨터 바이러스(computer virus)는 스스로를 복제하여 컴퓨터를 감염시키는 컴퓨터 프로그램이다. 바이러스는 한 컴퓨터에서 다른 컴퓨터로(일부 형식의 실행 코드로) 확산될 수 있는데, 인터넷이나 네트워크를 통하여, 또는 플로피 디스크, CD, DVD, USB 드라이브와 같은 이동식 매체를 통하여 전파될 수 있다. 간혹 컴퓨터 바이러스를 악성코드, 트로이 목마, 웜 등과 혼동하곤 하는데, 이 프로그램들과의 가장 큰 차이점은 자기 복제 능력이다. 예를 들어, 트로이 목마가 발견된 경우는 트로이 목마를 찾아내고 삭제하면 끝이지만, 컴퓨터 바이러스가 발견된 경우는 다른 프로그램에도 감염되었을 수 있기 때문에 모든 프로그램을 검사해 봐야 한다.

① 블루스크린이 여러 번 뜨는 경우
② 컴퓨터가 평소보다 심하게 느려진 경우
③ 자신이 설치하지 않은 파일이 생성된 경우
④ 평소와 다르게 특정 응용 프로그램이 느리게 실행되는 경우
⑤ 특정 웹사이트에 접속하였을 때 팝업이 여러 개 실행되는 경우

[44 ~ 45] 다음은 세금의 납부번호를 구성하는 방식을 나타낸 것이다. 이를 보고 이어지는 물음에 답하시오.

1. 납부번호 구성: 3자리의 종류구분코드, 4자리의 납부(고지)연월, 2자리의 결정구분코드, 2자리의 세목코드로 구성됨

○○○	–	○○○○	–	○○	–	○○
종류구분코드		납부(고지)연월		결정구분코드		세목코드

2. 종류구분코드

종류	코드	종류	코드	종류	코드
보통세	A	직접세	0	법인세	1
	B			소득세	2
	C	간접세	1	부가가치세	3
	D			소비세	4
목적세	E		2	교육세	5
				교통·에너지·환경세	6
				농어촌특별세	7

예 • 목적세 중 교육세: E25
• 보통세 중 법인세: A01

3. 납부(고지)연월: 납부(고지)연월은 납세의무자가 실제 납부 또는 고지한 연도와 월을 의미함 (단, 고지서 수령일은 아님)

예 2401: 2024년 1월

4. 결정구분코드

항목	코드	내용
확정분 자진납부	01	확정신고, 전기신고 등 정기기간(예정, 중간예납기간 제외)이 있는 모든 세목으로써 정상적인 자진신고납부분(수정신고분 제외)의 본세 및 그 부가가치세(코드 04의 원천분 자진납부 제외)
수시분 자진납부	02	코드 01의 확정분 자진납부, 코드 03의 예정신고 자진납부 및 코드 04의 원천분 자진납부 이외의 모든 자진납부
중간예납 및 예정신고	03	예정신고 또는 중간예납 기간이 있는 모든 세목으로써 정상적인 자진신고납부분(수정신고분 제외)의 본세 및 그 부가가치세
원천분 자진납부	04	모든 원천세 자진납부분
정기분 고지	05	양도소득세 정기결정고지, 코드 01의 확정분 자진납부에 대한 무(과소)납부고지
수시분 고지	06	코드 05의 정기분 고지, 코드 07의 중간예납 및 예정고지를 제외한 모든 고지
중간예납 및 예정고지	07	법인세 및 종합소득세 중간예납고지, 부가가치세 예정고지, 코드 03의 중간예납 및 예정신고 자진납부에 대한 무(과소)납부고지

5. 세목코드

세목	코드	세목	코드
종합소득세	10	양도소득세	15
사업소득세	11	법인세	20
근로소득세(갑종)	12	부가가치세	30
근로소득세(을종)	13	특별소비세	40
퇴직소득세	14	개별소비세	41

※ 소득세: 종합소득세, 사업소득세, 근로소득세(갑종), 근로소득세(을종), 퇴직소득세, 양도소득세
※ 소비세: 특별소비세, 개별소비세

44 **다음 내용 중 옳지 않은 것은?**

① 수시분 자진납부의 코드는 02이고 수시분 자진납부는 코드 01, 03, 04를 제외한 모든 자진납부에 관한 사항이다.
② 2024년 4월 확정분 개별소비세를 5월에 자진신고 납부를 한 경우 납부번호는 D14 − 2405 − 01 − 41이다.
③ 2023년 6월에 양도소득세를 예정신고 자진납부를 한 경우 납부번호는 B02 − 2306 − 03 − 15이다.
④ 2023년 11월에 확정신고분 부가가치세를 12월에 무납부고지한 경우 납부번호의 마지막 8자리는 2312 − 05 − 30이다.
⑤ 2024년 9월 확정분 자진납부에 대한 무(과소)납부고지한 경우 납부번호의 결정구분코드는 01이다.

45 **김 씨가 납부한 세금의 납부번호가 'B02 − 2403 − 07 − 10'라고 할 때, 이를 통해 알 수 있는 내용으로 옳은 것은?**

① 2024년 3월에 납부고지서를 받았다.
② 결정구분코드가 07이라는 것은 중간예납 및 예정고지 항목으로 그 내용에는 법인세 및 종합소득세 중간예납고지, 코드 03의 중간예납 및 예정신고 자진납부에 대한 무(과대)납부고지가 있다.
③ 김 씨가 납부한 세금은 보통세 중 간접세에 해당한다.
④ 세목코드가 10이라는 것을 통해 종합소득세를 납부하였음을 알 수 있다.
⑤ 세목코드 표에서 김 씨가 납부한 세금과 같은 종류인 세금 항목은 모두 5개이다.

[46 ~ 47] 다음 글을 읽고 이어지는 물음에 답하시오.

(A)는 컴퓨터 사용자의 문서를 '인질'로 잡고 돈을 요구한다고 해서 붙여진 명칭이다. (A)에 감염될 경우 파일이 복잡한 알고리즘으로 암호화돼 파일을 열어도 내용을 알아볼 수 없다. 주로 이메일, 소셜네트워크서비스(SNS), 메신저 등을 통해 전송된 첨부파일을 실행하면 감염되며, 웹사이트 방문을 통해 감염되기도 한다. 백신 프로그램으로 악성코드를 없애도 암호화된 파일은 복구되지 않아 '사상 최악의 악성코드'라고 불린다. 이때 해커들은 파일을 열 수 있게 해준다는 조건으로 돈을 요구하는데, 기한이 지나면 액수가 더 올라가고 파일을 복구할 수 없게 할 수 있다고 협박하기도 한다. 한편 (A)에는 여러 가지 종류가 있는데, 무차별 대입 공격을 이용해 공유폴더로 감염되는 '배드래빗 (A)'와 감염 시 사용자 파일을 암호화해 금전을 요구하고 이와 동시에 사용자의 개인정보를 탈취하는 '스톱 (A)' 등이 알려져 있다.

배드래빗 (A)는 2017년 10월 러시아를 시작으로 유럽까지 확산된 신종 (A)로 윈도우 공유폴더(SMB)를 통해 감염된다. 공유폴더에 침입한 후 이와 연결되어 있는 시스템을 감염시키며 사용자의 컴퓨터에 저장된 각종 파일을 암호화한 다음, 복호화를 대가로 비트코인 등을 요구한다. 배드래빗은 공유폴더의 암호를 풀기 위해 가능한 모든 경우의 수를 대입하는 '무차별 대입 공격(brute force attack)'을 사용한다고 알려졌으며 이를 예방하기 위해서는 신뢰할 수 없는 파일을 다운로드 및 실행하지 않아야 하며, 운영체제와 백신을 최신 버전으로 업데이트하고, PC 서버 간 공유폴더를 해제하거나 비밀번호 설정 시 대·소문자와 숫자, 특수문자를 적절히 활용하는 등의 주의가 필요하다.

스톱 (A)는 감염되면 사용자의 PC에 있는 파일들을 암호화하고 복호화한 뒤, 대가로 암호화폐 등 금전을 요구하고 사용자 몰래 개인정보 유출 악성코드를 추가로 다운로드하는 악성코드를 말한다. 파일을 암호화하고 이를 복호화하는 대가로 금전을 요구하는 것은 기존의 (A)와 같지만, 사용자의 개인정보를 유출하는 기능까지 추가되었다는 점에서 그 문제가 심각하다. 즉, 스톱 (A)로 인해 사용자 PC에 저장된 각종 비밀번호는 물론 메신저 대화내용, 시스템 운영체제 정보 등의 개인정보도 탈취돼 추가 피해가 우려되기 때문이다. 스톱 (A)의 피해를 예방하기 위해서는 정품 소프트웨어(SW)와 콘텐츠를 다운로드하고 출처가 불분명한 메일의 첨부파일 실행이나 의심되는 웹사이트 방문은 자제해야 한다. 또 OS(운영체제) 및 인터넷 브라우저, 백신 프로그램의 경우에는 최신버전을 유지하고 주기적 검사 등의 보안 수칙을 실행해야 한다.

46 윗글의 A에 해당하는 악성프로그램은?

① 웜
② 랜섬웨어
③ 스파이웨어
④ 트로이 목마
⑤ 드로퍼

47 윗글에 대한 설명으로 옳은 것은?

① A는 악성코드를 없애도 암호화된 파일이 복구되지 않아 해커를 통해 파일을 열어야 한다.
② 스팸으로 분류되지 않은 메일의 경우 출처가 불분명해도 안전하기 때문에 첨부파일을 실행해도 된다.
③ 배드래빗은 무차별 대입 공격을 하므로 PC 서버 간 공유폴더를 만들고 대·소문자와 숫자, 특수문자를 활용해 비밀번호를 설정해야 한다.
④ 스톱은 사용자의 개인정보는 유출하지 않지만, 파일을 암호화하고 복호화한 뒤 대가로 금전을 요구한다.
⑤ 스톱은 러시아를 시작으로 유럽까지 확산된 신종으로 SMB를 통해 감염된다.

[48～49] ○○대학교는 지원자들의 수능 평균 점수를 엑셀 파일로 정리하고 있다. 이를 보고 이어지는 물음에 답하시오.

	A	B	C	D	E	F	G	H	I	J
1	이름	성별	국어	수학	영어	탐구	합계	평균	순위	
2	문영빈	남	90	70	70	90	320			
3	안지나	여	80	80	80	90	330			
4	유선화	여	80	90	80	70	320			
5	김태준	남	60	80	90	80	310			
6	이도겸	남	90	80	90	70	330			
7	홍가을	여	90	70	60	70	290			
8	이승철	남	70	90	90	90	340			
9	박정현	여	90	80	80	80	330			
10	권순희	여	80	80	60	100	320			
11										

48

○○대학교는 엑셀 시트의 [G2:G10] 값을 이용해 지원자들의 순위를 정하려 한다. 이때, [I2] 셀에 들어갈 함수로 옳은 것은?

① =RANK(G2,$G$2:$G$10,1)
② =RANK(G2,$G$2:$G$10,0)
③ =RANK($G$2:$G$10,G2,1)
④ =RANK($G$2:$G$10,G2,0)
⑤ =RANK(G2,1,$G$2:$G$10)

49

○○대학교는 지원자들의 평균 점수를 소수점 첫째 자리에서 반올림하여 표시하려고 한다. 이때, [H2]에 들어갈 함수로 옳은 것은?

① =ROUND(AVERAGE(C2:F2),1)
② =ROUND(SUM(C2:F2),1)
③ =ROUND(SUM(C2:F2),0)
④ =ROUND(AVERAGE(C2:F2),0)
⑤ =ROUND(DAVERAGE(C2:F2),1)

50 **다음 중 네트워크 프로토콜의 종류와 이에 대한 설명이 바르게 짝지어진 것을 〈보기〉에서 모두 고르면?**

보기

㉠ FTP : File Transfer Protocol의 줄임말로 웹페이지 파일을 자신의 컴퓨터에서 타인의 컴퓨터로 옮기는 과정에서 사용

㉡ HTTP : Hypertext Transfer Protocol의 줄임말로 HTML과 같은 웹 문서를 전달하기 위한 응용 계층 프로토콜

㉢ Telnet : 원격 지원 프로토콜로서 다른 사람의 호스트 컴퓨터의 사용권한을 가지고 있다는 전제하에 원격지에서 접근할 수 있도록 도와주는 프로토콜

㉣ DNS : 호스트에 대한 도메인 이름을 검색할 수 있도록 도와주는 프로토콜

① ㉠, ㉡
② ㉠, ㉢
③ ㉠, ㉣
④ ㉡, ㉢
⑤ ㉡, ㉣

KEPCO
한국전력공사

직무능력검사

박문각

KEPCO
한국전력공사

직무능력검사
봉투모의고사
/
정답 및 해설

박문각

제1회 직무능력검사

01. ②	02. ①	03. ⑤	04. ⑤	05. ③
06. ②	07. ③	08. ②	09. ④	10. ②
11. ⑤	12. ④	13. ③	14. ②	15. ④
16. ④	17. ⑤	18. ④	19. ②	20. ④
21. ③	22. ①	23. ⑤	24. ③	25. ④
26. ⑤	27. ⑤	28. ⑤	29. ③	30. ④
31. ⑤	32. ⑤	33. ①	34. ⑤	35. ⑤
36. ⑤	37. ②	38. ④	39. ①	40. ②
41. ②	42. ④	43. ②	44. ④	45. ③
46. ②	47. ③	48. ②	49. ①	50. ②

01 ②

② 세 번째 문단 마지막 부분에서, 화폐 가치가 하락한다 하더라도 다른 이유에 의해 물가가 하락한다면 오히려 화폐의 실질 가치가 변하지 않을 수 있음을 알 수 있다. 예컨대 개당 1크라운짜리 빵이 다른 이유에 의해 0.5크라운으로 변화한 경우, 1크라운 내 은 함량을 절반으로 줄인다 하더라도 1크라운의 실질 가치는 빵 한 개로 동일할 수 있다.
① 첫 번째 문단을 보면 미국이 달러 가치를 낮춘 주된 목적은 물가 인상이나, 중세 국왕들이 주화 가치를 낮춘 목적은 이익을 얻기 위해서라는 점에서 옳지 않음을 알 수 있다.
③ 세 번째 문단에서 그것이 중세 당시 일반적으로 알려져 있지 않은 사실임을 알 수 있다.
④ 두 번째 문단에서 설명하는 것은 주화 속 금, 은의 비율과 '실질 가치'의 관계이다. 명목가치는 어떻게 되는지에 대한 언급은 없을 뿐만 아니라, 명목가치는 설정하기 나름이기 때분에 그대로일 수도 있다.
⑤ 세 번째 문단 추반부에서 알 수 있다. 화폐 가치가 급격하게 오르는 것은 화폐 가치의 급변으로 볼 수 있으므로 상업종사자가 피해를 보는 것은 맞다. 하지만 다른 조건이 일정한 가운데 화폐 가치가 급등하는 경우 물가가 오히려 떨어질 것이다. 따라서 오히려 가난한 사람들과 고정적인 수입을 가진 사람들은 고통을 겪지 않을 수 있다.

02 ①

바로 앞 문장에서 플랫폼 노동은 노동자의 자율성을 증가시키는 것처럼 보일 수 있다고 하였고, '하지만'이라는 접속어 뒤에 들어갈 말을 찾아야 하므로, 플랫폼 노동이 실제로는 노동자의 자율성을 증가시키지는 않는다는 내용이 들어가야 알맞다. ① 실제로는 플랫폼 기업의 보이지 않는 통제가 작동한다는 내용이 적절하다.
③, ④, ⑤는 플랫폼 노동자의 자율성과는 관계없는 내용이므로 제외한다. ②는 플랫폼 노동자의 자율성이 형식적이라는 내용에서 적절하나, 뒷부분에서 '전통적 사업장의 노동자와 같은 고정된 통제를 받는다'는 부분에서 글의 내용과 부합하지 않는다. 플랫폼 노동자는 전통적 사업장 노동자와 달리 공식적 근무 시간이 없기 때문이다.

03 ⑤

⑤ 스리랑카의 경우 달러 강세(킹달러)와 원자재 가격 급등이 겹치며 국가채무를 감당하지 못해 디폴트를 선언했다고 하였다. 가장 큰 원인이 달러 강세 때문인지는 글의 내용만으로는 정확히 알 수 없다.
① 첫 번째 문단에 따르면, 2022년 글로벌 인플레이션 국면에서 미 연준이 금리 인상을 지속적으로 단행하면서, 세계의 자금이 안전자산인 달러로 몰리면서 달러 강세 현상이 나타났다고 하였다. 이 달러 강세 현상이 '킹달러'이다.
② 연준의 잇따른 기준금리 인상 조치는 코로나19로 인한 경기 충격을 줄이기 위해 매입한 국채와 MBS로 시장에 유동성이 넘치면서 물가가 상승했기 때문이라고 하였다.
③ 기준금리를 0.75%포인트 인상하는 자이언트 스텝, 대차대조표 축소와 같은 조치는 유동성이 넘치면서 물가가 상승했기 때문이라고 하였다. 따라서 자이언트 스텝과 대차대조표 축소가 물가 상승을 억제하고 유동성을 줄이기 위한 조치임을 추론할 수 있다.
④ 2022년 미국 기준금리가 높아지면서 2020년 2월 이후 미국 기준금리와 한국 기준금리가 역전됐다고 하였다. 따라서 미국 기준금리와 한국 기준금리가 역전된 것은 2022년이 처음이 아님을 알 수 있다.

04 ⑤

⑤ 오픈AI가 2023년 1월 챗GPT로 작성한 글인지 아닌지를 구별하는 툴을 공개했으나, 이를 통해서도 모든 AI가 작성한 텍스트를 확실하게 판별하는 것은 불가능하다고 하였다.
① 챗GPT는 공개 5일 만에 하루 이용자 100만 명을 돌파했다고 하였다. 전체 이용자 100만 명이 아니다.
② 챗GPT는 인공지능 연구재단인 '오픈AI'에서 개발했다. 이 재단은 일론 머스크 등이 설립한 비영리 법인으로 머스크와는 관련이 있는 것이 맞으나, 머스크의 진두지휘 아래 개발되었다고 하기는 어렵다.
③ 출시 이후 GPT-1, GPT-2, GPT-3, GPT-3.5, GPT-4까지 총 5가지 버전을 공개했다.

④ 마지막 문단을 보면, 챗GPT의 성능이 지식노동자의 자리를 위협할 수 있음을 보여준다고 지적하고 있다. 따라서 챗GPT가 지식노동자의 일자리를 빼앗을 수 있다는 것은 글의 내용과 일치한다. 하지만 이것이 챗GPT가 가진 가장 큰 문제점이라는 언급은 없다.

05 ③

(가)의 바로 이전 문단에서는 챗GPT가 교육계·학계에 미친 충격(표절검사 프로그램을 통과할 정도로 정교함, 챗GPT에 의존하며 학습능력이 저하되고 부정행위가 급증할 우려 등)에 대해 이야기하였고, 이에 대한 대책으로 미국의 공립학교와 대학에서 내리는 조치에 대해 언급하였다. (가)의 뒤에서는 챗GPT로 작성한 의학 논문을 표절 검사 프로그램뿐 아니라 의학 전문가들도 알아차리지 못할 뿐 아니라 MBA, 로스쿨, 의사면허시험에서 평균 이상 또는 절반 이상의 정확도를 보여준다는 내용이 제시되어 있다. 즉, 교육계나 학계에 미치는 영향이 표절이나 학생들의 부정행위, 학습능력 저하를 넘어서 굉장히 크다는 내용이다.

따라서 (가)에는 앞에서 제시된 대책이 있음에도 이를 넘어서 챗GPT가 교육계에 미치는 영향이 크다는 내용인 ③이 들어가는 것이 가장 적절하다.

06 ②

② 1990년 교토의정서에서 미국, 일본이 자국 산업 보호를 이유로 이탈한 것은 맞다. 하지만 중국은 감축 의무 대상에서 빠졌다고 제시되어 있어 미국이나 일본과는 그 배경이 다름을 알 수 있다.

① 1972년 로마클럽이 지구 온난화를 공식적으로 지적하면서 지구 온난화 문제 제기가 시작됐으므로 1990년대 이전에 개념이 제시된 것은 맞으나, 온난화를 막기 위한 국제적 협의는 1992년 리우데자네이루에서 온실가스를 감축하기로 한 최초의 기후변화협약 체결로 이루어진 것이므로, 1990년대 이전에 온실가스의 의무적 감축에 대한 국제적 협의가 이루어지지 않은 것이 맞다.

③ 탄소중립은 개인, 회사, 단체 등에서 배출한 이산화탄소를 다시 흡수해 실질적인 배출량을 0(Zero)으로 만드는 것을 말한다. 마지막 문단을 보면, 산업계에서 발생한 배출 부족분을 원자력발전과 국제감축 등으로 보충한다고 하였으므로 적절한 추론이라 할 수 있다.

④ 2030년 전체 탄소 배출량(목표치)은 4억 3,660만 톤으로, 2018년 7억 2,760만 톤에 비해 2억 9,100만 톤을 목표 감소량으로 한 것이다. 산업계 탄소 배출량은 2018년에 비해 2030년 11.4% 줄어들었으므로, 2018년 산업계 탄소 배출량은 약 2억 6,038만 톤임을 추론할 수 있다 $\left(\frac{\text{2억 3,070만 톤}}{0.886}\right)$. 따라서 산업계의 배출량 감소치는 약 2,968만 톤으로 전체 감소치인 2억 9,100만 톤의 절반에 미치지 못한다.

⑤ 2050 장기저탄소발전전략의 유엔 제출 시한이 2020년 말로 다가옴에 따라 주요국의 탄소중립 선언이 가속화됐고, 우리나라도 2020년 10월 28일 탄소중립 선언을 하였으므로, 제출 시한에 맞춰 이루어졌음을 추론할 수 있다.

07 ③

Ⓛ 미국은 1961년 유인 달 탐사를 목표로 하는 아폴로 프로젝트에 돌입했고, 1972년 12월 아폴로 17호가 마지막이라고 하였으므로, 1960년대부터 1970년대까지 10년 이상 진행되었음을 알 수 있다.

Ⓒ 아르테미스 1단계는 우주비행사가 달에 안전하게 다녀올 수 있도록 우주선과 장비가 제작됐는지를 확인하기 위해 이뤄진 시험 비행이라고 하였으므로, 오리온의 발사 목적이 맞게 설명되었다.

Ⓜ 아르테미스 2호와 3호 발사는 기존 계획인 2024년, 2025년보다 각각 약 1년씩 연기된 2025년 9월, 2026년에 실시될 예정이라고 하였다.

㉠ 인류의 달 탐사는 1957년 소련이 인류 최초의 인공위성인 스푸트니크호를 발사하면서 시작된 것이 맞다. 하지만 1969년 아폴로 11호가 달 착륙에 성공하면서 인류의 우주탐사 역사에 큰 진전을 이루게 됐다는 내용으로 보아 인류의 달 착륙은 미국에서 시작됐음을 알 수 있다.

㉣ 우리나라는 2021년 5월 전 세계에서 10번째로 아르테미스 약정에 서명했는데, 이것이 캐나다, 호주, 아랍에미리트보다 늦은 것인지는 알 수 없다.

08 ②

① 개인이 그 사회에 잘 적응할 수 있게 하는 밑바탕이 되는 것이 페르소나이다. '페르소나의 팽창'은 페르소나에 의존하여 본모습을 잃게 되고 그것이 극단적인 상태에 이르러 여러 문제들이 생긴 상태를 말한다.

③ 직장인으로서의 모습과 부모로서의 모습이 충돌하는 것은 페르소나끼리의 충돌이다.

④ 청소년 시절에는 페르소나가 좀 더 적극적으로 형성되어야 하며, 다만 자신의 본모습을 잃지는 말아야 한다고 하였다.

⑤ 각 사회마다 형성된 페르소나가 다르기 때문에 페르소나는 특정 집단에 한해서만 유효하다.

09 ④

(나)에서 물을 사먹거나 정수기 물을 마시는 현재 상황에 관해 설명한 뒤, (라)에서 그 정수기가 '역삼투압 현상'을 이용해 만들어졌으며, 그 기본 과정인 삼투압 현상에 관해 말하고 있다. 이어 (마)에서는 역삼투압 현상에 관해 말하며 정수기의 필터가 어떤 식으로 만들어지는지 설명하고, (다)에서는 멤브레인 필터에 대한 개념과 문제점에 관해 말한 뒤, (가)에서 이것을 보완하기 위해 어떤 방법이 필요한지에 대해 말하고 있다.

10 ②

제시문은 최하위 단위가 모여 만들어진 소프트웨어를 여러 상위 단위로 구성하고 표현하여 제작과 유지 보수를 편리하게 한다는 내용이다.

㉠ 특정 로봇 모델의 특정 동작에 대응하는 상위 명령어를 사용한다는 내용이므로 옳다.

㉢ 복잡한 소프트웨어를 개발하기 위해서는 상위 구조에 대한 설계가 반드시 선행되어야 한다는 내용이므로 옳다.

11 ⑤

먼저 3회차와 4회차 빈칸의 확률은 다음과 같다.

3회차 C : $\left(\frac{5}{18}\times\frac{1}{2}\right)+\left(\frac{4}{9}\times\frac{1}{3}\right)=\frac{31}{108}$

4회차 B : $\left(\frac{31}{108}\times\frac{1}{2}\right)+\left(\frac{43}{108}\times\frac{1}{3}\right)+\left(\frac{8}{27}\times\frac{1}{2}\right)=\frac{275}{648}$

4회차 C : $\left(\frac{31}{108}\times\frac{1}{2}\right)+\left(\frac{43}{108}\times\frac{1}{3}\right)=\frac{179}{648}$

4회차 D : $\left(\frac{43}{108}\times\frac{1}{3}\right)+\left(\frac{31}{108}\times\frac{1}{2}\right)+\left(\frac{8}{27}\times\frac{1}{2}\right)=\frac{275}{648}$

4회차 E : $\left(\frac{48}{108}\times\frac{1}{3}\right)+\left(\frac{43}{108}\times\frac{1}{3}\right)=\frac{43}{162}=\frac{172}{648}$

㉢ 4회차 이동 시 민정이 A에 있는 친구 집에 방문할 확률은 $\frac{179}{648}$이고, C에 있는 친구 집에 방문할 확률도 $\frac{179}{648}$로 동일하다.

㉣ 4회차 이동 시 민정이 친구 집에 방문할 확률이 가장 낮은 곳은 $\frac{172}{648}$인 E이다.

㉠ 민정이 B에 있는 친구 집에 방문할 확률은 1회차에 $\frac{1}{3}$, 2회차에 $\frac{4}{9}$, 3회차에 $\frac{43}{108}$이다. 분모를 108로 통분하면 1회차는 $\frac{39}{108}$, 2회차는 $\frac{48}{108}$, 3회차는 $\frac{43}{108}$이다. 따라서 매회차 감소하는 것은 아니다.

㉡ 민정이 E에 있는 친구 집에 방문할 확률은 3회차 이동에서 $\frac{8}{27}$이고, 4회차 이동에서는 $\frac{43}{162}$이다. 분모를 162로 통분해주면 3회차는 $\frac{48}{162}$, 4회차는 $\frac{43}{162}$이다. 따라서 3회차 이동 시보다 4회차 이동 시가 더 낮다.

12 ④

전력량 요금은 (나)를 통해 2021년에는 8원/kWh, 2022년에는 10원/kWh, 2023년에는 12/kWh, 2024년에는 7원/kWh이라는 것을 알 수 있다. 또한 (가)를 통해 1년 동안 사용한 전력량을 다음과 같이 계산할 수 있다.

1년 동안 사용한 전력량 = 1시간 동안의 전력량(kWh/시간) × 8(시간/일) × 365(일) × 전봇대 수

1년 동안 손해를 본 전력요금 = 전력량요금 × 1년 동안 사용한 전력량

따라서 2021년부터 2024년까지 손해를 본 전력요금과 위약금을 계산하면 다음과 같다.

위약금 = 손해를 본 전력요금 × 1.1

구분	2021년	2022년	2023년	2024년
손해를 본 전력요금(원)	2,044,093,440	371,073,600	203,302,080	393,797,040
위약금(원)	2,248,502,784	408,180,960	223,632,288	433,176,744

13 ③

2025년에 무단으로 설치된 전봇대의 수를 x주라고 하자. 1시간에 6kWh를 하루에 8시간, 1년(365일) 동안 사용하기 때문에 2025년 사용 전력량은 $6\times8\times365\times x=17{,}520x$(kWh)이다. 또한 2025년의 전력량 요금은 7원/kWh이므로 2025년에 무단으로 설치된 전봇대로 인한 손해는 $7\times17{,}520x=122{,}640x$(원)이다. 이 금액이 1억 원 이하가 되어야 하므로 x는 다음과 같이 구할 수 있다.

$x\le100{,}000{,}000\div122{,}640=815.39\cdots$

$3{,}211-815=2{,}396$

따라서 2024년과 비교하여 적어도 2,396주 이상을 줄여야 한다.

14 ②

② 40~49세에서는 교육비가 식료품비보다 지출액이 많다.

③ 직군별 전체 지출액 대비 주거비용의 비율은 아래와 같다.

구분	전체 지출액	주거비용	비율
전문 관리직	318.0	34.7	$\frac{34.7}{318.0}\times100\fallingdotseq10.91(\%)$
사무직	294.4	34.2	$\frac{34.2}{294.4}\times100\fallingdotseq11.62(\%)$
서비스 판매직	225.5	29.4	$\frac{29.4}{225.5}\times100\fallingdotseq13.04(\%)$
농어업	153.3	11.2	$\frac{11.2}{153.3}\times100\fallingdotseq7.31(\%)$
기능 / 노무직	188.0	21.3	$\frac{21.3}{188.0}\times100\fallingdotseq11.33(\%)$

따라서 주거비용이 전체 지출액 대비 가장 높은 비율을 차지하는 직군은 서비스판매직이다.

15 ④

④ A에서 매월 사용하는 전력량이 2배가 되면 A에서의 1년 생활비는 다음과 같다.
450,000(원/월) × 12(개월) + 400(kWh) × (70 × 4 + 40 × 5 + 62 × 3)(원/kWh) = 5,666,400(원)
B에서의 1년 생활비는
500,000(원/월) × 12(개월) = 6,000,000(원)이므로 A의 생활비가 더 싸다.
①, ⑤ B는 월세에 전기세가 포함되어 있으므로 1년 생활비는 6,000,000원으로 고정된다.
② A에서 살 때의 1년 생활비는 다음과 같다.
450,000(원/월) × 12(개월) + 200(kWh) × (70 × 4 + 40 × 5 + 62 × 3)(원/kWh) = 5,533,200(원)
따라서 B에서 살 때의 1년 생활비인 6,000,000원과의 차이는 466,800원이므로 옳지 않다.
③ A에서 고압전력 c를 사용할 때의 1년 생활비는 다음과 같다.
450,000(원/월) × 12(개월) + 200(kWh) × (110 × 4 + 72 × 5 + 78 × 3)(원/kWh) = 5,606,800(원)
B에서의 1년 생활비는 6,000,000원이므로 B에서 살 때가 더 많이 든다.

16 ④

A에서는 저압전력 a를 사용하고 해당 전자레인지의 매월 사용 전력량은 일정하므로 전기세가 최대인 11~2월의 해당 전자레인지의 한 달 사용 전력량 x(kWh)는 다음과 같다.
x = 3,220(원) ÷ 70(원/kWh) = 46(kWh)
따라서 이 제품을 B에서 사용하면 최대로 청구되는 전기세는 46(kWh) × 110(원/kWh) = 5,060(원)이다.

17 ⑤

㉡ 2020년 단과별 복지국 임원 중 여성 임원 비율은 다음과 같다.
인문대학 : $\frac{16}{230} \times 100 ≒ 7.0(\%)$
사회과대학 : $\frac{21}{209} \times 100 ≒ 10.0(\%)$
자연과학대학 : $\frac{2}{50} \times 100 = 4.0(\%)$
공과대학 : $\frac{7}{51} \times 100 ≒ 13.7(\%)$
따라서 2020년 단과별 복지국 임원 중 여성 임원 비율은 기타를 제외하고 자연과학대학이 가장 낮다.
㉢ 2020년 인문대학 여성 임원 비율은 사무국 $\frac{21}{44} \times 100$ ≒ 47.7(%), 복지국 7.0%이다. 따라서 2020년 대비 2024년 인문대학 여성 임원 비율은 사무국 임원 유형에서는 감소하고, 복지국 임원 유형에서는 증가하였다.
㉣ 2024년 단과별 여성 사무국 임원 수를 구하면 다음과 같다.
인문대학 : $34 \times 0.412 ≒ 14$(명)
사회과학대학 : $42 \times 0.548 ≒ 23$(명)
자연과학대학 : $18 \times 0.278 ≒ 5$(명)
공과대학 : $17 \times 0.353 ≒ 6$(명)
따라서 2020년 대비 2024년 여성 사무국 임원 수는 사회과학대학을 제외한 단과에서 감소하였다.
㉠ 2024년 사무국 여성 임원 수는 $185 \times 0.422 ≒ 78$(명)이고, 복지국 여성 임원 수는 $926 \times 0.08 ≒ 74$(명)이다. 따라서 2024년 A대학교 전체 임원 중 여성 임원의 비율은 $\frac{152}{1,111} \times 100 ≒ 13.7(\%)$이다.

18 ④

총 걸린 시간은 96분이고, 여기서 미팅 장소에서 일을 본 30분의 시간을 빼면 66분 동안 걸었다는 결론을 내릴 수 있다. 이때, 사무실 - 미팅 장소 간 거리를 x로 두고 시간에 대한 식을 세우면
$66 = \frac{x}{50} + \frac{x}{70}$
$12x = 23,100$
$\therefore x = 1,925$
따라서 A부장이 걸은 거리는 1,925 × 2 = 3,850(m)가 된다.

19 ②

㉠ 부정적 키워드 검색 건수에 비해 긍정적 키워드 검색 건수가 많았던 연도는 2012년, 2013년, 2018년, 2019년, 2020년, 2021년, 2022년, 2023년, 2024년이다. 따라서 옳은 설명이다.
㉢ 2011~2024년 동안 전년 대비 전체 검색 건수 증감률은 다음과 같다.
2012년 : $\frac{1,637-1,486}{1,637} \times 100 ≒ 9.2(\%)$
2013년 : $\frac{3,047-1,486}{1,486} \times 100 ≒ 105.0(\%)$
2014년 : $\frac{3,477-3,047}{3,047} \times 100 ≒ 14.1(\%)$
2015년 : $\frac{3,477-3,411}{3,477} \times 100 ≒ 1.9(\%)$
2016년 : $\frac{3,411-3,405}{3,411} \times 100 ≒ 0.2(\%)$
2017년 : $\frac{3,405-2,847}{3,405} \times 100 ≒ 16.4(\%)$
2018년 : $\frac{4,317-2,847}{2,847} \times 100 ≒ 51.6(\%)$
2019년 : $\frac{6,708-4,317}{4,317} \times 100 ≒ 55.4(\%)$

2020년 : $\frac{7,599-6,708}{6,708}\times 100 ≒ 13.3(\%)$

2021년 : $\frac{11,531-7,599}{7,599}\times 100 ≒ 51.7(\%)$

2022년 : $\frac{11,875-11,531}{11,531}\times 100 ≒ 3.0(\%)$

2023년 : $\frac{18,237-11,875}{11,875}\times 100 ≒ 53.6(\%)$

2024년 : $\frac{18,237-12,948}{18,237}\times 100 ≒ 29.0(\%)$

따라서 전년 대비 전체 검색 건수 증감률이 세 번째로 높은 해는 2023년이다.

㉡ '체중감량' 키워드의 검색 건수는 2016년 이후 증가하다가 2024년 전년 대비 감소하였다.

㉣ 2013년에 전년 대비 키워드별 검색 건수 증가율은 다음과 같다.

부작용 : $\frac{912-520}{520}\times 100 ≒ 75.4(\%)$

스트레스 : $\frac{469-209}{209}\times 100 ≒ 124.4(\%)$

체중감량 : $\frac{218-109}{109}\times 100 = 100(\%)$

피로회복 : $\frac{1,448-648}{648}\times 100 ≒ 123.5(\%)$

따라서 2013년 전년 대비 검색 건수 증가율이 가장 낮은 키워드는 '부작용'이다.

20 ④

2025년 부작용 키워드 검색 건수는 $3,542\times 1.3 ≒ 4,605$(건), 피로회복 키워드 검색 건수는 $4,424\times 0.85 ≒ 3,760$(건)이다. 따라서 2025년 스트레스 키워드 검색 건수는 5,688 − 4,605 = 1,083(건)이고, 체중감량 키워드 검색 건수는 8,496 − 3,760 = 4,736(건)이다.

21 ③

갑 + 을 = 20인데, 갑 + 을 + 병 = 23이므로, 병 = 3이 된다. 따라서 병은 3층에 산다.

갑 + 을 = 2(병 + 무)이므로, 병 + 무 = 10이고, 병 = 3이므로 무 = 7이다. 따라서 무는 7층에 산다.

정 + 무 = 17이고, 무 = 7이므로 정 = 10이다. 따라서 정은 10층에 산다.

을 + 정 = 23이고 정 = 10이므로, 을 = 13이다. 따라서 을은 13층에 산다.

갑 + 을 = 20이고 을 = 13이므로 갑 = 7이다. 따라서 갑은 7층에 산다.

③ 갑과 무가 모두 7층에 산다.

22 ①

1층 청소는 매일하고 나머지 2, 3, 4층 중 하나를 같이 청소한다고 하였으므로 2, 3, 4층은 같은 날에 청소하지 않음을 알 수 있다.

먼저 4층 청소 요건을 살펴보면 일주일에 3회 하되, 그중 1회는 일요일에 한다. 휴업일(수요일)을 제외하고는 청소를 한 구역은 바로 다음 영업일에는 청소하지 않는다고 하였으므로 4층은 화요일, 금요일, 일요일에 청소를 하게 된다.

다음으로 3층 청소 요건을 살펴보면 일주일에 2회 청소하되, 청소를 한 후 영업일과 휴업일을 가리지 않고 이틀간은 청소를 하지 않는다고 하였다. 따라서 4층 청소를 한 화요일, 금요일, 일요일을 제외하고 가능한 요일은 월요일, 목요일뿐이다.

마지막으로 2층은 일주일에 1회 토요일에 청소를 한다.

23 ⑤

에어컨의 유무와 A, B, C, D, E의 방 배정 여부를 표로 정리해보자.

우선, A는 103호에 배정을 받았고 102호와 103호에는 에어컨이 없다.

구분	101호	102호	103호	104호	105호
방 배정			A		
에어컨		×	×		

다섯 번째 조건에 의해 B는 105호에 배정받았으며 C는 104호에 배정받지 않았다.

구분	101호	102호	103호	104호	105호
방 배정			A	~C	B
에어컨		×	×		○

여섯 번째 조건을 2가지 가능성으로 나눠서 생각을 해보자.

우선, D가 104호에 배정받은 경우 양옆의 방인 103호, 105호에 에어컨이 없어야 하는데 105호에 에어컨이 있으므로 모순이 생긴다. 따라서 101호에 D가 배정받았다. 그리고 C는 104호에 배정받지 않았으므로 102호에 배정받았다.

구분	101호	102호	103호	104호	105호
방 배정	D	C	A	E	B
에어컨	○	×	×	×	○

24 ③

진실 또는 거짓말 문제에서는 모순된 진술을 하고 있는 사람을 먼저 찾아내야 한다.

서로 모순된 진술을 하고 있는 사람은 주하 ↔ 세운이고, 성환 ↔ 남희이며, 서영의 말은 현우를 뒷받침하고 있으므로 같은 진술이다. 또한 현우의 말은 실질적으로 주하의 말과 동일하므로 주하 / 현우 / 서영 ↔ 세운이고, 성환 ↔ 남희의 구도로 되어 있다고 말할 수 있겠다.

진실을 말하는 사람은 오직 두 사람뿐이므로 진실을 말하는 사람 중 한 명은 세운이고 한 명은 성환과 남희 중 한 명인데, 살펴보게 되면 성환이 하는 말은 항상 참이고 남희의 말은 이를 부정하는 것이므로 항상 거짓이다.
그러므로 진실을 말하는 사람은 세운과 성환이며 나머지는 거짓을 말하고 있다. 따라서 건물은 정문에 있다.

25 ④

ⅰ) 숙박비
A, B, C호텔의 가장 저렴한 룸은 스탠다드룸이고, 이 중 B와 C의 숙박비가 가장 저렴하다. 또한 C호텔의 경우 신용카드로 할인을 받을 수 있으므로 C호텔 스탠다드룸의 3박 숙박비를 구한다.
220,000 × 3 × 0.98 = 646,800(원)
D호텔의 경우 스탠다드룸은 C호텔보다 숙박비가 비싸므로 계산할 필요가 없으나 슈페리어룸 숙박 시 숙박비의 20%가 할인되므로 슈페리어룸 숙박비를 계산해 본다.
280,000 × 3 × 0.8 = 672,000(원)
따라서 C호텔의 스탠다드룸 숙박비가 646,800원으로 더 저렴하다.
ⅱ) 투어 비용
가장 저렴하게 2개의 투어를 예약해야 하므로 M여행사에서 시티투어와 박물관 투어를 예약하면, (89,000 + 120,000) × 0.95 = 198,550(원)이다.
P여행사에서는 근교 도시 투어를 예약할 경우 시티투어를 할인받을 수 있지만 시티투어와 박물관 투어를 고르는 게 더 저렴하므로 82,000 + 100,000 = 182,000(원)
즉, P여행사가 182,000원으로 M여행사보다 더 저렴하다.
따라서 파리에서의 숙박비와 1일 투어 비용의 합은
646,800 + 182,000 = 828,800(원)이다.

26 ⑤

ⅰ) 숙박비
슈페리어급 이상의 룸을 예약한다고 하였으므로 A, B, C, D 호텔의 슈페리어룸 4박 5일 숙박비를 구해본다. 이 중 호텔 C와 D의 숙박비가 가장 저렴한데, D호텔의 경우 3박 이상 숙박 시 20% 할인이 되므로 D호텔 슈페리어룸의 4박 숙박비를 구한다.
280,000 × 4 × 0.8 = 896,000(원)
ⅱ) 투어 비용
근교 도시 투어와 박물관 투어를 예약한다고 하였으므로
M여행사: 160,000 + 120,000 = 280,000(원)
P여행사: 165,000 + 100,000 = 265,000(원)
P여행사가 더 저렴하다.
따라서 파리에서의 숙박비와 1일 투어 비용의 합은
896,000 + 265,000 = 1,161,000(원)이다.

27 ⑤

1차 전형 결과를 계산하면 다음과 같다.

이름	1차 전형	
	계산식	총점
A	80 × 0.6 + 75 × 0.4	78점
B	86 × 0.6 + 72 × 0.4	80.4점
C	90 × 0.6 + 70 × 0.4	82점
D	95 × 0.6 + 60 × 0.4	81점
E	75 × 0.6 + 80 × 0.4	77점
F	78 × 0.6 + 87 × 0.4	81.6점

⑤ 1차 전형 통과자 중 점수가 높은 상위 2명은 C와 F이다. 제시된 점수대로 C와 F의 1·2차 전형의 총점을 계산하면 다음과 같다.
C: 82 + (92 × 0.4 + 80 × 0.6) = 166.8(점)
F: 81.6 + (86 × 0.4 + 84 × 0.6) = 166.4(점)
2등인 F가 면접에서 84점을 받더라도 C보다 총점이 낮으므로 최종 합격할 수 없다.
① 1차 전형을 통과한 사람은 총점이 80점 이상인 B, C, D, F 4명이다.
② A는 서류전형에서 80점을 받았지만 1차 전형을 통과하지 못했다.
③ 2차 전형에서 논술 92점, 면접 80점을 받았다면 92 × 0.4 + 80 × 0.6 = 84.8(점)이다.
④ 1차 전형 통과자 중 가장 낮은 점수를 받은 사람은 B이다. B가 논술 83점, 면접 75점을 받으면 83 × 0.4 + 75 × 0.6 = 78.2(점)이다.
1차 전형 통과자 중 가장 높은 점수를 받은 사람은 C이다. C가 논술 60점, 면접 93점을 받으면 60 × 0.4 + 93 × 0.6 = 79.8(점)이다.
이때 두 사람의 1·2차 전형 총점은
B: 80.4 + 78.2 = 158.6(점)
C: 82 + 79.8 = 161.8(점)
따라서 161.8−158.6 = 3.2(점) 차이가 난다.

28 ⑤

2023년도 기준 인원이 40명 미만이거나 운영비가 2억 원 미만인 예술단체가 지원 대상이므로 이에 해당하지 않는 A 단체(42명, 운영비 2.1억 원)는 제외한다.
B~F 예술단체에 배정되는 지원금을 구하면 아래와 같다.
B: (2.5억 원 × 0.5) + (5억 원 × 0.2) = 2.25억 원
C: (3억 원 × 0.2) + (4.2억 원 × 0.5) = 2.7억 원
D: (2.3억 원× 0.5) + (5.8억 원 × 0.2) = 2.31억 원
E: (1.2억 원 × 0.2) + (2.4억 원 × 0.5) = 1.44억 원
F: (1억 원 × 0.2) + (3.2억 원 × 0.5) = 1.8억 원
이때, 예산이 10억 원이고 인원이 많은 단체부터 순차적으로 지급하므로 D, B, F, E, C 순서로 지급받는다.
⑤ 지원사업 예산이 8억 원이 되므로 D, B, F, E단체에 지급되는 지원금은 총 7억 8,000만 원이다. 따라서 C단체는 예산 잔액인 2,000만 원을 지원받을 수 있다.

29 ③

(운영비 × 0.2) + (사업비 × 0.5)는 공연예술 분야의 배정액 산정공식이다. 따라서 시각예술 분야와 A단체의 배정액만 다시 구하면 아래와 같다.

A : (2.1억 원× 0.2) + (5.2억 원 × 0.5) = 3.02(억 원)
B : (2.5억 원× 0.2) + (5억 원 × 0.5) = 3(억 원)
C : (3억 원 × 0.2) + (4.2억 원 × 0.5) = 2.7(억 원)
D : (2.3억 원× 0.2) + (5.8억 원 × 0.5) = 3.36(억 원)
E : (1.2억 원 × 0.2) + (2.4억 원 × 0.5) = 1.44(억 원)
F : (1억 원 × 0.2) + (3.2억 원 × 0.5) = 1.8(억 원)

인원이 많은 단체부터 순차적으로 지급하므로 A, D, B, F, E, C 순서로 지급받는다.

3.02억 원 + 3.36억 원 + 3억 원 + 1.8억 원 + 1.44억 원 + 2.7억 원 = 15.32(억 원)이므로 예산인 13억 원을 2.32억 원 초과한다.

예산 부족으로 산정된 금액 전부를 지급할 수 없는 C단체에는 예산 잔액인 3,800만 원을 지급한다.

따라서 가장 많은 액수를 지원받는 예술단체인 D단체와 가장 적은 금액을 지원받게 되는 C단체의 지원 금액 합은 3억 3,600만 원 + 3,800만 원 = 3억 7,400만 원이다.

30 ④

사업안	경제성	효용성	환경친화성
A	상	하	하
B	중	하	상
C	하	상	하
D	중	상	상
E	하	하	상

평가표에 따라 항목별 점수와 사업안별 평가점수를 구하면 다음과 같다.

A : 3 × 2 + 1 + 1 = 8(점), B : 2 × 2 + 1 + 3 = 8(점),
C : 1 × 2 + 3 + 1 = 6(점), D : 2 × 2 + 3 + 3 = 10(점),
E : 1 × 2 + 1 + 3 = 6(점)

따라서 채택하게 될 사업안은 D이다.

31 ⑤

ⅰ) 대중교통 이용 시

- 대구 지사 ↔ 대구역 이동비용(왕복) : 대구 지사에서 대구역으로 이동할 때 택시를 이용하면 4,000 + (2 × 150) = 4,300(원)이다. 대구역에서 대구 지사로 돌아올 때도 택시를 이용하므로 왕복 비용을 계산하면 4,300 × 2 = 8,600(원)
- 대구역 ↔ 대전역 이동비용(왕복) : 새마을열차 이용 시 할인되어 10,500 × 0.9 = 9,450(원)이다. 무궁화열차 요금보다 저렴하므로 새마을열차를 이용하고, 왕복이므로 9,450 × 2 = 18,900(원)
- 대전역 ↔ 대전 본사 이동비용 : 대전역에서 대전 본사로 이동할 때 택시를 이용하면 4,300 × (7 × 200) = 5,700(원)이다. 대전 본사 방문 후 대전역으로 갈 때도 택시를 이용하므로 왕복 비용을 계산하면 5,700 × 2 = 11,400(원)
- 중식비용 : 구내식당을 이용하지 않는다고 했으므로 가장 저렴한 D식당에 방문해 감자탕(9,000원)을 먹게 된다.

따라서 출장경비는 8,600 + 18,900 + 11,400 + 9,000 = 47,900(원)이다.

ⅱ) 자가용 이용 시

- 대구 지사 ↔ 대전 본사 : 지사와 본사 간 거리는 152km이므로 왕복 304km이다.

  연비는 16km/ℓ이므로 $\frac{304\text{km}}{16\text{km}/\ell} = 19(\ell)$의 휘발유가 필요하다. 따라서 주유비를 계산하면 1,950원/ℓ × 19ℓ = 37,050(원)
- 중식비용 : 구내식당을 이용하지 않는다고 했으므로 가장 저렴한 D식당에 방문해 감자탕(9,000원)을 먹게 된다.

따라서 출장경비는 37,050 + 9,000 = 46,050(원)이다.

자가용을 이용했을 때 최저비용이 나오므로 박 과장의 출장경비는 46,050원이다.

32 ⑤

본사 직원이 대전역으로 마중을 나오면 대중교통 이용 시 대전역에서 대전 본사로의 비용이 들지 않는 셈이므로 대중교통 이용 시 출장경비는 47,900 − 5,700 = 42,200(원)이 되어 자가용을 이용할 경우의 출장경비보다 저렴해진다. 또한 중식비용을 빼면 최종적인 최저 출장경비는 42,200 − 9,000 = 33,200(원)이 된다.

33 ①

업체별로 물품 제작 비용을 구하면 다음과 같다. (미니수첩 1,000개, 에코백 1,000개, USB메모리 500개)

A업체 : 물품 세 종류 이상 구매하여 전체 금액에서 3% 할인된다.

(62만 원 + 92만 원 × 2 + 140만 원) × 0.97 = 374만 4,200원

B업체 : 에코백 1,000개 이상 주문 시 10% 할인되고, 에코백은 200개 단위로 구매하는 것이 가장 저렴하다. (200개 × 5)

65만 원 + 200만 원 × 0.9 + 138만 원 = 383만 원

C업체 : 에코백 500개 이상 주문 시마다 5만 원 할인되므로, 1,000개 주문 시 10만 원 할인된다.

64만 원 + 175만 원 − 10만 원 + 136만 원 = 365만 원

따라서 C업체에서 구매하는 것이 가장 저렴하고, 이때의 구매금액은 365만 원이다.

34 ⑤

먼저 에코백 2,000개 제작 시 업체별 가격을 구하면
A업체 : 368만 원
B업체 : 400만 원 × 0.9 = 360만 원 (에코백 1,000개 이상 주문 시 10% 할인)
C업체 : 350만 원 − 20만 원 = 330만 원 (에코백 500개 이상 주문 시마다 5만 원 할인)
그리고 USB메모리 2,000개 제작 시 업체별 가격을 구하면
A업체 : 540만 원
B업체 : 544만 원 × 0.95 = 516만 8천 원 (USB메모리 1,500개 이상 주문 시 5% 할인)
C업체 : 530만 원 × 0.98 = 519만 4천 원 (주문금액 500만 원 이상일 경우 2% 할인)
따라서 에코백은 C업체, USB메모리는 B업체에서 구매하는 것이 가장 저렴하다.

35 ⑤

⑤ 지하철 − 택시를 이용할 경우 : 지하철 28분, 택시 잡는 데 2분, 택시 이동 5분이 걸리므로 총 35분이 소요된다. (택시를 잡는 순간 8시 40분이 되어 러시아워가 아니게 되므로 택시를 탄 후 회사로의 이동시간은 5분이 된다.) 따라서 지각을 하지 않는다.
① 자가용만 이용할 경우 : 8시 10분부터 8시 30분은 러시아워이므로 30km/h로 운전해야 한다. 따라서 윤 과장은 8시 10분~8시 30분까지 20분 동안 10km를 이동한다. 8시 30분 이후로는 정상 속도인 60km/h로 운전하게 되므로, 1분에 1km를 이동할 수 있다. 그런데 남은 거리가 25km이므로 25분이 추가로 소요되는데, 그러면 8시 55분이 되어 지각을 하게 된다.
② 버스만 이용할 경우 : 버스의 이동시간만 50분이므로 지각을 하게 된다.
③ 지하철 − 버스를 이용할 경우 : 지하철 28분, 버스 15분이 걸리므로 총 43분이 소요돼 8시 53분에 도착해 지각을 하게 된다.
④ 택시만 이용할 경우 : 자가용을 이용하는 것과 차이가 없으므로 지각을 하게 된다.

36 ⑤

당직 규정 5번을 보면 팀장은 평일 숙직을 최소 월 2회 이상 해야 한다. 하지만 이지훈 팀장은 월 1회만 예정되어 있기 때문에 25일에 반드시 숙직을 해야 한다.

37 ②

당직 규정 6번에 의하면 숙직 근무 앞뒤로 2일 동안은 숙직 근무를 할 수 없다. 따라서 ②의 경우 이지훈 팀장은 이틀 후인 9일에 숙직 근무 예정이므로 대체 근무를 신청할 수 없다.

38 ④

④ 배전사업자는 대통령령으로 정하는 바에 따라 배전망관리의 목적, 범위, 조건, 절차 및 방법 등을 명시한 배전망관리방침을 공개하고, 배전망관리에 필요한 조치를 하는 경우 그 사실과 영향 등을 해당 '분산에너지사업자'에게 고지하여야 한다.
① 배전선로, 변압기, 개폐장치 등 '배전망'을 관리하는 자를 배전사업자라 하고, 배전사업자는 분산에너지 유형 또는 제공자 등에 따라 배전망접속과 차단을 불합리하게 차별하여서는 아니 된다.
② '분산에너지특화지역'에 구역전기 공급구역의 일부가 포함되면 해당 구역 전체를 포함해야 한다.
③ '저장전기판매사업'은 전기를 전기저장장치에 저장하였다가 전력이 필요할 때 판매하는 사업이다.
⑤ 한국전력거래소 또는 송전사업자가 송전망의 보안성 및 안정성 확보 또는 송전망 전기설비의 공사 · 유지 · 보수 및 운영에 따른 송전망 혼잡 해소를 위하여 요청하는 경우 배전사업자는 배전망의 접속을 차단할 수 있다.

39 ①

두 업체 모두 타일의 크기는 50cm × 50cm이다. 12m × 10m 크기의 사무실에 가로로 24개, 세로로 20개 들어갈 수 있으므로 타일의 개수는 총 480개이다.
ⅰ) X업체에서 주문 시
회색 타일에 잔무늬를 추가하고, 두께는 20mm로 변경한다. 타일 단가는 개당 3,500 + 300(무늬) + 200(두께) = 4,000(원)이다.
인건비를 포함한 총비용은 4,000 × 480 + 20,000 × 48 = 2,880,000(원)이다.
ⅱ) Y업체에서 주문 시
회색 무늬를 선택하고, 두께는 기본 15mm를 선택한다.
타일 단가는 개당 5,500원이고, 총비용은 5,500 × 480 = 2,640,000(원)이다.
따라서 Y업체에서 주문하고, 총 2,640,000원의 비용이 든다.

40 ②

10m × 1m 면적에 들어가는 타일의 개수는 20 × 2 = 40(개)이므로, 총 440개의 타일을 주문한다.
따라서 X업체에서 주문할 때 인건비를 제외한 총비용은 4,000 × 440 = 1,760,000(원)이다.

41 ②

② 여덟 번째와 아홉 번째 숫자가 20이므로 경기도에서 출생등록을 한 것은 맞으나 현재 경기도에서 살고 있는지 여부는 알 수 없다.
① ⓒⓓⓔⓕ에 해당하는 숫자는 태어난 월일을 의미하므로 6월 18일에 태어난 것이 맞다.

② ⓖ에 해당하는 숫자가 7이므로 2000~2099년에 태어난 외국인 남성이다.
④ ⓛ에 해당하는 숫자가 4이므로 출생신고 순서는 네 번째이다.
⑤ ⓐⓑ에 해당하는 숫자는 태어난 연도를 의미하고 ⓖ에 해당하는 숫자가 7이므로 2023년에 태어난 것이 맞다.

42 ④

④ 2×ⓐ+3×ⓑ +4×ⓒ+5×ⓓ+6×ⓔ+7×ⓕ +8×ⓖ+9×ⓗ+2×ⓘ+3×ⓙ+4×ⓚ+5×ⓛ =251
251÷11의 나머지는 9이므로 11－9＝2
주민등록번호에 오류가 없는지 확인하는 검증번호인 ⓜ이 '2'이고, 맞게 계산되어 있으므로 규칙을 위반하지 않았다.
① 2×ⓐ+3×ⓑ+4×ⓒ+5×ⓓ+6×ⓔ+7×ⓕ +8×ⓖ+9×ⓗ+2×ⓘ+3×ⓙ+4×ⓚ+5×ⓛ =214
214÷11의 나머지는 5이므로 11－5＝6
② 2×ⓐ+3×ⓑ+4×ⓒ+5×ⓓ+6×ⓔ+7×ⓕ +8×ⓖ+9×ⓗ+2×ⓘ+3×ⓙ+4×ⓚ+5×ⓛ =238
238÷11의 나머지는 7이므로 11－7＝4
③ 2×ⓐ+3×ⓑ+4×ⓒ+5×ⓓ+6×ⓔ+7×ⓕ +8×ⓖ+9×ⓗ+2×ⓘ+3×ⓙ+4×ⓚ+5×ⓛ =183
183÷11의 나머지는 7이므로 11－7＝4
⑤ 2×ⓐ+3×ⓑ+4×ⓒ+5×ⓓ+6×ⓔ+7×ⓕ +8×ⓖ+9×ⓗ+2×ⓘ+3×ⓙ+4×ⓚ+5×ⓛ =205
205÷11의 나머지는 7이므로 11－7＝4

43 ②

나이가 30세 이상 50세 미만이므로 연령코드(5~6번째 자리)가 39, 49인 것을 찾으면 0122495510, 0322498440, 0131395550, 0223393330, 0432497730, 0332491140, 0251397720, 0244391130, 0233392220, 0132492240, 0341393360, 0253495550, 0432495510, 0143396640, 0224496630, 0342395540로 총 16개이다.

44 ④

코드의 맨 끝 두 자리를 확인하면 10이 7명, 20이 11명, 30이 9명, 40이 12명, 50이 5명, 60이 4명이다. 따라서 코드가 40인 300만 원~399만 원인 소득구간이 가장 큰 가중치를 부여받게 된다.

45 ③

A: 앞 두 자리가 03인 코드번호를 찾으면 총 11개이다.
B: 3~4번째 자리가 잘못된 코드번호를 찾으면 0114291360, 0340691110, 0425290020, 0253495550, 0437592240으로 총 5개이다.
C: 7~8번째 자리가 잘못된 코드번호를 찾으면 0114291360, 0444595020, 0113697330, 0322498440, 0345299120, 0343694330로 총 6개이다.
따라서 A＋B＋C＝22이다.

46 ②

㉠ 실행 대화 상자를 열어 명령어를 입력할 수 있는 키는 〈Win＋R〉이다. 입력창에 cmd 등 프로그램, 폴더, 문서 또는 인터넷 주소를 입력하여 실행할 수 있다.
㉡ 윈도우 파일 탐색기를 실행하는 키는 〈Win＋E〉이다.
㉢ 윈도우 작업 보기를 실행하여 열려 있는 모든 창을 확인할 수 있는 키는 〈Win＋Tab〉이다. 작업 표시줄의 '작업 보기' 단추와 같은 기능이다.

47 ③

③ 딥페이크로 제작되는 가짜뉴스가 전 세계적으로 공정한 선거문화와 민주주의에 심각한 악영향을 미치는 것이 아니냐는 우려의 목소리가 있다고 하였다.
① 최초의 딥페이크가 2017년 제작된 것은 맞으나, 이것이 온라인에 공개된 무료 소스코드 등으로 단순하게 제작한 영상물이라는 언급은 없다. 할리우드 배우의 얼굴과 포르노를 합성한 편집물이라는 사실만 제시되어 있다.
② 진위 여부를 가리기 어려울 만큼 정교하다고 하였다.
④ 딥페이크 기술 도입의 영화 도입에 대해 반대한 것이 아니라, 딥페이크로 인해 대본과 배우의 얼굴・목소리가 무단으로 도용되는 것에 대해서 지식재산권과 디지털 초상권을 보장해 줄 것을 요구하였다.
⑤ 딥페이크 범죄는 피해자의 신고가 있어야 단속이 가능하고 이 때문에 단속이 어렵다고 하였다. 하지만 그렇다고 해서 딥페이크를 이용한 범죄를 저지른 자에 대한 처벌이 거의 없다고 하지는 않았다.

48 ②

② 주어진 수식은 지정된 셀 A3부터 C3까지의 곱이므로 결괏값은 －1이다.
① 주어진 수식은 지정된 셀 C3부터 F3까지의 합계이므로 결괏값은 1이다.
③ 주어진 수식은 지정된 셀 E3을 소수점 첫째 자리에서 반올림한 값이므로 결괏값은 1이다.
④ 주어진 수식은 지정된 셀 D2를 C2로 나눈 몫의 정수부분이므로 결괏값은 1이다.
⑤ 주어진 수식은 지정된 셀 F2를 E2로 나눈 나머지이므로 결괏값은 1이다.

49 ①

A = 2, B = 8일 경우 A × B = 16으로 3의 배수가 아니므로 A + 1 = 3이 된다.
A = 3, B = 8일 경우 A × B = 24로 3의 배수이다. 그러나 A × 2 = 6으로 B보다 작으므로 A + 2 = 5가 된다.
A = 5, B = 8일 경우 A × B = 40으로 3의 배수가 아니므로 A + 1 = 6이 된다.
A = 6, B = 8일 경우 A × B = 48로 3의 배수이다. 이때 A × 2 = 12로 B보다 크므로 A = 6이 출력된다.
① A값으로 3과 5가 나왔으므로 홀수가 될 수 있다.
② 출력된 A값은 6이다.
③ '나'는 총 1번 수행되었다.
④ B값은 변화하지 않고 A값만 2, 3, 5, 6으로 변화하였다.
⑤ '가'는 총 2번 수행되었다.

50 ②

안드로이드, 유닉스, 윈도우에 대한 설명이다.
iOS는 애플에서 iPone 전용으로 개발한 모바일 운영체제이다.
리눅스는 핀란드의 컴퓨터공학과 학생이던 리누스 토발스(Linus Torvalds)가 만든 컴퓨터 운영체제(OS)이다. 리누스 토발스는 헬싱키대학에 재학 중이던 시절 학교 수업 중 교육용 유닉스(UNIX)인 미닉스(Minix)를 배우면서 보다 나은 미닉스를 만들어보기 위해 취미 삼아 운영체제를 만들기 시작하였다. 그는 고가의 장비를 소유할 수 없는 처지였기에 대형 컴퓨터에서 사용하는 유닉스 소스 코드를 수정해 개인 PC에서도 사용할 수 있는 공개 운영체제(OS)로 개발하고 자신의 이름을 따서 '리눅스 0.01 버전'으로 명명하였다.
MacOS는 애플에서 Mac 전용으로 개발한 유닉스 기반 운영체제이다.

제2회 직무능력검사

01. ②	02. ②	03. ④	04. ④	05. ①
06. ②	07. ⑤	08. ⑤	09. ①	10. ②
11. ①	12. ②	13. ④	14. ①	15. ②
16. ④	17. ⑤	18. ②	19. ④	20. ②
21. ①	22. ⑤	23. ④	24. ③	25. ③
26. ③	27. ④	28. ④	29. ④	30. ③
31. ⑤	32. ②	33. ⑤	34. ⑤	35. ④
36. ③	37. ②	38. ②	39. ③	40. ⑤
41. ④	42. ②	43. ⑤	44. ⑤	45. ②
46. ②	47. ④	48. ④	49. ⑤	50. ④

01 ②

② 로마인들이 그리스의 문학, 음악, 미술에 계속 압도당해 이 분야의 많은 용어를 그리스어에서 차용하였다고 하였다. 즉 그리스의 문화적 힘 때문에 로마인들이 그리스어를 계속 사용한 것이다.
① 로마가톨릭교회에서 행정 및 예배 언어로 사용되었다고 하였다. 어휘 측면에서는 프랑스어에서 사용되고 있다고 언급돼 있다.
③ 911년 노르망디 지방을 차지한 바이킹들이 새 정착지에 매료돼 '언어 전체를 차용'하였고, 155년 후에 '고대 프랑스어로 군가를 불렀다'는 부분으로 보아 노르망디 지방에서는 911년 이전과 이후에 모두 프랑스어를 사용했음을 알 수 있다.
④ 어휘빈칸이 생겼을 때 이를 보충하기 위해 차용되는 어휘는 해당 개념의 발명자의 언어에서가 아니라 그 개념을 소개한 집단의 언어에서 차용될 때가 많다고 하였다.
⑤ 서유럽의 언어 어휘들이 라틴어에 기원을 둔 경우가 많은 것은 어휘빈칸이 생겼을 때 이를 보충하는 수단으로 라틴어가 많이 차용됐기 때문이다. 라틴어가 많이 차용된 것은 기독교 교회의 신학과 예배 의식 관련 개념을 소개하고 전파한 자들이 라틴어 사용자였기 때문이다.

02 ②

이 글을 요약하면, '과학자들이 자연을 관찰할 때 동원하는 상상력의 힘은 수학에 그 바탕을 두고 있다. 수학의 진보가 없었다면 과학의 발전은 불가능했을 것이다. 주기성(週期性)은 이러한 것을 예증한다'고 나타낼 수 있다. 따라서 이 글의 제목으로 가장 적절한 것은 '과학적 탐구 활동에서 수학의 역할'이다.

03 ④

④ 아이슬란드는 지질학적 위치로 인해 지진과 화산 활동이 활발하다고 하였다. 그러나 앞으로 지진 발생 빈도와 규모가 확대될 것이라는 내용은 제시문에서 확인할 수 없다.
① 아이슬란드는 판의 경계에 있어 판의 운동으로 인해 지진과 화산 활동이 활발하게 이루어진다.
② 아이슬란드의 대서양 중앙 해령에서는 새로운 지각이 생성되면서 두 판이 확장되고 있다고 하였으므로, 아이슬란드의 중앙 해령을 중심으로 점점 크기가 커질 것이라고 추론할 수 있다.
③ 아이슬란드는 특수한 지질학적 입지를 가지고 있으며, 판의 절대 속도를 구하는 100여 개의 열점 중 하나가 있는 장소이므로, 중요한 지질학적 장소라고 할 수 있다.
⑤ 아이슬란드 사람들은 화산의 열을 이용해 난방을 하고, 온천수로 작물을 재배하며, 화산 증기로 전기를 생산하는 등 지질학적 특성을 이용하며 살아가고 있다고 하였으므로, 인간 생활에 여러 가지로 도움을 준다고 할 수 있다.

04 ④

④ 예금자 보호한도를 높일 경우 금융회사들이 내는 보험료인 예금보험료가 올라가고, 그 비용이 일반 소비자에게 전가되어 대출금리 인상, 예금금리 인하 등으로 이어질 수 있다고 하였다.
① 우리나라의 예금자 보호한도는 2001년 1월 2,000만 원에서 5,000만 원으로 상향 조정된 이후 동일하게 유지되고 있다고 하였다.
② 1990년대 외환위기 당시 예금 전액보호 조치가 조기 종료된 것은 도덕적 해이 문제가 불거졌기 때문이다.
③ 고령화가 심화되고 금융자산 비중이 증가하기 때문에 예금자 보호한도 상향이 금융시스템 전반에 대한 소비자 신뢰와 안정성을 높일 수 있다고 하였다. 고령화 심화가 금융자산 비중 증가를 견인하였다는 언급은 찾아볼 수 없다.
⑤ IMF는 예금보호한도 기준을 권고하고 있다고 하였을 뿐, 이를 철저히 관리하고 있다는 언급은 없다.

05 ①

현재 5,000만 원을 넘는 예금을 보유한 예금주가 일부에 지나지 않다고 하였다. 이에 따라 한도를 상향하게 되더라도 대다수의 소액 예금주에게는 별로 영향이 가지 않는다는 사실을 추론할 수 있다. 그러므로 (가)에 들어가기에 가장 적절한 문장은 ①임을 알 수 있다.

06 ②

② 2021년 발의된 초안에는 없었지만 이듬해 챗GPT 등 생성형 AI 등장으로 AI 오남용에 대한 우려가 확산하면서 추가됐다고 하였다. 즉, 초안 발의 당시에는 생성형 AI가 등장하지 않아 이에 대한 오남용 우려가 나오지 않았으나, 이후 생성형 AI 등장으로 인해 관련 우려가 확산하며 AI법에 AI 기업에 대한 투명성 의무가 부여된 것이다.
① 강간이나 테러 등 중대범죄 용의자 수색을 하는 예외적인 경우 '허용될 수 없는 위험' 등급의 AI 규제를 푸는 것이 가능하지만, 이는 법원의 사전 허가를 받는 등 제한적으로 허용되는 것이다. 수사지휘권자의 판단 아래 규제를 풀 수 있다고 할 수는 없다.
③ 기업이 딥페이크 콘텐츠에 이를 알리는 표시를 하지 않은 경우는 '제한된 위험', 자율주행에 AI 기술을 사용하면서 위험관리시스템을 따로 구축하지 않은 경우는 '고위험' 등급에 해당한다. AI법 위반 시 경중에 따라 매출액의 1.5~7%에 해당하는 과징금을 부과한다고 하였으므로, '고위험' 등급을 위반한 경우의 과징금이 더 크다고 추론할 수 있다. 따라서 전자보다 후자의 과징금이 더 크다.
④ AI법은 단계적으로 도입돼 2026년에 전면 시행되고, AI법 위반 시에는 경중에 따라 과징금이 부과된다. 하지만 전면 시행 이전까지 과징금이 부과되지 않는다는 언급은 없다. 따라서 법이 단계별로 시행되는 과정에서 과징금이 부과될 수 있다고 보는 것이 타당하다.
⑤ 표결 없이 전원동의로 채택됐다고 하였으므로 치열한 '찬반투표' 끝에 채택됐다는 설명은 잘못됐다.

07 ⑤

㉣ 스스로 안락사를 결정하기 어렵거나 돌봄을 받기 어려운 환자들에게 안락사가 손쉬운 선택지가 될 수 있으므로 적극 허용하는 것보다 호스피스 및 완화의료를 제공하여 안락사를 선택할 확률을 줄일 수 있다고 제시하였다. 따라서 이러한 의료 서비스가 제도적으로 충분히 제공된다면, 손쉽게 안락사를 선택하는 경우는 줄어들 것이라고 추론할 수 있다.
㉤ 우리나라는 연명의료를 거부할 권리만 인정된다고 하였다. 이는 '환자에게 어떤 의학적 조치를 취하지 않거나 인공호흡기 등 인위적인 생명연장 처치를 중단'하는 것으로, 소극적 안락사에 해당한다.
㉠ 다른 유럽 국가인 스위스, 벨기에, 스페인 등에서도 안락사가 합법이다. 네덜란드의 안락사 허용 범위가 넓은지는 제시된 글의 내용만으로는 추론할 수 없다.
㉡ 드리스 판아흐트 전 네덜란드 총리 부부가 의사의 도움으로 자택에서 동반 안락사를 선택했다는 내용만 제시되어 있다. 조력자살에 해당하는지는 알 수 없다.
㉢ 제시된 내용만으로는 이러한 사실을 추론할 수 없다.

08 ⑤

㉠ 첫 번째 문단에서는 지구의 원운동의 예시를 수소 원자 모형에 적용하고 있으며, 세 번째 문단에서는 인공위성의 예시를 수소 원자 모형에 적용하고 있다.
㉡ 세 번째 문단에서 전자나 인공위성이 에너지를 조금씩 잃어버리다 결국 전소하게 된다는 점에서, 에너지가 한정되고 있다고 전제하고 있음을 알 수 있다.
㉢ 세 번째 문단에서 "~전자기파를 방출해야 한다. 이처럼 에너지를 방출하면 어떻게 될까"에서 추론할 수 있다.

09 ①

① 최소 비용으로 최대 효과를 보려는 합리적인 소비 행태를 보이고 있다.
② 기능이나 가격보다 미적 가치를 우선으로 하는 헤도니스트 효과의 사례이다.
③ 소비하는 사람이 많아질수록 수요가 줄어드는 스노브 효과의 사례이다.
④ 언제 쓸지 모르지만 충동적으로 구매한 경우로 합리적인 소비는 아니다.
⑤ 남들보다 돋보이고 싶어서 상품을 구매하는 베블렌 효과의 사례이다.

10 ②

② '준용하다'는 표준으로 삼아 적용한다는 뜻으로 반의사불벌죄에는 고소불가분의 원칙이 표준으로 적용되지 않는다는 걸 알 수 있다.
① '남용하다'는 일정한 기준이나 한도를 넘어서 함부로 쓴다는 뜻이다.
③ '전용하다'는 남과 공동으로 쓰지 아니하고 혼자서만 쓴다는 뜻이다.
④ '선용하다'는 선금으로 미리 꾸어 쓴다는 뜻이다.
⑤ '겸용하다'는 한 가지를 여러 가지 목적으로 쓴다는 뜻이다.

11 ①

① 해군이 참전한 국가 중 전체 피해인원 대비 '전사' 인원의 비율은 다음과 같다.

미국 : $\frac{36,940}{137,250} \times 100 \fallingdotseq 26.9(\%)$

영국 : $\frac{1,078}{4,908} \times 100 \fallingdotseq 22.0(\%)$

캐나다 : $\frac{312}{1,557} \times 100 \fallingdotseq 20.0(\%)$

호주 : $\frac{339}{1,584} \times 100 \fallingdotseq 21.4(\%)$

태국 : $\frac{129}{1,273} \times 100 \fallingdotseq 10.1(\%)$

네덜란드 : $\frac{120}{768} \times 100 \fallingdotseq 15.6(\%)$

콜롬비아 : $\frac{163}{639} \times 100 ≒ 25.5(\%)$

뉴질랜드 : $\frac{23}{103} \times 100 ≒ 22.3(\%)$

프랑스 : $\frac{262}{1,289} \times 100 ≒ 20.3(\%)$

따라서 해군이 참전한 국가 중 전체 피해인원 대비 '전사' 인원의 비율이 두 번째로 큰 국가는 콜롬비아이다.

② 육군과 해군만 참전한 모든 국가의 '포로' 인원 합은 977 + 3 + 28 + 12 = 1,020(명)이고, 육군만 참전한 모든 국가의 '포로' 인원 합은 244 + 41 + 1 = 286(명)이다. 따라서 육군과 해군만 참전한 모든 국가의 '포로' 인원 합은 육군만 참전한 모든 국가의 '포로' 인원 합의 $\frac{1,020}{286} ≒ 3.6$(배)이다.

③ 영국의 '포로' 인원은 977명으로 미국을 제외한 국가의 '포로' 인원인 5,815 − (4,439 + 977) = 399(명)보다 977 − 399 = 578(명) 더 많다.

④ 남아공의 경우 '전사' 인원이 '부상' 인원보다 많다.

⑤ 미국 공군의 참전인원은 $1,789,000 \times \frac{2}{10} = 357,800$(명)이다.

12 ②

② 2025년 축구 연간 관중 수를 X라 하면,

$$34.9 = \frac{X}{33314} \times 100$$

$X = 0.349 \times 33,314 = 11,626.586$(천 명)이다.

2025년 야구 연간 관중 수를 Y라 하면,

$$65.7 = \frac{Y}{19450} \times 100$$

$Y = 0.657 \times 19,450 = 12,778.65$(천 명)이다.

따라서 야구 연간 관중 수가 더 많다.

① 2021년부터 2023년까지 야구 연간 관중 수는 연간 경기장 수용 규모가 동일하므로 관중수용률과 비례한다. 2021년부터 2023년까지 관중수용률이 매년 증가하고 있으므로 연간 관중 수도 매년 증가하고 있음을 알 수 있다.

13 ④

㉠ 대한민국보다 스타벅스 지수가 낮은 국가는 2020년에 독일, 중국, 미국, 러시아로 4곳이고, 2025년에는 일본, 미국, 러시아로 3곳이다.

㉡ 스타벅스 지수와 빅맥 지수의 연도별 주요국 평균은 다음과 같다.

2020년 : $\frac{35}{8} ≒ 4.38$, $\frac{37}{8} ≒ 4.63$

2021년 : $\frac{35}{8} ≒ 4.38$, $\frac{37}{8} ≒ 4.63$

2022년 : $\frac{35.9}{8} ≒ 4.49$, $\frac{37}{8} ≒ 4.63$

2023년 : $\frac{35.9}{8} ≒ 4.49$, $\frac{37}{8} ≒ 4.63$

2024년 : $\frac{35.95}{8} ≒ 4.49$, $\frac{37}{8} ≒ 4.63$

2025년 : $\frac{35.09}{8} ≒ 4.39$, $\frac{36.88}{8} = 4.61$

스타벅스 지수의 경우 평균보다 높은 국가는 2020~2024년에 2곳, 2025년에는 3곳이다. 빅맥 지수의 경우 평균보다 높은 국가는 2020~2025년 동안 4곳으로 동일하다.

㉣ 2025년의 빅맥 지수는 프랑스가 중국의 $\frac{5.14}{3.17} ≒ 1.6$(배)이다.

㉢ 대한민국과 독일의 2020년 빅맥 지수는 3.92달러와 5.96달러이고, 2025년 빅맥지수는 4.23달러와 6.08달러로 두 국가 모두 증가하였다.

14 ①

2026년 스타벅스 지수는 스위스가 $7.17 \times 1.05 ≒ 7.53$(달러), 독일이 $4.49 \times 0.93 ≒ 4.18$(달러)이고, 빅맥 지수는 미국이 $5.28 \times 0.97 ≒ 5.12$(달러), 일본이 $3.43 \times 1.05 ≒ 3.60$(달러)이다.

따라서 $a + b \times c - d = 7.53 + 4.18 \times 5.12 - 3.60 ≒ 25.33$이다.

15 ②

열 번째 수업까지 총 10주이므로 70일이 걸리고, 두 사람이 동시에 방 청소를 하는 날은 15일 간격으로 반복된다. 토요일인 내일부터 70일이 되기 전까지 15일째, 30일째, 45일째, 60일째 되는 날마다 두 사람은 동시에 방 청소를 한다. 15일째 되는 날은 방 청소와 태권도 수업이 겹치는 날이므로 방 청소를 하게 된다. 따라서 두 사람이 동시에 방 청소를 하는 횟수는 총 4번이다.

16 ④

㉡ 2022년 : $\frac{3,090,158}{4,310,446} \times 100 ≒ 71.7(\%)$

2024년 : $\frac{3,655,480}{4,972,994} \times 100 ≒ 73.5(\%)$

따라서 2024년 전체 ICT산업 생산액에서 '정보통신방송기기'가 차지하는 비중은 2022년에 비해 증가했다.

㉣ 정보통신방송서비스산업 생산액 중 '정보서비스'가 차지하는 비중은 2022년 : $\frac{176,917}{726,886} \times 100 ≒ 24.3(\%)$, 2023년 : $\frac{192,910}{748,828} \times 100 ≒ 25.8(\%)$, 2024년 : $\frac{206,005}{762,231} \times 100 ≒ 27.0(\%)$로 2024년이 가장 높다.

㉠ 2024년 전년 대비 전체 ICT산업 생산액의 변화율은 $\left(\frac{4,972,994}{4,716,630}-1\right)\times 100 \fallingdotseq 5.4(\%)$로 2023년 전년 대비 전체 ICT산업 생산액의 변화율 $\left(\frac{4,716,630}{4,310,446}-1\right)\times 100 \fallingdotseq 9.4(\%)$와 비교했을 때 낮다.
㉢ 2023년과 2024년 정보통신방송서비스산업에서 생산액이 전년 대비 매년 증가한 항목은 '유료방송서비스', '방송프로그램 제작·공급', '정보인프라서비스', '정보매개서비스', '정보제공서비스'로 총 5개이다.

17 ⑤

㉠ 5~8월 동안 독립영화를 1편만 등록한 회사를 찾기 위해서는 2편 이상 등록한 회사를 찾아야 한다. 5~8월 동안 등록한 독립영화는 총 39편이고, 그중 2편 이상 등록한 회사가 등록한 독립영화 편수는 총 18편이다. 따라서 독립영화를 1편만 등록한 회사는 39－18 ＝ 21(개사)인 것을 알 수 있다.
㉡ 5월에 2편 이상의 독립영화를 등록한 회사에 포함되지 않았으면 1편당 1개사이다. 5월에 2편 이상 등록한 회사는 '리 공동체 영화사'이고, 5월에 국내단독 독립영화 등록은 총 6편이다. 이 중 '리 공동체 영화사'가 제작한 2편을 제외한 나머지 4편의 독립영화를 4개사에서 등록했다는 걸 알 수 있다. 따라서 5월에 국내단독 유형인 독립영화를 등록한 회사는 '리 공동체 영화사'를 포함한 5개사이다.
㉢ 7월에 독립영화를 2편 이상 등록한 회사는 '리 공동체 영화사'이고, 7월 전체 독립영화 등록은 총 11편이다. 즉, 11편 중 3편을 제외한 나머지 8편의 독립영화를 8개사에서 등록했다는 것을 알 수 있다. 따라서 7월에 독립영화를 등록한 회사는 '리 공동체 영화사'를 포함한 9개사이다.

18 ②

② 2022년 취득자 증가율: $\frac{47,800-46,634}{46,634}\times 100 \fallingdotseq 2.5(\%)$
2022년 응시자 증가율: $\frac{311,477-294,053}{294,053}\times 100 \fallingdotseq 5.9(\%)$
취득자 증가율은 응시자 증가율보다 낮다.
① 2024년: $\frac{677,686}{3,419,994}\times 100 \fallingdotseq 19.8(\%)$
2023년: $\frac{670,178}{3,378,603}\times 100 \fallingdotseq 19.8(\%)$
③, ④ 2021년 각각의 합격률은 다음과 같다.

	기술사	기능장	기사	산업기사	기능사	서비스
분자(취득자)	1,084	3,654	54,060	46,634	339,564	114,154
분모(응시자)	21,079	36,632	418,710	294,053	1,658,797	858,533
합격률(%)	5.1	10.0	12.9	15.9	20.5	13.3

합격률이 가장 높은 시험은 20.5%인 기능사이며, 합격률이 15% 이상인 등급은 산업기사와 기능사 2개이다.
⑤ 2023년 대비 2024년 기능장 응시인원은 $\frac{42,208-40,682}{40,682}\times 100 \fallingdotseq 3.8(\%)$ 증가하였다.

19 ④

④ 인천광역시의 경제성장률이 가장 높았던 해는 2017년으로, 그 해에 1인당 GRDP 그래프의 기울기도 가장 가파르다.
① 2023년에 대구광역시의 경제성장률은 음수였으므로 마이너스 성장이었다.
② 2022년의 서울특별시의 일인당 GRDP는 약 3,500만 원으로, 2018년의 약 3,000만 원보다 500만 원가량 증가하였다.
③ 서울특별시의 경제성장률이 대구광역시와 인천광역시보다 높은 해는 2015년, 2016년, 2022년으로, 모두 1인당 GRDP가 대구광역시보다는 높지만 2배 이상은 아니다.
⑤ 2021년에서 2024년 사이에 인천광역시가 대구광역시보다 1인당 GRDP 그래프의 기울기가 더 가파르므로 증가율이 더 높다고 할 수 있다.

20 ②

㉠ 2021년(3.07%), 2022년(3.39%), 2023년(3.44%)로 전체 인구 중 외국인주민의 비중은 매년 증가한다.
㉣ 2024년 전체 인구 중 외국인근로자 비중은 $\frac{0.266\times 1,861}{51,423}\times 100 \fallingdotseq 0.96(\%)$, 즉 약 1%로 어림산할 수 있다. 따라서 2019년 외국인근로자 수는 약 507명이다. 이때 2019년 외국인주민 중 외국인근로자 비중은 $\frac{507}{1,410}\times 100 \fallingdotseq 35.95(\%)$이므로 2024년 외국인주민자녀 비중(11.4%)의 3배 이상이다.
㉡ 국적취득자 ≠ 외국인주민 － 국적미취득자임에 주의해야 한다. 국적미취득자 비율은 79.5%로, 국적취득자 : 국적미취득자 ＝ 9.1 : 79.5가 되므로 9배 미만이다.
㉢ 연도별 외국인주민의 전년 대비 증가 인원은 2019년 145명, 2020년 36명, 2021년 124명, 2022년 172명, 2023년 23명, 2024년 96명으로 2022년에 가장 많다.

21 ①

첫 번째 조건에서 취업을 희망하는 회사는 4명 모두 3개 이상이라고 했다. 갑은 A, B, C 회사에 취업하기를 희망하고 병이 갑과 동시에 취업을 원하는 회사는 A사뿐이므로 병이 취업을 희망하는 회사는 B, C 회사를 제외한 A, D, E사 3개이다. 다음으로 을은 4개의 회사에 취업하기를 희망하고 A, C, D, E 회사에 취업하기를 희망하는 정과 모두 겹치지는 않는다. 이때 4명 모두 취업을 희망하는 회사는 1개이므로 가능한 회사는 A뿐이다. 3명이 동시에 취업을 희망한 회사는 2개이고 을이 취업을 희망하는 회사는 정과 모두 겹치지 않기 때문에, 을은 A, B 회사와 C, D, E 3개의 회사 중 2개의 회사에 취업하기를 희망한다는 결론을 얻을 수 있다. 이를 표로 나타내면 다음과 같다. (○ – 희망, × – 희망하지 않음)

구분	A사	B사	C사	D사	E사	합계
갑	○	○	○	×	×	3
을	○	○				4
병	○	×	×	○	○	3
정	○	×	○	○	○	4

① 3명이 취업을 희망하는 회사는 C, D, E 중 2개이다. C사와 D사일 수도 있으므로 반드시 참이 아니다.

22 ⑤

경영지원팀에는 2명의 신입사원이 배치되고, 홍보팀에는 세 팀 중 가장 많은 수의 신입사원이 배치되므로 홍보팀에 3명의 신입사원이 배치된다. 따라서 인사팀에는 1명의 신입사원이 배치된다. B와 E는 같은 팀에 배치되므로 B, E가 홍보팀에 배치되는 경우와 경영지원팀에 배치되는 경우를 생각할 수 있다. A, C, E가 배치되는 팀은 서로 다르므로 인사팀에는 A 혹은 C가 배치될 수 있고, D는 인사팀, 경영지원팀에도 배치될 수 없는 셈이 되므로 D는 홍보팀에 배치된다. 따라서 B와 E가 배치되는 팀에 따라 다음과 같이 표로 나타낼 수 있다.

ⅰ) B, E가 홍보팀에 배치되는 경우

구분	홍보팀	경영지원팀	인사팀
신입사원	B, D, E	C 혹은 A, F	A 혹은 C

ⅱ) B, E가 경영지원팀에 배치되는 경우

구분	홍보팀	경영지원팀	인사팀
신입사원	C 혹은 A, D, F	B, E	A 혹은 C

⑤ F는 경영지원팀 혹은 홍보팀에 배치될 수 있고, 인사팀에는 배치될 수 없으므로 'F는 인사팀에 배치된다.'라는 것은 항상 거짓이다.

23 ④

조건 ㉢, ㉤, ㉥에 따라, 갑이 여행하는 나라는 다음과 같다.
갑 – 이탈리아, 프랑스, (독일, 네덜란드 중 하나) + 북부유럽 국가 하나
을이 만약 덴마크를 여행할 경우, 을이 여행하는 나라는 다음과 같다.
을 – 덴마크, 노르웨이, 독일, 스위스
조건 ㉤의 한 사람이 갑이라면 네덜란드와 독일 중 하나만을 여행하므로 모순이다. 따라서 을이 스위스와 독일을 여행한다.
② 갑이 택한 서부유럽 국가는 이탈리아, 프랑스, 네덜란드이다.
③ 갑이 프랑스를 여행하므로 을은 프랑스를 여행하지 않는다.
①, ⑤ 제시된 조건으로는 알 수 없다.

24 ③

우선, 문제의 첫 번째 조건에 따라 각 테이블에는 반드시 최소한 두 명의 가수가 앉아야 하므로 세 개의 테이블 중에서 하나의 테이블에는 세 명의 가수가 앉고 다른 두 개의 테이블에는 각각 두 명의 가수가 앉는다는 사실을 알 수 있다. 두 번째 조건에 따라 '화제의 가수상'을 받는 가람, 나래, 다래는 반드시 테이블1이나 테이블2에 앉아야 하므로, 이들은 테이블3에 앉을 수 없다. 그리고 세 번째 조건에 따라 바람은 나래와 같은 테이블에 앉아야 하므로 바람 역시 테이블3에 앉을 수 없다. 그러므로 테이블3에는 아라, 마음, 사랑 중에서 최소 두 명이 반드시 앉게 된다. 이처럼 테이블3에 앉는 조건에 어긋나는 선지(③)를 먼저 검토한다면 정답을 찾기 수월하다.
③ 축하공연을 하는 가수는 다래, 아라, 마음이다. 그런데 테이블3에는 아라, 마음, 사랑 셋 중 최소 2명이 앉아야 한다. 그런데 아라와 마음이 테이블1이나 테이블2에 앉게 되면 문제에서 주어진 조건을 충족하지 못한다. 그러므로 축하공연을 하는 가수들은 테이블1이나 테이블2에 앉아야 하는 조건이 추가된다면, 가수 7명의 자리 배정을 할 수 없다.
① 많아야 두 명의 가수가 테이블1에 앉는 경우에는 테이블1에 나래와 바람이 앉는 경우, 테이블2에 나래와 바람이 앉는 경우 크게 2가지로 나누어진다. 이 두 사람은 같은 테이블에 앉아야 하므로 떨어질 수 없고, 가람과 다래는 테이블1이나 2 둘 중 어느 곳에 앉아도 무방하다. 아라, 마음, 사랑 역시 셋 중 최소 2명만 테이블3에 배정되면 되므로 이러한 제한 안에서 가수 7명의 자리 배정이 가능하다.
② 정확히 세 명의 가수가 테이블1에 앉는 경우 테이블1에 나래와 바람 그리고 다른 가수가 앉는 경우와 테이블1에 나래와 바람이 아닌 다른 가수 3명이 앉는 경우로 나누어진다. 이 경우 역시 ①의 경우와 마찬가지로 가람과 다래가 테이블1이나 2에 앉고 테이블3에 아라, 마음, 사랑 셋 중 최소 2명이 앉는 제한 안에서 자리 배정이 가능하다.
④ 축하공연을 하는 다래, 아라, 마음 중 최소 2명이 테이블3에 앉고, 나머지 1명이 테이블1에 앉거나, 3명 모두가 테이블3에 앉을 수 있다. 그리고 나래와 바람이 테이블 1이나 2에 같이 앉으면서 가람과 다래가 테이블1이나 2에 앉으면 된다. 즉, 가수 7명의 자리 배정이 가능하다.
⑤ 나래와 바람이 앉는 테이블1이나 2에 다른 가수 한 명이 앉으면서 각 테이블을 최소 2명 이상으로 채울 수 있다.

25 ③

ⅰ) 산정방식 1로 평가등급 산정
A : 19 × 1.5 + 9 + 8 + 2 = 47.5 → 1등급
B : 16 × 1.5 + 9 + 8 + 0 = 41 → 2등급
C : 15 × 1.5 + 6 + 7 + 1 = 36.5 → 3등급
D : 18 × 1.5 + 7 + 7 + 1 = 42 → 2등급
E : 14 × 1.5 + 8 + 9 + 0 = 38 → 3등급
F : 17 × 1.5 + 9 + 6 + 0 = 40.5 → 2등급
G : 15 × 1.5 + 8 + 9 + 0 = 39.5 → 3등급
H : 18 × 1.5 + 10 + 8 + 2 = 47 → 1등급

ii) 산정방식 2로 평가등급 산정
A: 19 + 9 + 8 = 36 → 1등급
B: 16 + 9 + 8 = 33 → 2등급
C: 15 + 6 + 7 = 28 → 3등급
D: 18 + 7 + 7 = 32 → 2등급
E: 14 + 8 + 9 = 31 → 2등급
F: 17 + 9 + 6 = 32 → 2등급
G: 15 + 8 + 9 = 32 → 2등급
H: 18 + 10 + 8 = 36 → 1등급
③ C의 경우 최종 학위가 석사이지만 산정방식 1) 기준으로 3등급이다.
① 2등급인 지원자는 산정방식 1) 기준으로 3명, 산정방식 2) 기준으로 5명이다.
② 산정방식에 상관없이 등급이 일정한 지원자는 A, B, C, D, F, H 6명이다.
④ 전체 지원자 중 최종 학위가 석사 이상인 지원자는 A, C, D, H 4명이고, 필기평가 점수가 16점 이상인 지원자는 A, B, D, F, H로 5명이다.
⑤ 산정방식 1)과 2) 모두에서 1등급을 받은 지원자는 A, H로 동일하므로 어떤 방식으로 평가하더라도 동일한 지원자가 채용된다.

26 ③

총인원이 125명이므로 A홀과 B홀은 수용인원 초과로 예약할 수 없다.
C홀을 살펴보면, 11일, 12일이 가능하다. 그런데 스태프 수를 고려하면 11일 원하는 시간대에는 이미 A홀과 D홀에 스태프 19명이 일하고 있기 때문에 스태프가 10명 필요한 C홀은 예약할 수 없다. 따라서 12일에만 예약이 가능하다.
D홀을 살펴보면 12일, 13일이 가능하다. 그런데 스태프 수를 고려하면 13일 원하는 시간대에는 이미 B홀과 C홀에 스태프 20명이 일하고 있어 스태프가 12명이 필요한 D홀은 예약할 수 없다. 따라서 12일에만 예약이 가능하다.
이때, 송 대리가 가급적 수용인원이 가장 많은 연회장이 좋다고 하였으므로 D홀을 예약한다.

27 ④

예약 인원이 82명이고, I-Shape의 테이블 타입을 원하므로 C홀이나 D홀을 이용할 수 있다.
C홀은 4일 원하는 시간대에 이미 예약이 있고, 11일에는 원하는 시간대에 예약이 가능하다.
D홀은 4일에 기존 예약이 17시에 끝나지만 예약 시간 이후 1시간은 예약이 불가하므로 예약할 수 없다. 11일에는 원하는 시간대에 이미 예약이 있어 예약할 수 없다.
따라서 11일, C홀로 예약을 변경하는 것이 가장 적절하다.

28 ④

'청년취업ON'과 'Hi! 고졸청년 취업지원'의 수업시간은 금요일에 각각 본관 501호에서 15:00~18:00와 17:00~19:00로 시간대가 겹친다. 정원이 적은 프로그램의 시간대를 바꾼다고 했으므로 'Hi! 고졸청년 취업지원'의 시간대를 바꾸면 된다.

29 ④

㉡ 을은 경력단절 여성에 해당한다. 하지만 ○○시 거주자가 아니므로 취업지원 프로그램 수강이 불가하다.
㉣ 정이 신청할 수 있는 프로그램은 청년 대상인 프로그램 2개, 고졸(예정) 청년구직자 대상 프로그램 1개로 총 3개이다.
㉠ '구직 플러스'는 구직 의욕 향상 지원이 주요내용이므로, 이제 막 고립을 벗어나 취업을 하려는 갑에게 적합하다고 할 수 있다.
㉢ 구직급여 수급자를 대상으로 하는 '취업특강'과 '면접특강'이 적합하며 2개 모두 수강이 가능하다.

30 ③

③ D제품은 배송 시 5개당 1개의 팔레트를 사용해야 하므로 60개 제품의 전체 중량은 (13 × 60) + (60 ÷ 5 × 19.5) = 1,014(kg)으로, 발송건당 중량제한이 가장 큰 병 운송사를 이용하여도 한 번의 발송으로 제품을 보낼 수 없다.
① A제품의 높이는 70cm이므로 갑 운송사를 이용할 수 없다. 병 운송사는 환불보장 서비스가 없으며 을 운송사는 환불보장을 받기 위해서는 약정이 필요하다.
② 해당 발송건의 총 무게는 34 × 7 + 23 × 3 = 307(kg)이고, 갑 운송사를 통해 2건으로 분할 발송할 경우 오전 내 배송이 가능하다.
④ E제품의 조건에 맞는 운송사는 병 운송사뿐이다.
⑤ 갑 운송사를 이용한다 하더라도 미국은 예외적으로 오전 10시 30분 배송이라고 규정되어 있다.

31 ⑤

팀별 출장비 총액을 계산하면 다음과 같다.

구분	홍보팀	연구기획팀
숙박비	1박: 120,000 + 100,000 × 2 = 320,000(원) 320,000 × 2박 = 640,000원	180,000 + 120,000 × 2 + 100,000 × 3 = 720,000(원)
일비	1일: 80,000 + 50,000 × 2 = 180,000(원) 180,000 × 3일 = 540,000(원)	1일: 60,000 + 40,000 × 2 + 25,000×3 = 215,000(원) 215,000 × 2일 = 430,000(원)
합계	1,180,000원	1,150,000원

⑤ 두 팀의 출장비 총액 차이는 30,000원이다.
① 두 팀 모두 예산한도를 초과하지 않았음을 알 수 있다.
② 홍보팀의 1인당 평균 일비는 180,000원, 연구기획은 약 71,700원이다. 10만 원 이상 차이가 난다.
③ 720,000 − 640,000 = 80,000(원)
④ 연구기획팀의 임원이 사용하는 출장비 총액은 180,000 + 60,000 × 2 = 300,000(원)으로 전체 출장비 1,150,000원의 약 26%이다.

32 ②

K씨는 비수기 때 숙박시설 5인실을 사용하므로 1박 이용료는 240,000원이고, 자녀가 3명이 있지만 21세인 자녀가 있어서 다자녀 가정 기준인 '만 19세 미만의 자녀 3명 이상'에 해당하지 않는다. 그리고 숙박시설을 이용하면 입장료가 면제되므로 K씨는 숙박시설 이용료만 계산하면 되고, A지역 거주자이므로 숙박시설 이용료에서 10%를 할인받게 된다. 주차장은 4일 요금을 결제했으므로 사전 무인정산기의 일 최대 요금을 이용해 계산하면 된다. 따라서 K씨가 납부해야 할 요금은 (240,000원×3박×0.9) + (30,500원×4일) = 648,000 + 122,000 = 770,000(원)이다.

33 ⑤

정 주임은 다자녀 가정이나 A지역 거주자가 아니기 때문에 할인이 적용되지 않는다. 같이 시설을 이용하는 인원은 정 주임을 포함하여 총 6명이기 때문에 캠핑카를 2동 빌려야 하고, 야영시설을 이용하므로 입장료는 별도로 계산해야 한다. 주차장 이용료는 출구 무인정산기로 5시간만 결제하면 된다. 따라서 정 주임이 납부해야 할 요금은 (30,000원 × 6명 × 3일) + (70,000원 × 2동 × 2박) + (3,000원 + 2,000원 × 8) = 540,000 + 280,000 + 19,000 = 839,000(원)이다.

34 ⑤

고려사항 1번부터 조건에 맞지 않는 것은 제외해 본다.
③의 제품은 10% 할인하여도 560,000원 × 0.9 = 504,000원으로 50만 원을 초과하므로 제외한다.
2번의 출시일자 중 2024년 6월 기준 3년 이상 된 제품은 없다. 출시된 지 1년 이내의 제품을 우선 고려하므로 ②, ④, ⑤ 제품을 우선 고려한다.
3번에서 G사 제품을 가장 선호한다고 하였으므로 ④, ⑤ 제품을 우선 고려한다.
4번에서 품질보증기간이 긴 모델을 우선 고려한다고 하였으므로 품질보증기간이 2년인 ⑤를 구매한다.

35 ④

가능한 근무 일정을 표로 만들어 보면 다음과 같다.

구분	월	화	수		목	금
	A시	A시	A시	B시	B시	B시
09:00~12:00	갑, 정	병	을, 병	을, 병, 무	정, 무	정, 무
12:00~15:00	정	병	을	을, 무	갑, 정, 무	을, 무
15:00~17:00	정	을, 병	갑, 을	갑, 을, 무	갑, 무	을, 병, 무
17:00~18:00	−	−	−	갑, 을, 무	갑, 무	을, 병, 무

(수요일에 갑, 을, 병은 A시나 B시 박람회 중 한 곳을 정해 지원을 나가야 한다.)
선택지 중 B시에서 금요일에 같이 근무하게 되는 직원끼리 묶은 것은 ④ 을과 병이다.
①, ②, ⑤는 같은 시간대가 아니다.

36 ③

이전 문제 해설의 표를 보고, 파트타이머가 필요한 시간대를 정리하면 다음과 같다.
(수요일의 경우 근무해야 하는 시간이 1시간 더 긴 B시에 갑, 을, 병이 지원을 나가고, A시에서 근무할 파트타이머를 구한다.)
A시: 월요일 12:00~17:00(5시간) 1명
화요일 09:00~15:00(6시간) 1명
수요일 09:00~17:00(8시간) 2명
B시: 수요일 12:00~15:00(3시간) 1명
목요일 09:00~12:00(3시간) 1명, 15:00~18:00(3시간) 1명
금요일 09:00~15:00(6시간) 1명
파트타이머가 근무해야 하는 시간은 A시 27시간, B시 15시간으로 총 42시간이므로 지급해야 할 일당 총액은 11,000원 × 42시간 = 462,000(원)이다.

37 ②

㉠ ⅰ) A서점에서 구매할 경우
당신 지갑에 돈이 없는 이유: 22,000 × 0.9 = 19,800(원)
유럽미술산책: 13,000 × 0.8 = 10,400(원)
구매비용은 30,200원이다.
ⅱ) B서점에서 구매할 경우
당신 지갑에 돈이 없는 이유: 22,000 × 0.9 = 19,800(원)
유럽미술산책: 13,000원
구매비용은 32,800원이다.
A서점에서 사는 것이 B서점에서 사는 것보다 32,800 − 30,200 = 2,600(원) 저렴하다. (둘 다 배송비는 없음)

㉡ 정가 15,000원 이상인 도서는 〈성공의 비결〉, 〈한 끼 뚝딱! 한상〉, 〈모차르트를 열망하다〉, 〈당신 지갑에 돈이 없는 이유〉 총 4권이다. 이 중 자기계발 분야는 〈성공의 비결〉이고, 예술 분야는 〈모차르트를 열망하다〉이다.
ⅰ) A서점에서 구매할 경우
성공의 비결 : 15,000 × 0.9 = 13,500(원)
모차르트를 열망하다 : 18,000 × 0.8 = 14,400(원)
구매비용은 27,900원이다.
ⅱ) B서점에서 구매할 경우
성공의 비결 : 15,000 × 0.7 = 10,500(원)
모차르트를 열망하다 : 18,000 ×0.9 = 16,200(원)
구매비용은 26,700원이다.
B서점을 이용할 때 구매 비용이 더 저렴하다.
(둘 다 배송비는 없음)
㉣ 정가 12,000원 이하인 책은 〈오래된 물음〉, 〈바인더의 힘〉, 〈우리는 날마다 한 걸음씩〉이다.
ⅰ) A서점에서 구매할 경우
(10,000 + 11,000 + 12,000) × 0.9 = 29,700(원)
ⅱ) B서점에서 구매할 경우
10,000 + 11,000 × 0.7 + 12,000 = 29,700(원)
구매비용은 두 서점이 동일하다. (둘 다 배송비는 없음)
㉢ 가장 저렴한 소설책은 〈오래된 물음〉으로 10,000원이다. A서점에서 10% 할인을 받으면 9,000원이고, 배송비 2,500원이 붙으면 11,500원에 구매할 수 있다.

38 ②

각 지사 일정에 따라 가능한 시간대는 다음과 같다.

구분	월	화	수	목	금
오전	C, D, E	C, D	**D, E**	**A**, E	A
오후	C, E	B, C	B, **C**, E	A, **B**, E	A, B

A~E 지사를 모두 방문하면서 전체 시험 일정을 가장 짧게 하려면 수요일과 목요일 위주로 관리감독 인원을 파견해야 할 것이다. 이때 D, E는 관리감독 인원 2명, 1명이 나눠서 파견할 수 있는 수요일 오전으로, C는 수요일 오후로 정하고, A와 B는 각각 목요일 오전과 오후에 파견하면 이틀 만에 시험을 끝낼 수 있다.
㉠ A지사는 오전에 시험을 보게 된다.
㉢ 수요일 오전에 C, D, E가 모두 시험을 볼 수 없으므로 수요일과 목요일 이틀 내에 시험을 볼 수 없다.
㉡ 수요일과 목요일 내에 시험을 마무리할 수 있다.
㉣ 수요일과 목요일 오전과 오후 모든 시간대에 관리감독 인원 3명이 모두 투입된다.

39 ③

③ F가 목요일 야간에 근무하게 되면 금요일 오전까지 16시간을 근무해야 한다. 그런데 F는 이미 목요일 오전에도 근무해서 8시간밖에 쉬지 못하고 16시간을 근무하게 되므로 불가하다.
① A가 화요일 야간에 근무하게 되면 이전에 16시간 이상을 쉬었으므로 화요일 오후와 야간 연속으로 16시간을 근무해도 문제가 없다. D 역시 월요일 오후부터 야간까지 16시간을 근무하게 되지만, 16시간의 휴식을 취했으므로 문제가 없다.
② G가 목요일에 16시간 연속으로 근무하게 되지만 이전에 16시간을 쉬므로 문제가 없다.
④ F가 화요일 오후에 근무하게 되면 연속으로 16시간을 근무하게 되는데, 그 전에 8시간밖에 쉬지 못했으므로 이는 불가하다.
⑤ B와 H 모두 문제가 되지 않는다. (특히 H는 지난주 토요일 야간근무를 했는지 확인할 수는 없으나 지난주 근무가 이번 주 근무에 영향을 미치지 않는다고 가정했으므로 문제가 없다.)

40 ⑤

21일 오전에는 한국에 도착해야 하는데 L항공의 비행편 도착시각은 21일 오후이므로 선택할 수 없다.
따라서 D항공과 K항공 비행기 티켓을 사용하는 경우를 고려하여 일정을 다음과 같이 계획할 수 있다.
ⅰ) D항공 비행편을 선택할 경우 가능한 일정

13	14	15	16	17	18	19	20	경비(만 원)
	뉴욕 도착	뉴욕 업무		뉴욕 업무	뉴욕 → 워싱턴	워싱턴 → 뉴욕	뉴욕 출발	210 + 25 × (4 + 1) + 20 × 1 + 20 × 2 = 395

ⅱ) K항공 비행편을 선택할 경우 가능한 일정

13	14	15	16	17	18	19	경비(만 원)
뉴욕 도착		뉴욕 업무		뉴욕 업무	뉴욕 → 워싱턴	워싱턴 출발	184 + 25 × 5 + 20 + 20 = 349

이때 출장비를 최대한 절약하려고 하므로 선택할 비행편은 K항공이고 출장 경비는 349만 원이다.

41 ④

오류문자 ELSIQPCA와 오류 발생 위치를 의미하는 문자 JLBNXPRO가 8자리 중에서 2자리만 일치하기 때문에 6자리가 미일치한다. 시스템 상태 판단 기준에 따라 6자리가 미일치할 때의 Final Code는 Taxi이다.

42 ②

오류문자 WJSIDN과 오류 발생 위치를 의미하는 문자 WESIZN의 6자리 중에서 4자리만 일치하기 때문에 2자리가 미일치한다. 시스템 상태 판단 기준에 따라 2자리가 미일치할 때의 Final Code는 Subway이다.

43 ⑤

오류문자 ANXKSIQHS와 오류 발생 위치를 의미하는 문자 QLCUENKDH의 9자리가 모두 미일치한다. 시스템 상태 판단 기준에 따라 6자리 이상 미일치할 때의 Final Code는 Ship이다.

44 ⑤

2211－2022년 11월에 생산
3H－전북 제2공장에서 생산
0103－컴퓨터 제품 중 모니터
10022－10022번째로 생산

45 ②

전북과 강원 공장은 3G, 3H, 4I, 4J이다. 이 공장들에서 생산된 제품에 대해 A/S 신청을 한 고객은 송진묵, 박초롱, 윤호철, 이현우, 송선영이고 이들이 A/S 신청한 제품은 차례대로 청소기, PC, 스마트폰, 건조기, 에어컨이다. 따라서 A/S 문의가 들어오지 않은 제품은 '세탁기'이다.

46 ②

2024년 7월 10일 이후 접수된 A/S건은 7건(김철수, 이소연, 송진묵, 김효진, 박초롱, 홍지훈, 송선영)이고, 이 중 경기 공장에서 생산된(1A, 1B, 1C, 1D) 가정용 전자제품(0204~0210)에 대해 문의한 고객은 이소연, 김효진 2명이다.

47 ④

제시문은 사물인터넷의 초연결사회에 대한 설명이다. 침대에 스위치를 장착하는 것은 사물을 인터넷으로 연결하는 것과 관계가 없다. 따라서 ㉣에는 '침대가 사람이 깨어 있는지를 스스로 인지한 후 실내등을 켠다' 같은 내용이 들어가야 한다.

48 ④

④ 한국의 코드 '880'이 먼저 오고 그다음으로 제조업체 코드가 나와야 하므로 '119250'이 오고 상품코드 '248'이 따라온다. 마지막으로 1자리 검사숫자를 계산해줘야 한다.
홀수 번째 숫자를 더한 값: 8 + 0 + 1 + 2 + 0 + 4 = 15
짝수 번째 숫자를 더한 값의 3배: (8 + 1 + 9 + 5 + 2 + 8) × 3 = 99
두 숫자를 더한 값의 일의 자리 수: 15 + 99 = 114 → 4
∴ 10 − 4 = 6
따라서 한국의 R업체에서 생산한 제품의 바코드는 '8801192502486'이다.

① 바코드는 오늘날 전 산업계에서 널리 이용되고 있지만 초반에는 슈퍼마켓에서 고객이 계산대 앞에서 기다리는 시간을 줄이고 판매와 동시에 재고기록 갱신을 자동적으로 이루고자 하는 목적으로 고안되었다.
② 바코드는 13개의 숫자로 구성되어 있는데, 그 중 앞쪽 3자리 숫자는 국가별 식별코드로 GS1 International에서 부여하고 있다.
③ 국가별 식별코드는 앞쪽의 3자리이므로 스페인의 코드는 '843'이다.
⑤ 8801169873306의 검사숫자를 구해보면 다음과 같다.
홀수 번째 숫자를 더한 값: 8 + 0 + 1 + 9 + 7 + 3 = 28
짝수 번째 숫자를 더한 값의 3배: (8 + 1 + 6 + 8 + 3 + 0) × 3 = 78
두 숫자를 더한 값의 일의 자리 수: 28 + 78 = 106 → 6
∴ 10 − 6 = 4
따라서 제시된 바코드의 검사숫자는 6이 아닌 4이다.

49 ⑤

⑤ 홀수 번째 숫자를 더한 값: 8 + 0 + 2 + 8 + 4 + 7 = 29
짝수 번째 숫자를 더한 값의 3배: (8 + 6 + 7 + 9 + 2 + 0) × 3 = 96
두 숫자를 더한 값의 일의 자리 수: 29 + 96 = 125 → 5
∴ 10 − 5 = 5
① 홀수 번째 숫자를 더한 값: 8 + 0 + 9 + 5 + 0 + 2 = 24
짝수 번째 숫자를 더한 값의 3배: (8 + 2 + 7 + 6 + 2 + 5) × 3 = 90
두 숫자를 더한 값의 일의 자리 수: 24 + 90 = 114 → 4
∴ 10 − 4 = 6
② 홀수 번째 숫자를 더한 값: 8 + 0 + 5 + 3 + 7 + 7 = 30
짝수 번째 숫자를 더한 값의 3배: (8 + 4 + 8 + 2 + 6 + 8) × 3 = 108
두 숫자를 더한 값의 일의 자리 수: 30 + 108 = 138 → 8
∴ 10 − 8 = 2
③ 홀수 번째 숫자를 더한 값: 8 + 0 + 4 + 7 + 5 + 6 = 30
짝수 번째 숫자를 더한 값의 3배: (8 + 1 + 9 + 2 + 8 + 1) × 3 = 87
두 숫자를 더한 값의 일의 자리 수: 30 + 87 = 117 → 7
∴ 10 − 7 = 3
④ 홀수 번째 숫자를 더한 값: 8 + 0 + 4 + 7 + 4 + 0 = 23
짝수 번째 숫자를 더한 값의 3배: (8 + 9 + 3 + 6 + 1 + 5) × 3 = 96
두 숫자를 더한 값의 일의 자리 수: 23 + 96 = 119 → 9
∴ 10 − 9 = 1

50 ④

SUMIF함수는 '=SUMIF(조건범위, 조건, 합계범위)'의 형식으로 나타낸다. 주어진 자료에서 조건범위는 C3:C11, 조건은 "컴퓨터", 합계범위는 D3:D11이므로 옳은 것은 ④이다.

제3회 직무능력검사

01. ④	02. ③	03. ④	04. ④	05. ②
06. ①	07. ③	08. ③	09. ⑤	10. ⑤
11. ①	12. ①	13. ②	14. ③	15. ⑤
16. ③	17. ③	18. ②	19. ④	20. ⑤
21. ⑤	22. ②	23. ④	24. ⑤	25. ①
26. ②	27. ③	28. ②	29. ③	30. ⑤
31. ④	32. ③	33. ④	34. ①	35. ④
36. ②	37. ②	38. ②	39. ④	40. ①
41. ①	42. ④	43. ③	44. ⑤	45. ⑤
46. ⑤	47. ①	48. ①	49. ⑤	50. ③

01 ④

④ 홍콩은 미국보다 가상자산 현물 ETF의 거래 범위를 확장했다고 하면서, 홍콩이 비트코인뿐 아니라 이더리움을 기초자산으로 하는 현물 ETF도 허용했다고 덧붙였다. 따라서 미국에서는 이더리움을 기초자산으로 하는 현물 ETF가 허용되지 않음을 알 수 있다.

① 비트코인의 총 발행량은 2,100만 개로 제한돼 있는 것이 맞으나, 실물 거래가 이루어진 이후에 제한된 것은 아니다.

② 미국에서 비트코인 선물 거래를 허용한 것은 2017년의 일이다. 미국은 2024년 1월에 비트코인 현물 상장지수펀드의 상장 및 거래를 승인했으며, 이는 독일과 캐나다에 이어 전 세계에서 세 번째로 승인한 것이다.

③ 2024년 1월부터 미국 금융당국의 결정으로 비트코인을 디지털 지갑에 직접 보유하고 있지 않은 경우에도 비트코인 투자가 가능해졌다고 했다. 따라서 그 이전에 미국에서는 이러한 경우가 아니고서는 비트코인에 대한 투자가 불가능했다. 독일과 캐나다에서는 미국보다 이전에 비트코인 현물 상장지수펀드 거래를 승인했으므로, 세계 어디서든 그러했다는 것은 글의 내용과 일치하지 않는다.

⑤ 중국 정부는 홍콩의 가상자산 거래 및 투자를 승인했으나, 본토에서는 이를 엄격히 금지하고 있다. 따라서 중국을 아시아 가상자산 허브로 키우려 한다는 설명은 글의 내용과 일치하지 않는다.

02 ③

첫 번째 문단에서는 스웨덴이 나토 회원국이 되었음을, 두 번째 문단에서는 스웨덴이 나토에 가입한 과정을 상술하였다. 세 번째 문단에서는 스웨덴의 나토 가입으로 인해 나토 회원국들이 전략적 요충지인 발트해를 포위하는 형세가 되었음을 설명하면서, 이러한 상황이 러시아의 북극 전략에 영향을 미칠 것이라고 이야기하고 있다.
따라서 제목으로 가장 적절한 것은 위 내용을 모두 포괄한 ③이 된다.

03 ④

④ 칼리닌은 발트해 연안에 있으며 러시아의 핵심 군사기지이자 러시아 유일의 부동항이라 하였다. 또한 발트해는 러시아의 중요 원유 경로라고 하였다. 칼리닌이 원유 경로라고 하지는 않았다.

① 스웨덴은 북유럽 최대 규모의 육·해·공군을 유지해 왔고, 북유럽에서 유일하게 자체 전투기 개발과 생산 능력을 갖추었다고 하였다.

② 스웨덴과 핀란드는 2022년 5월 나토 가입을 신청했고, 같은 해 4월에 핀란드는 나토에 가입했으나 스웨덴의 가입은 지연돼 2024년 5월에 가입이 확정됐다. 스웨덴이 핀란드보다 13개월 늦게 가입이 확정된 것이다. 약 1년 차이가 난다.

③ 스웨덴의 나토 가입은 튀르키예와 헝가리의 의회에서 비준안을 처리하지 못했기 때문인데, 튀르키예는 스웨덴이 쿠르드노동자당을 지원하고 반이슬람 시위를 방조한 데 대해, 헝가리는 스웨덴이 자국의 정치 상황을 비판한 데 대해 문제 삼았다. 모두 정치적 문제 때문에 비준안을 처리하지 못했기 때문이다.

⑤ 북극을 둘러싼 국가는 미국, 캐나다, 덴마크, 핀란드, 아이슬란드, 노르웨이, 스웨덴, 러시아로 모두 8개국이다.

04 ④

④ 제시문의 전체 내용 따르면, 전투기에 난 총알구멍이 엔진 쪽보다 동체 쪽에 더 많다고 판단한 것은 표본의 편향성으로 바른 판단이 아니다. 따라서 동체 쪽에 철갑을 두르는 선택을 하는 것은 바른 판단이 아니고, 이러한 판단으로 동체 쪽에 철갑을 두른다면, 귀환하는 전투기의 숫자가 오히려 줄어들 것임을 추론할 수 있다.

① 수학자들은 총알구멍이 엔진에 난 전투기는 대부분 격추되어 돌아오지 못하는데, 이를 감안하지 않고 복귀한 전투기만 조사한 것은 표본 선정을 잘못한 것이라고 하였다. 따라서 쏠림 현상 없이 표본을 추출하기 위해서는, 복귀하지 못하고 격추된 전투기까지 고려해야 한다는 것을 추론할 수 있다.

② 기체 전체에 철갑을 두르면 너무 무거워지기에 중요한 부분에만 둘러야 했다고 하였다. 따라서 전투기에 철갑을 많이 두를수록 무거워져서 기능을 수행하기 어려워져 중요 부분에만 둘러야 한다는 것을 추론할 수 있다.

③, ⑤ 엔진에 총알을 덜 맞은 전투기가 많이 돌아온 것을 가슴에 총상을 입은 사람들이 회복하지 못한 것에 비유하고 있다. 따라서 동체에 총알구멍이 난 귀환 전투기가 엔진에 총알구멍이 난 귀환 전투기보다 많고, 다리에 총상을 입은 환자가 가슴에 총상을 입은 환자보다 많다는 두 예시가 편향된 표본에 해당한다고 볼 수 있다.

05 ②

① K-BEMS 시스템이 스마트그리드 기술을 활용하여 개발된 기술이다.
③ 층별, 실별 에너지 자동 제어 및 센서를 통한 자동 절전을 주로 하는 관리 시스템은 FEMS의 특징이며, 스마트미터(AMI)는 HEMS의 한 예시이다.
④ 공장 내 최적의 에너지 사용 환경을 구축해주는 FEMS는 제품생산 및 공정관리가 복잡한 공장의 경우에 유용하다.
⑤ 실내 공기 오염 정도를 측정하고 공기 상태를 그래프로 보여주는 것은 공장이 아닌 일반 가정에 적용되는 HEMS의 예시이다.

06 ①

① 송광사 영산회상도가 다른 영산회상도와 달리 그림 아랫부분에 설법을 듣는 청중과 사리불을 배치하였다고 언급하였다. 이 부분으로 보아, 다른 영산회상도에는 설법을 듣는 청중이나 사리불이 그려지지 않았음을 추론할 수 있다.
② 팔상의 개념은 불교문화권에서 공유됐다고 하였으므로, 우리나라에서만 나타나는 개념이라 할 수 없다. 팔상을 구성하는 각 주제와 도상, 표현 방식에서는 나라마다 차이가 있다고만 하였다.
③ 그림에 남아있는 기록을 통해 조선 영조 대에 승려 의겸 등이 그렸다는 점을 확인할 수 있다고 하였다.
④ 고창 문수사 대웅전의 정확한 창건 시기는 알 수 없으나 임진왜란 이후인 1607년(17세기 초) 중창됐다고 하였으므로, 17세기 초에 창건되었다고 할 수는 없다.
⑤ 의성 고운사 가운루는 세 쌍의 긴 기둥이 계곡 바닥에서 누각을 떠받치고 있고, 기둥 간의 간격을 넓게 배치한 점 등이 기존의 사찰 누각과는 다른 독특한 구조적 특징이라고 하였다. 지붕 모양이 독특하다고 할 수는 없다.

07 ③

이 글은 뇌의 신경 세포가 분열할 능력이 있는데도 불구하고 교세포가 방해 물질을 내어 분열과 재생을 가로막는 시스템으로 진화해 온 이유를 설명하고 있다. 기존의 기억을 제대로 보관하기 위해서는 신경, 전달 회로가 엉망이 되어서는 안 되고, 이를 위해서는 신경 세포가 분열하지 않아야 하기 때문이라는 것이다. 신경 세포가 마구 분열한다면 기억의 내용이 뒤죽박죽되어버릴 것이라고 설명하고 있다.

08 ③

제시된 글은 조선 최초의 전 백성을 대상으로 한 여론조사를 이루어낸 세종의 일화에 대해 설명하고 있다. 순서대로 공법 시행에 대해 전 백성의 의견을 묻는 조선 최초의 여론조사를 명한 세종 (다)-여론조사 결과를 정확한 수치로 설명하는 (가)-전국적인 여론조사에도 신하들의 뜻을 꺾지 못한 세종 (나)-이후 공법 시행을 놓고 3분의 2 가중다수결 원칙이라는 민주적 제안을 한 세종 (라)-세종이 여론조사 등 공법 실현을 위해 각고의 노력을 한 이유가 공평조세를 이루기 위함이었음을 설명한 (마) 순으로 배열하는 것이 적절하다.

09 ⑤

⑤ 마지막 문단에서 세포의 미토콘드리아 집단이 손상을 입기 시작하면 자유라디칼 누출이 증가하기 시작하고, 이로 인해 세포가 죽고 재생이 되지 않는 경우 퇴행성 질환을 일으킨다고 설명하고 있다.
① 마지막 문단을 통해 세포가 죽고 나서 재생이 되지 않는 경우에 퇴행성 질환을 일으키는 것임을 알 수 있다.
② 마지막 문단에서 열량 제한을 하면 자유라디칼 누출이 감소한다고 했다.
③ 두 번째 문단에서 일부 퇴행성 질환은 쥐와 인간에게서 정확히 같은 돌연변이가 원인이 되어 발병한다고 하였다. 즉 일부 퇴행성 질환의 경우만 해당되고, 모두 동일하게 적용되는지는 알 수 없다.
④ 첫 번째 문단에서 쥐와 비둘기는 몸집이 비슷하지만 비둘기가 쥐에 비해 더 긴 수명을 갖는다고 하면서 그것이 새들은 산소 소비량이 비슷한 포유류에 비해 자유라디칼 누출이 거의 10배나 적기 때문이라고 설명하고 있다. 이를 통해 산소 소비량과 자유라디칼 누출 속도가 반드시 비례하는 것은 아님을 알 수 있다. 따라서 몸집이 비슷하여 비슷한 산소 소비 속도를 가진다고 하더라도 자유라디칼 누출 정도는 다를 수 있고, 이에 따라 서로 다른 수명을 가질 수 있다.

10 ⑤

본문은 케인스학파의 직관적 거시경제모형에서 정부정책이 변화해도 경제주체들은 종전과 동일한 방식으로 행동한다는 비현실적인 가정을 반박하고 있다. 두 번째 문단에서 케인스학파는 조세를 감면하면 가처득소분이 증가하므로 개인이 소비를 늘려 총수요가 증가할 것이라 주장하지만, 현실은 그렇지 않다는 설명을 하고 있다. 개인은 합리적으로 조세감면이 언젠가는 사라질 것이라 예상하며 가처분소득에 변화가 없다는 사실을 파악한다고 하였으므로, 조세를 줄인다고 해서 소비를 늘리지는 않을 것이다. 따라서 빈칸에 들어가기에 가장 적절한 것은 ⑤이다.

11 ①

㉠ 2023년에 전년 대비 출원건수가 감소한 기술 분야는 태양광/열/전지, 수소바이오/연료전지, CO_2포집저장처리로 총 3개이다.

㉡ 2023년의 등록건수가 많은 상위 5개 기술 : 태양광/열/전지, 수소바이오/연료전지, 그린홈/빌딩/시티, CO_2포집저장처리, 전력IT

2024년의 등록건수가 많은 상위 5개 기술 : 태양광/열/전지, 수소바이오/연료전지, CO_2포집저장처리, 원전플랜트, 전력IT

따라서 동일하지 않다.

㉢ 2024년 출원건수가 많은 상위 3개 기술은 태양광/열/전지, 수소바이오/연료전지, 그린홈/빌딩/시티이다.

이들의 출원건수 합은 1,523 + 1,487 + 988 = 3,998(건)으로 전체 출원건수의 $\frac{3,998}{6,725} \times 100 \fallingdotseq 59.4(\%)$를 차지한다.

㉣ 2022년 출원건수가 가장 많은 기술 분야는 수소바이오/연료전지, 등록건수가 가장 많은 분야는 태양광/열/전지 분야이다. 2024년 출원건수와 등록건수가 가장 많은 기술 분야는 태양광/열/전지이므로 동일하지 않다.

12 ①

㉠ Y사의 2024년 라면 판매량은 2020년 대비 $\frac{146,153,000}{6,460,000} \fallingdotseq 22.6$(배) 상승하였고, 시장 점유율은 7.1%이다.

㉡ 2024년 기준 국내 라면 시장 점유율을 보여주는 것이므로 10개의 업체를 제외한 다른 업체에서 2019년과 2020년, 2023년에 더 상위 점유율을 가졌을지 알 수 없다.

㉢ S사의 국내 라면 판매량은 2024년 전년 대비 458,385－304,353 = 154,032(천 개)로 가장 많이 증가했고, 시장 점유율은 2022년 전년 대비 17.4－10.8 = 6.6(%p)로 가장 많이 증가했다.

㉣ 2024년 전년 대비 라면 판매량 증가율은 다음과 같다.

S사 : $\frac{458,385-304,353}{304,353} \times 100 \fallingdotseq 50.6(\%)$

A사 : $\frac{218,626-87,936}{87,936} \times 100 \fallingdotseq 148.6(\%)$

N사 : $\frac{212,959-69,427}{69,427} \times 100 \fallingdotseq 206.7(\%)$

G사 : $\frac{184,278-143,780}{143,780} \times 100 \fallingdotseq 28.2(\%)$

Y사 : $\frac{146,153-98,737}{98,737} \times 100 \fallingdotseq 48.0(\%)$

M사 : $\frac{130,970-147,185}{147,185} \times 100 \fallingdotseq -11.0(\%)$

J사 : $\frac{68,924-52,547}{52,547} \times 100 \fallingdotseq 31.2(\%)$

P사 : $\frac{67,446-6,855}{6,855} \times 100 \fallingdotseq 883.9(\%)$

Z사 : $\frac{60,135-40,272}{40,272} \times 100 \fallingdotseq 49.3(\%)$

H사 : $\frac{56,261-38,865}{38,865} \times 100 \fallingdotseq 44.8(\%)$

따라서 2024년 전년 대비 라면 판매량 증가율이 상위 10개 업체 중 가장 높은 곳은 P사이다.

13 ②

② 잉여전력량은 2022년 45,784GWh, 2023년 44,498GWh, 2024년 42,541GWh로 매해 감소하고 있다.

① 2024년은 전체 판매전력량 중 가정용의 비중이 전년에 비해 감소하였다.

③ 2023년 농림어업이 전체 판매전력량에서 차지하는 비중은 $\frac{17,126}{526,149} \times 100 \fallingdotseq 3.3(\%)$이다.

④ 2022년의 발전전력량은 2021년에 비해 2.5% 증가하였으므로 2021년의 발전전력량은 $\frac{553,530}{1.025} \fallingdotseq 540,029$(GWh)이다. 이때 판매전력량은 497,039GWh로 전체 발전전력량 중 $\frac{497,039}{540,029} \times 100 = 92.0(\%)$를 판매하였다.

⑤ 2024년에 농림어업과 광업 분야에서는 전년 대비 판매전력량이 증가하였다.

14 ③

③ 2024년 유소년부양비는 $\frac{7,515}{36,860} \times 100 \fallingdotseq 20.4$, 2016년 유소년부양비는 $\frac{9,006}{35,125} \times 100 \fallingdotseq 25.6$이다.

$\frac{20.4-25.6}{25.6} \times 100 \fallingdotseq -20.3(\%)$이므로 약 20% 감소했다.

① 2020년 총 인구는 8,125 + 36,282 + 6,022 = 50,429(명)이므로 고령인구비율은 $\frac{6,022}{50,429} \fallingdotseq 0.12$이다.

② $\frac{6,534}{7,776} \times 100 \fallingdotseq 84$이므로 2022년의 노령화지수는 약 84이다.

④2024년 취업자 수는 $0.608 \times (51,446-7,515) \fallingdotseq 26,710$(명)

2016년 취업자 수는 $0.588 \times (49,308-9,006) \fallingdotseq 23,698$(명)

따라서 2024년 취업자 수는 2016년 대비 $\frac{26,170-23,698}{23,698} \times 100 \fallingdotseq 10.4(\%)$ 증가하였다.

⑤ 2016~2024년 사이의 노년부양비는 다음과 같다.

2016년 : $\frac{5,177}{35,125} \times 100 \fallingdotseq 14.7$

2018년 : $\frac{5,527}{35,860} \times 100 \fallingdotseq 15.4$

2020년 : $\frac{6,022}{36,282} \times 100 \fallingdotseq 16.6$

2022년 : $\frac{6,534}{36,705} \times 100 \fallingdotseq 17.8$

2024년 : $\frac{7,071}{36,860} \times 100 \fallingdotseq 19.2$

따라서 노년부양비는 점차 증가하는 추세이다.

15 ⑤

첫 번째 조건을 보면 종사자수가 매년 증가한 일반형과 덤프형은 B와 D, 종사자수가 매년 감소한 특수용도형과 벤형은 A와 C이다.

두 번째 조건을 보면 A의 2024년 업체당 종사자수는 $\frac{4,191}{8} \fallingdotseq 523$(명)으로 2020년 업체당 종사자수인 $\frac{5,944}{10} \fallingdotseq 594$(명)보다 감소하였다. 따라서 벤형은 A이고, 특수용도형은 C이다.

세 번째 조건을 보면 B의 2024년 업체당 보유대수는 $\frac{1,650}{90} \fallingdotseq 18$(대)로 2020년 업체당 보유대수 $\frac{2,041}{99} \fallingdotseq 20$(대)에 비해 감소하였다. 따라서 덤프형은 B이고, 일반형은 D이다.

16 ③

2025년 벤형의 업체당 보유대수는 $\frac{1,947}{8} \times 1.24 \fallingdotseq 301$(대)이고, 일반형의 업체당 종사자수는 $\frac{74,427}{347} \times 0.6 \fallingdotseq 128$(명)이다. 따라서 두 값의 차는 301－128 = 173이다.

17 ③

5명 중에서 자기 자리에 앉는 2명을 뽑는 경우의 수는 ${}_5C_2 = \frac{5 \times 4}{2 \times 1} = 10$(가지)이다. 이때 남은 3명이 다른 사람의 이름이 적힌 자리에 앉는 경우의 수는 2가지이므로 구하는 경우의 수는 $10 \times 2 = 20$(가지)이다.

18 ②

㉠ 비례식을 이용하면 2024년에 폐기물 : 기타(944)는 51.9 : 5.2 ≒ 10 : 1이므로, 2024년 폐기물 생산량은 대략 9,440으로 어림할 수 있다. 2017년 대비 2024년에 태양열 태양광은 약 9배, 풍력은 2배 이상, 비이오는 4배 이상, 기타는 8배 이상 증가한 반면 폐기물은 5,122에서 약 9,440으로 증가량이 2배에 미치지 못한다.

㉢ 2019년 풍력 생산량은 242천toe이고, 그 6배는 1,452천toe이므로 2019년 바이오 생산량은 6배 이상이다.

㉡ 태양열·태양광, 폐기물, 기타 에너지 3종만이 생산량이 매년 증가하였다.

㉣ 2024년 태양열·태양광 비중은 11%이며, 2017년 태양열·태양광 생산량이 225천toe이므로 그 비중이 11%라고 가정하면 2017년 전체 생산량은 약 2,045천toe이다. 폐기물 생산량만으로도 5,122천toe가 넘으므로 태양열·태양광 비중은 2024년의 11%보다 작다.

19 ④

④ 보수총액에서 상여가 차지하는 비중은 다음과 같다.

A : $\frac{4,487}{7,187} \times 100 \fallingdotseq 62.4(\%)$, B : $\frac{4,089}{6,497} \times 100 \fallingdotseq 62.9(\%)$

C : $\frac{2,000}{4,068} \times 100 \fallingdotseq 49.2(\%)$, D : $\frac{2,598}{3,728} \times 100 \fallingdotseq 69.7(\%)$

E : $\frac{1,676}{3,609} \times 100 \fallingdotseq 46.4(\%)$, F : $\frac{1,426}{3,069} \times 100 \fallingdotseq 46.5(\%)$

G : $\frac{1,417}{3,050} \times 100 \fallingdotseq 46.5(\%)$, H : $\frac{1,410}{3,036} \times 100 \fallingdotseq 46.4(\%)$

I : $\frac{1,000}{3,000} \times 100 \fallingdotseq 33.3(\%)$, J : $\frac{814}{2,990} \times 100 \fallingdotseq 27.2(\%)$

따라서 보수총액에서 상여가 차지하는 비중이 가장 큰 임원은 D이다.

① C의 보수총액은 4,068십만 원으로 D의 3,728십만 원보다는 많지만 상여는 2,000십만 원으로 2,598십만 원인 D보다 적으므로 옳지 않은 설명이다.

② 기획본부 임원은 E로 보수총액에서 급여가 차지하는 비중은 $\frac{1,933}{3,609} \times 100 \fallingdotseq 53.6(\%)$이다.

③ 사업부별 임원 1인당 보수총액과 급여의 평균을 구하면 다음과 같다.

비서실 : 7,187십만 원, 2,700십만 원

감사실 : 6,497십만 원, 2,408십만 원

경영본부 : $\frac{4,068+3,036}{2} = 3,552$(십만 원), $\frac{2,068+1,626}{2} \fallingdotseq 1,847$(십만 원)

전력계통본부 : 3,728십만원, 1,130십만 원

기획본부 : 3,609십만 원, 1,933십만 원

안전&영업배전본부 : $\frac{3,069+3,000}{2} = 3,034.5$(십만 원), $\frac{1,643+2,000}{2} = 1,821.5$(십만 원)

해외원전사업본부 : $\frac{3,050+2,990}{2} = 3,020$(십만 원), $\frac{1,633+2,176}{2} = 1,904.5$(십만 원)

따라서 임원 1인당 보수총액 평균이 가장 적은 사업부는 '해외원전사업본부'이고, 임원 1인당 급여 평균이 가장 적은 사업부는 '전력계통본부'이다.

⑤ 미등기 임원의 급여 합은 2,700 + 1,130 + 1,633 + 1,626 + 2,176 = 9,265(십만 원)으로 등기 인원의 급여 합인 2,408 + 2,068 + 1,933 + 1,643 + 2,000 = 10,052(십만 원)보다 작다.

20 ⑤

2025년 C의 보수총액은 상여만 20% 올랐으므로 2,068 + (2,000 × 1.2) = 4,468(십만 원)이고, G의 보수총액은 급여 10%, 상여 20%가 올랐으므로 (1,633 × 1.1) + (1,417 × 1.2) = 3,496.7(십만 원)이다.

21 ⑤

첫 번째 조건을 통해, B는 토요일, F는 일요일에 근무함을 알 수 있다.
세 번째 조건에서 A는 오전 근무를 하는데 E보다 늦게 근무를 하므로 토요일 오전과 일요일 오전 중 일요일 오전에 근무함을 알 수 있다. 이에 따라 E는 토요일에 근무한다.
두 번째 조건에서 C는 밤 근무만 하는데, 네 번째 조건을 보면 E는 C가 근무하기 바로 전 시간대에 근무를 하므로 오후 근무를 한다. 따라서 E가 토요일 오후에 근무하므로 C는 토요일 밤에 근무한다.

토요일	일요일
	A
E	
C	

B는 토요일에 근무한다고 하였으므로 토요일 오전에 근무를 하게 되고, F와 D가 일요일에 근무한다.(단, F와 D의 근무시간대는 주어진 조건만으로 정확히 알 수 없다.)

토요일	일요일
B	A
E	F(D)
C	D(F)

⑤ D는 일요일 오후 근무 또는 밤 근무를 한다.

22 ②

② 지하철 1이 15분 늦어지는 경우 경로 1은 2시간 33분, 경로 2는 2시간 23분, 경로 3은 2시간이 걸리므로 경로 3을 선택할 것이다.
① 경로 3은 실외에 있는 시간이 버스 − 지하철 환승 2번, 도보 5분으로 25분이지만, 경로 1은 버스 − 지하철 환승 1번 + 도보 13분으로 23분이므로 더 짧다.
③ 경로 1은 2시간 18분, 경로 2는 2시간 8분, 경로 3은 2시간이 걸리므로 경로 3을 선택할 것이다.
④ 최소경비인 경로 2는 환승시간이 15분으로 가장 짧다.
⑤ 왕복 시 환승시간을 최소한으로 한다면 경로 2가 30분으로 가장 짧다.

23 ④

A, B, F, G의 합계 점수는 각각 240점, 235점, 260점, 235점이다.
합격자 3명 중 A와 합계 점수가 같은 사람이 1명이라고 했으므로 3명 중 A를 포함한 2명은 240점임을 알 수 있다. 따라서, 합계 점수가 260점인 F도 합격자이고 점수가 알려지지 않은 C, D, E 중 한 명이 합격자이며 합계 점수가 240점임을 알 수 있다.
또한, 합계 점수가 가장 높은 사람과 가장 낮은 사람의 점수 차이는 35점이라 했으므로, 합격자 중 점수가 가장 높은 F의 점수 260점이 가장 높은 점수이고 이보다 35점 낮은 225점이 가장 낮은 점수임을 알 수 있다. 즉, C, D, E 중 한 명의 합계 점수가 225점임을 알 수 있다.
그리고 C, D, E 중 한 명이 받은 합계 점수 225점이 가장 낮은 점수이고 합격자인 한 명이 240점이므로 나머지 불합격자 한 명은 225점보다는 점수가 높고 240점보다는 낮은 점수를 받았음을 추론할 수 있다. 따라서 나머지 한 명은 230점 또는 235점을 받았다.
C, D, E→ 합계 점수 240점, 230점 또는 235점, 225점
④ 합격자의 합계 점수 평균은 약 246.6점이다.
① C, D, E 중 한 명은 합계 점수가 230점 또는 235점이다.
② C, E, D 중 한 명이 합격자이므로 D의 점수가 E보다 낮으면 E 또는 C가 합격자임을 추론할 수 있으나 둘 중 누가 합격자인지는 알 수 없다.
③ D의 점수가 225점이라면 C 또는 E가 합격자인데, 둘 중 누가 합격자인지는 알 수 없다.
⑤ C, D, E 중 230점 또는 235점을 받은 사람이 있다.

24 ⑤

ⅰ) 갑의 말이 참인 경우
을은 두 번째로 들어왔다.(가장 늦게 들어온 경우 갑의 말은 참이 아님)
따라서 정은 1등으로 들어왔거나 세 번째로 들어왔다. 만약 정이 1등으로 들어왔다면 들어온 순서는 정 − 을 − 갑 − 병 순서가 된다. 그런데 만일 정이 세 번째로 들어왔다면 병 − 을 − 정 − 갑 순서가 되는데, 이는 정의 진술에 배치되므로 불가능하다.
따라서 정 − 을 − 갑 −병의 순서가 가능하다.
ⅱ) 갑의 말이 거짓인 경우
을은 세 번째로 들어왔다.(을이 가장 먼저 들어왔다면 갑은 을에 대해 거짓을 말할 수 없음. 첫 번째, 두 번째, 네 번째 순서도 아니므로 세 번째로 들어옴)
을의 진술이 참이라면 정은 가장 먼저 들어왔으며, 갑은 두 번째로 들어왔다. 따라서 가능한 순서는 정 − 갑 − 을 − 병이다. 그런데 을의 진술이 거짓이라면 정이 가장 늦게 들어온 것이 되는데 이는 을의 진술에 배치된다.
따라서 을의 진술은 참이고 순서는 정 − 갑 − 을 − 병이다.
갑의 말이 참인 경우와 거짓인 경우 모두 가장 먼저 들어온 사람은 정이고 가장 늦게 들어온 사람은 병이다.

25 ①

미세먼지가 '매우나쁨' 단계였던 날은 2일 화요일, 3일 수요일이다. 따라서 화요일, 수요일 2일간은 홀짝제 기준으로, 월요일, 목요일, 금요일 3일은 요일제 기준으로 차량 운행 여부가 결정되었음을 알 수 있다.

월	화	수	목	금
1일	2일	3일	4일	5일
1 X 2 X	짝수만 운행	홀수만 운행	7 X 8 X	9 X 0 X

ⅰ) 갑은 월요일에 차를 운행했으므로 차 차량 끝 번호가 1이나 2는 아니다. 하루만 차량을 운행할 수 없었다고 했으므로 홀짝제를 실시한 화요일 또는 수요일에 차량 운행을 하지

못했음을 알 수 있다. 목요일과 금요일에는 차량을 운행했으므로 차량 끝 번호가 7, 8, 9, 0도 아니다. 따라서 차량 끝 번호는 3, 4, 5, 6 중 하나이다.
만약 화요일에만 차량운행을 하지 못했다면 3일 수요일에는 차량 운행을 한 것이므로 차량 끝 번호는 3 또는 5이다. 만약 수요일에만 차량운행을 하지 못했다면 2일 화요일에는 차량 운행을 한 것이므로 차량 끝 번호는 4 또는 6이다.
ⅱ) 을은 홀짝제를 실시하는 3일 수요일에 차량을 운행했으므로 차량 끝 번호는 홀수이다. 따라서 화요일에는 차를 운행할 수 없고, 수요일을 포함해 4일을 차량을 운행할 수 있었으므로 홀짝제를 실시하지 않은 월, 목, 금요일에는 차를 운행하였다. 따라서 차량 끝 번호는 1, 2, 7, 8, 9, 0이 아니고, 남은 3, 4, 5, 6 중 홀수에 해당하는 3 또는 5이다.
ⅲ) 병은 월요일, 수요일, 금요일만 차를 운행했으므로, 차량 끝 번호는 홀수이다. 또한 1, 2, 9, 0이 아니므로 3, 5, 7 중 하나이다.
① 갑의 차량 끝 번호가 될 수 있는 가장 큰 수는 6이다.

26 ②

직원들의 직원 성과 점수를 구하면 다음과 같다.
갑 : $85 + 80 + (85 \times 2) + 5 + 7 = 347$
을 : $70 + 95 + (75 \times 2) + 5 + 5 = 325$
병 : $65 + 85 + (70 \times 2) + 3 = 293$
정 : $90 + 70 + (95 \times 1.8) = 331$
무 : $70 + 95 + (80 \times 1.8) + 5 = 314$
기 : $85 + 85 + (80 \times 2) + 5 + 3 = 338$
경 : $80 + 90 + (85 \times 2) + 7 = 347$
따라서 직원 성과 점수가 높은 갑과 경이 승진한다.

27 ③

위 문제의 계산에 직원 성과 점수에서 320점 이상을 받은 직원은 갑, 을, 정, 기, 경 5명이다.
가중치를 고려하여 직원들의 점수를 구하면 다음과 같다.
갑 : $85 \times 0.7 + 85 \times 0.3 = 85$
을 : $70 \times 0.7 + 75 \times 0.3 = 71.5$
정 : $90 \times 0.7 + 95 \times 0.3 = 91.5$
기 : $85 \times 0.7 + 80 \times 0.3 = 83.5$
경 : $80 \times 0.7 + 85 \times 0.3 = 81.5$
85점 이상을 받는 직원은 갑과 정이므로 보너스를 받게 되는 직원은 2명이다.

28 ②

② 특대형 야외천막 1개, 중형 야외천막 2개가 필요하므로, D, E업체의 대여 및 설치 비용을 계산하면 다음과 같다.
D : $350,000 + 180,000 \times 2 + 20,000 \times 3 = 770,000$(원)
E : $300,000 + 240,000 \times 2 = 780,000$(원)
D업체를 이용하는 것이 더 저렴하며, 이때 D업체에 지불할 비용은 77만 원이다.
① 참가자가 260명이므로, A, B, C업체에서 260개의 도시락을 주문할 경우의 가격은 다음과 같다.
A : $8,500 \times 260 \times 0.9 = 1,989,000$(원)
B : $8,200 \times 260 - 200,000 = 1,932,000$(원)
C : 7,500원 $\times 260 = 1,950,000$(원)
따라서 B업체에서 주문하는 것이 가장 저렴하며, 이때 주문가격은 193만 2천 원이다.
③ 문화상품권 5만 원권은 동요대회 우수상 및 장려상 수상자 5인, 체육대회 우승팀에 속한 개인, 백일장대회 우수상을 받은 3인에게 주어지므로 $5 + (5 + 10 + 20 + 4) + 3 = 47$(매)를 구매해야 한다.
④ 시상품으로는 문화상품권 5만 원권 47매와 10만 원권 2매(동요대회 및 백일장대회 최우수상 수상자)가 필요하므로 $47 \times 50,000 + 200,000 = 2,550,000$(원)이 든다.
⑤ 행사에 필요한 예산은 도시락 193만 2천 원 + 시상품 구매 255만 원 + 야외천막 비용 77만 원 = 525만 2천 원이다. 따라서 600만 원을 넘지 않는다.

29 ③

③, ④ 두 부서가 같은 날짜에 준중형차를 이용하려고 한다. 그런데 준중형차 2대 중 1대는 23일에 왕복 200km를 초과하는 대전을 다녀왔으므로 24일에 운행할 수 없다. 남은 준중형차 1대는 왕복 200km가 되지 않은 밀양을 다녀왔으므로 24일에 운행 가능하다. 따라서 준중형차 1대를 이용할 수 있는데 두 부서가 신청했으므로 먼저 신청한 전자제어부가 배차를 받게 된다.
① 화물이 200kg이 되지 않고 2m도 되지 않으므로 1톤트럭을 배차할 수 없다.
② 11월 24일에 왕복 200km를 초과하여 운행하였으므로 11월 25일에 승합차를 배차할 수 없다.
⑤ 승합차의 탑승 인원은 최소 6명이 되어야 한다.

30 ⑤

⑤ HHI는 시장 내 모든 기업의 시장점유율을 알아야 하며 각 시장점유율을 제곱하여 계산해야 하지만, CRk는 상위 몇 개 기업의 시장점유율만 더하여 구할 수 있다.
① 상위 기업이 시장점유율을 독점할수록 HHI지수가 높아진다. B국과, 시장점유율 1위 기업의 비중이 큰 D국의 HHI지수를 비교해 보면 다음과 같다.
B국 : $30^2 + 30^2 + 20^2 + 10^2 = 2,300$
D국 : $45^2 + 30^2 + 10^2 + 10^2 + 5^2 = 3,150$
따라서 B국보다 D국의 HHI지수가 높다.
② E국의 시장점유율 상위 5개 기업의 시장점유율을 제곱한 값을 구하면 $30^2 + 20^2 + 15^2 + 10^2 + 10^2 = 1,725$이다. 하지만 상위 5개 기업의 시장점유율은 총 85%이고, 나머지를 시장점유율 10%, 5%인 기업이 차지하고 있다고 가정하면 HHI지수가 1,800을 넘게 되어 과점적 시장으로 볼 수 있다. HHI지수는 시장에 참여하는 모든 기업들의 시장점유율을 포함하는 개념인데, 표에 주어진 것은 전체 기업의 시장

점유율이 아니라 상위 5개 회사의 시장점유율이므로 주어진 표의 수치만으로는 판단할 수 없음에 유의해야 한다.
③ CR4를 기준으로 하면 B국과 D국은 독점적 시장이 된다.
④ A국과 C국의 CR3는 60%로 같으나 HHI지수는 같은지 알 수 없다.

31 ④

영업팀은 월요일 또는 화요일에 회의실 예약을 희망하는데, 이때 사용 인원이 10명이므로 제1회의실을 예약할 수 없다. 따라서 화요일에 제2회의실을 예약한다.
기획총무팀은 방송장비가 필요로 하므로 금요일에 방송장비가 사용 가능한 대회의실을 예약한다. 홍보팀은 오전에 회의실 사용을 원하는데, 제3회의실은 오후 시간대에만 사용이 가능하므로 홍보팀은 제3회의실을 예약하지 않는다.(수요일 예약 ×)
재무팀은 영업팀보다 늦게 회의실 사용하므로 수, 목, 금요일 중에 회의실을 예약하는데 금요일에 기획총무팀이 회의실을 예약했으므로 수요일 또는 목요일에 회의실을 예약한다.
④ 금요일에는 기획총무팀이 예약을 했고, 같은 요일에 예약한 팀들은 없다고 했으므로 홍보팀은 금요일에는 회의실을 예약하지 않는다.
① 영업팀은 화요일에 제2회의실을 예약한다.
② 홍보팀은 오전에 회의실 사용을 원하므로, 오후 시간대만 사용이 가능한 제3회의실을 예약하지 않는다.
③ 기획총무팀은 제2회의실을 예약하지 않고 대회의실을 예약한다.
⑤ 재무팀은 수요일 또는 목요일에 회의실을 예약하므로 제2회의실 또는 제3회의실을 예약한다. 홍보팀은 수요일에는 예약하지 않고, 영업팀이 화요일, 기획총무팀은 금요일에 회의실을 예약하므로, 홍보팀이 회의실을 예약하는 요일은 월요일 또는 목요일이고 이때의 회의실은 제1회의실, 제2회의실, 제3회의실 중 하나이다.
따라서 재무팀과 홍보팀은 같은 회의실을 예약할 수도, 아닐 수도 있다.

32 ③

③ 포장의 공급가액은 108,000원이다. 이를 주문 수량인 270으로 나누면 한 권당 포장 단가는 400원임을 알 수 있다. 포장 단가가 400원인 포장 방법은 없으므로, 양 대리는 OPP 비닐 포장 + 종이쇼핑백 또는 포장지 + 부직포 포장을 선택했을 것이다.
① 양 대리는 중형 크기의 수첩 중 가장 저렴한 수첩인 그린 B를 구매하였을 것이다. 따라서 양 대리가 주문한 수첩의 공급가액은 2,600 × 270 = 702,000(원)이다.
② 50권마다 배송비가 책정되므로 270권을 총알배송으로 배송하려면 5,000 × 6 = 30,000(원)이 필요하지만, 배송비의 공급가액은 27,000원이므로 총알배송이 아닌 일반배송으로 배송될 것이다.
④ 그린 B 수첩의 공급가액은 702,000원이고, 포장 공급가액은 108,000원, 배송 공급가액은 27,000원이다. 양 대리는 옵션으로 펜을 꽂을 수 있는 스프링과 가죽커버 중 저렴한 스프링을 선택했을 것이며, 문구를 각인해야 한다. 따라서 옵션 단가는 200 + 100 = 300(원)이고, 옵션 공급가액은 300 × 270 = 81,000(원)이다. 따라서 전체 금액은 702,000 + 108,000 + 27,000 + 81,000 = 918,000(원)이지만, 100권 이상 주문 시 전체 금액의 5%가 할인되므로 업체에 지불해야 할 금액은 918,000 × 0.95 = 872,100(원)이다.
⑤ 양 대리는 스프링과 문구각인을 선택하여 옵션 단가는 300원이 되고, 옵션 공급가액은 300 × 270 = 81,000(원)이다. 하지만 전체 비용에서 5%가 할인되므로, 옵션을 선택하지 않는다면 81,000 × 0.95 = 76,950(원)이 절약된다.

33 ④

사원들의 점수를 주어진 기준에 따라 계산하면 다음과 같다.

구분	최종평가점수
A	80 × 0.3 + 75 × 0.3 + 65 × 0.4 = 72.5
B	85 × 0.3 + 65 × 0.3 + 75 × 0.4 = 75
C	75 × 0.3 + 90 × 0.3 + 65 × 0.4 = 75.5
E	70 × 0.3 + 100 × 0.3 + 50 × 0.4 = 71
F	60 × 0.3 + 85 × 0.3 + 65 × 0.4 = 69.5
G	90 × 0.3 + 85 × 0.3 + 60 × 0.4 = 76.5

60점을 두 번 받은 D는 제외되고, 최종평가점수가 높은 상위 2명인 G와 C가 우수 신입사원으로 선정된다.

34 ①

부서별 결원 수와 희망자 수는 다음과 같다.

부서	결원 수	희망자 수	부서	결원 수	희망자 수
경영관리부	1	1	인사지원부	1	0
재무관리부	1	2	IT정보부	2	2
전략기획부	2	0	마케팅부	2	2

재무관리부의 결원 수는 1명이나, 배치되기 원하는 신입사원은 A와 F 두 사람이다.
A와 F의 평가점수를 구하면
A : 75 + 65 = 140, F : 85 + 65 = 150로 점수가 낮은 A는 희망하는 부서에 배치되지 못한다.

35 ④

ⅰ) A의 구매 금액
쇠고기(1,200g) + 우유(2L) + 잡곡(500g) + 고등어(4마리) + 고등어 손질 + 샴푸 1+1세트
= (10,000 × 2) + 2,500 + 2,400 + 8,000 + 1,000 + 12,000
= 45,900(원)
우유 1L 구매 시 1L를 증정하기 때문에 우유는 1L 가격만 계산해도 된다.

구매 비용이 50,000원 미만이므로 배송비 3,500원이 추가돼 지불해야 할 금액은 49,400원이다.
ii) B의 구매 금액
사과(1상자) + 돼지갈비(1,800g) + 대파(2단) + 물티슈(10팩) + 신선포장 = 25,000 + (14,000 × 3) + (3,500 × 2) + 11,500 + 1,000 = 86,500(원)
50,000원 이상이므로 배송비는 무료이며, 회원이므로 10% 할인을 적용하면 86,500 × 0.9 = 77,850(원)이다.
따라서 두 사람이 지불해야 할 금액의 합은 49,400 + 77,850 = 127,250(원)이다.

36 ②

회원이므로 고등어 손질은 무료이며 쿠폰(5,000원) 2매를 사용하면 45,900 − 1,000 − 10,000 = 34,900(원), 10% 회원 할인을 적용하면 34,900 × 0.9 = 31,410(원)이고, 배송비 3,500원을 더하면 34,910원이다.

37 ②

② 편도 기준 M501은 44분 + 3분, G024는 50분, G1890은 55분이 걸린다. 따라서 광역버스 중 2개 노선(M501과 G024)의 경우 8시에 출발했을 때 회사에 8시 50분까지 도착할 수 있다.
① 편도 기준으로 지하철의 이동시간을 계산해 보면 도보 10분 + 지하철 38분 + 도보 3분 = 51분이다. 광역버스 M501이나 G024의 이동시간이 더 짧다.
③ G024의 편도 요금은 2,100 + (26 × 50) = 3,400(원)이고, 22일 출근 시 한 달 통근 교통비는 3,400 × 2 × 22 = 149,600(원)이 된다.
④ 편도 기준 광역버스 추가요금은 M501이 21 × 50 = 1,050(원), G024가 26 × 50 = 1,300(원)으로 추가요금 합은 2,350원으로 2,000원을 넘는다.
⑤ 지하철 이용 시 편도 기준 10분 + 38분 + 3분 = 51분이 걸리므로 왕복 2시간 이상 걸리지 않는다.

38 ②

바뀌는 정책에 따른 광역버스 세 노선과 지하철의 편도요금을 계산해 보자.
M501버스 : 2,500 + 21 × 70 − 100 = 3,870(원)
G024버스 : 2,300 + 26 × 70 = 4,120(원)
G1890버스 : 2,050 + 23 × 70 = 3,660(원)
지하철 : 3,200 × 1.1 = 3,520원(원)
통근 시 지하철 편도요금이 가장 저렴하다.
따라서 한 달에 지출할 요금을 계산하면 3,520 × 2 × 22 = 154,880(원)이다.

39 ④

서울로 출장을 가는 직원의 경우 오후 1시 이후에 부산에서 출발하므로, 13시 20분에 출발하는 KTX를 타고 서울에 도착했을 때의 시각은 15시 40분이다. 매 정시마다 거래처의 공장을 참관할 수 있으므로 16시에 공장을 참관하고, 참관을 마쳤을 때의 시각은 17시 30분이 된다. 이때, 17시 40분에 서울에서 출발하는 KTX를 타고 부산에 도착했을 때의 시각은 20시이므로, 서울로 출장을 간 직원은 2시간에 대한 시간외 수당을 지급받는다.
인천으로 출장을 가는 직원의 경우 13시 30분에 출발하는 KTX를 타고 인천에 도착했을 때의 시각은 16시 10분이고, 인천에 도착한 후 30분 뒤에 회의가 시작되므로 16시 40분에 회의를 시작하여 회의를 마쳤을 때의 시각은 17시 40분이다. 이때, 18시 30분에 인천에서 출발하는 KTX를 타고 부산에 도착했을 때의 시각은 21시 10분이므로 인천으로 출장을 간 직원은 3시간에 대한 시간외 수당을 지급받는다.
따라서 시간외 수당을 가장 적게 지급하기 위해서는 인천에는 사원 직급을, 서울에는 대리 직급을 출장보내야 하며 이때 지급할 시간외 수당은 10,000 × 3 + 14,000 × 2 = 58,000(원)이다.

40 ①

A업무는 8시간(2일)이 필요하며 화요일까지 마쳐야 하므로 월요일에 5시간, 화요일에 3시간을 배치한다. D업무는 6시간이 필요하며 목요일까지 마쳐야 하는데 월, 화는 A업무가 있어 규칙상 수요일에 5시간, 목요일에 1시간을 배치한다. B업무는 목요일까지가 업무기한이며 4시간이 필요한데 월, 화, 수에는 남은 시간이 4시간보다 적다. 따라서 목요일에 배치하는데 이는 1시간만 남은 D업무보다 필요한 시간이 많으므로 D업무보다 앞에 배치한다. C업무는 수요일까지 마쳐야 하는데 월, 수는 2시간 이상의 시간이 없으므로 화요일에 배치한다. E와 F업무 역시 규칙과 남은 업무 가능 시간을 고려하여 배치하면 다음과 같이 월요일~금요일 일정을 완성할 수 있다.

시간	월	화	수	목	금
11:00~12:00	A	A	D	B	F
12:00~13:00	A	A	D	B	F
13:00~14:00	A	A	D	B	F
14:00~15:00	A	C	D	B	E
15:00~16:00	A	C	D	D	E

41 ①

- 2020년 2월 완성 − 2002
- 코어i7 시더밀 − 5K
- 씽크 RAM2 2테라 − 05013
- 12,700대 완성 − 12700

42 ④

- 2208 – 2022년 8월 완성
- 70 – 애슬론 X–2 레고르
- 04009 – DDR3 1테라
- 56204 – 56,204대 완성

43 ③

트로이 목마는 해킹 목적으로 피해자의 컴퓨터에 침입하여 피해자는 모르게 해당 컴퓨터 또는 해당 컴퓨터와 접속된 타인의 정보를 탈취하는 것이 목적인 악성 프로그램이다. 바이러스가 아닌 프로그램의 일종으로 피해자의 컴퓨터가 유용한 프로그램으로 착각하여 장기간 잠복하여 많은 정보를 탈취한다. 주로 피해자의 정보를 획득하여 금전적인 편취를 목적으로 한다.
③의 내용은 백도어(backdoor)에 대한 설명이다.

44 ⑤

유료인 앱을 무료로 제공하는 apk는 악성 기능을 포함할 가능성이 있을 뿐 아니라 다운로드하여 사용할 경우 불법 사용이 될 수 있다. 따라서 백신 프로그램으로 검사 후 다운로드하는 것도 바람직하지 않다.

45 ⑤

가상사설망(Virtual Private Network, VPN)은 IPsec이나 SSL 기반의 암호 프로토콜을 사용한 터널링 기술을 통해 안전한 암호통신을 할 수 있도록 해주는 보안 시스템을 의미한다. 개인 사설 인터넷망 구축과는 연관이 없다.

46 ⑤

⑤ 지문이나 홍채 등 속성기반 인증기술을 지식기반 인증, 소유기반 인증과 함께 복합적으로 사용하면 신원을 철저하게 확인할 수 있다고 하였다. 즉 속성기반 인증 기술은 제로 트러스트 모델이 주목받으면서 더 자주 쓰였다고 추론할 수 있다. 하지만 그렇다고 해서 속성기반 인증 기술이 이로 인해 비약적으로 발전했다고 볼 만한 근거는 제시되어 있지 않다.

47 ①

② 2010년 10월을 '1010'으로 나타낸다.
③ 과자류는 'SC'이다.
④ 프랑스 생산은 'KR'이 아니라 'FR'이다.
⑤ 2018년 1월은 '1801'로 나타낸다.

48 ①

① 제3창고의 'SH–2305–UK–0110'는 영국산 소시지·햄류를 나타내는 코드이다.
② 제3창고에는 2020년 이전에 생산된 제품이 없다. 나머지 제1, 제2, 제4창고에는 2020년 이전 생산된 제품이 있다.
③ 한국산 가공식품은 총 4개로 전체 28개 가공식품 중 약 14%를 차지한다.
④ 전체 창고에 있는 식품 중 미국산 가공식품은 3개, 영국산 가공식품은 5개로 합하면 8개이다.
⑤ 겨울에 생산된 제품이라면 제조년월 4자리 중 뒤의 2자리가 12, 01, 02가 될 것이다. 제4창고에는 이러한 제품이 없다.

49 ⑤

순서도의 A와 B는 ×2씩 커진다. A와 B의 값이 16일 때, C의 값이 21보다 커지며 이때 S의 값은 64이다.

50 ③

엑셀에서 'SUM'은 셀 범위에 있는 모든 수를 더하는 함수이다. 따라서 임직원의 월 급여에 직급별 상여금 요율을 적용한 금액의 합을 뜻하는 ③이 정답이다.
① COUNTIF는 범위 내에 지정된 조건의 값이 있는 셀의 개수를 세어주는 함수이다.
② RANK는 지정된 범위 내에서 순위를 구하는 함수이다.
④ MATCH는 함수에서 내가 알고 싶은 값이 몇 번째 행렬에 위치하는지 숫자로 결과값을 나타내는 함수이다.
⑤ VLOOKUP은 범위의 첫 열에서 검색값을 찾아 지정한 열에서 같은 행에 있는 값을 표시해 주는 함수이다.

제4회 직무능력검사

01. ④	02. ③	03. ②	04. ③	05. ③
06. ③	07. ②	08. ④	09. ②	10. ④
11. ②	12. ②	13. ①	14. ③	15. ③
16. ⑤	17. ②	18. ①	19. ①	20. ⑤
21. ③	22. ④	23. ⑤	24. ④	25. ⑤
26. ④	27. ⑤	28. ①	29. ②	30. ②
31. ③	32. ②	33. ①	34. ④	35. ①
36. ②	37. ①	38. ①	39. ②	40. ①
41. ③	42. ④	43. ⑤	44. ⑤	45. ④
46. ②	47. ①	48. ②	49. ④	50. ④

01 ④

④ 마지막 문단에서 수질오염을 예방하기 위하여 합성세제의 사용량을 줄여야 한다는 것을, 첫 번째 문단에서 영양 염류나 유기 물질이 미생물의 먹이가 되어 부영양화를 일으킨다는 것을 알 수 있다. 하지만 합성세제가 직접적으로 미생물의 먹이가 되는지는 이 글의 내용만으로는 알 수 없다.
① 마지막 문단에서, 수질오염을 예방하기 위해서는 물을 재활용하여 하수처리장에서 정화하는 물의 양을 줄여야 한다고 하였다. 물을 많이 흘려보내면 하수처리장에서 정화하는 물의 양이 많아질 것이므로 물 정화에 쓰이는 에너지가 많아질 것이라고 추론할 수 있다.
② 첫 번째 문단의 "영양 염류나 유기 물질은 미생물과 조류(식물성 플랑크톤 포함)의 영양분이 되어 수중 생태계의 생산자를 크게 증가시킨다"에서 알 수 있다.
③ 두 번째 문단에서 자정 작용이란 오염된 물이 시간이 지나면서 자연적인 작용을 통해 스스로 깨끗해지는 현상이고 자정 작용도 한계치를 벗어나면 더 이상 자연적으로 복구하기 어렵다는 내용이 제시되어 있다. 따라서 강물이 일정 수준 내로 오염되면 다시 정화될 수 있다는 것을 알 수 있다.
⑤ 마지막 문단에서 팔당호에는 갈대, 애기부들, 달 뿌리풀 등의 식물이 자라고 있으며, 이러한 식물들은 물속의 오염 물질을 제거하는 기능을 가지고 있다고 하였다.

02 ③

③ 한국형 제시카법(법무부 입법예고안)은 이미 출소했지만 전자장치를 부착하고 있는 아동성범죄자도 적용 대상에 포함된다고 하였으므로, 이미 출소한 김근식과 박병화와 같은 성범죄자들의 거주지를 제한하는 것도 가능하다고 볼 수 있다.
① 제시카법은 12세 미만 아동을 상대로 성범죄를 저지른 범죄자에 최소 25년의 형량을 적용하고 출소 이후에도 아동이 많은 곳 주변에 거주하지 못하도록 한 법이다.
② 헌법상 거주이전의 자유를 침해해 위헌 소지가 있다는 우려가 나오며 국회 법제사법위원회를 통과하지 못했다고 하였다.
④ 거주 제한을 적용받는 대상은 13세 미만 아동을 대상으로 했거나, 3회 이상 성범죄를 저질러 전자장치를 부착한 이들 중 10년 이상 형을 선고받고 복역한 고위험 성범죄자라고 하였다.
⑤ 마지막 문단에 이에 대한 내용이 제시돼 있다. 성범죄자들이 한곳에 몰려 살게 될 경우 치안 불안정이 확대되면서 치안 영역에서의 지역격차 문제가 발생할 수도 있다.

03 ②

② 국립조선왕조실록박물관에 오대산 사고본 의궤 82책이 보관되어 있다는 사실만 제시되어 있을 뿐, 다른 의궤가 남아있지 않다는 사실은 글의 내용으로 확인할 수 없다.
① 조선왕조의궤는 1910년까지 왕실의 주요 행사가 정리되어 있다고 하였으므로, 일제강점기 직전까지의 왕실 행사의 모습을 기록하고 있다고 할 수 있다.
③ 조선왕조의궤는 600여 년의 생활상을 시각적으로 이해할 수 있는 귀중한 자료로서 그 희소성이 인정된다고 하였으므로, 이러한 특징을 가진 유물이 세계적으로 흔하지 않음을 추론할 수 있다.
④ 일제강점기에 조선왕조실록 788책 전량이 도쿄대학으로 불법 반출됐고, 상당량은 1923년 관동대지진 당시 불에 타며 소실됐다. 화를 면한 27책이 경성제국대학으로 이전됐다고 하였으므로, 절반 이상이 관동대지진 당시에 소실되었음을 추론할 수 있다.
⑤ 20세기 초까지 실록과 의궤 총 4,416책이 소장돼 있었고 일제강점기에 일본으로 불법 반출되며 상당수가 소실되었다고 하였으므로, 일제강점기 이전에는 국내에 4,000권 이상의 실록과 의궤가 보존되어 있었음을 추론할 수 있다.

04 ③

㉠ 제시문 앞부분에서 일본은행이 양적완화 3종 세트 정책을 중단한다고 하는 내용이 제시되어 있으나, 이에 대한 이유는 제시되어 있지 않다. 다만 양적완화 정책을 도입한 이유(거품경제 이후 경기부양)만이 제시되고 있다.

㉢ 일본은행의 수익률곡선제어 도입 시기 및 ETF 매입 도입 시점은 제시되어 있으나, REIT 매입 도입 시점은 제시되어 있지 않아 알 수 없다. 다만 2022년 6월을 마지막으로 매입이 중단되었다고만 제시돼 있다.

05 ③

제시된 글에 따르면, 태양 대기 표면의 코로나는 태양 표면 위 1,300마일부터 시작해 모든 방향으로 수백만 마일 이상 확장되고, 태양 표면에 생성된 침상체가 코로나로 분출되어 코로나를 가열함에 따라 코로나는 태양 핵과 가까운 위치에 있는 낮은 층과 비교할 때 무려 백 배 이상의 온도로 상승하게 된다. 따라서 ㉠에는 '태양 대기에 분출된 침상체가 코로나를 가열한다'는 내용이 들어가는 것이 가장 적절하다.

06 ③

③ OECD 회원국 평균 노인 기준연령은 제시되어 있지 않아, 우리나라 노인 기준연령보다 높은지 낮은지 알 수 없다.
① 노인들의 지하철 무임승차 혜택은 1984년 생겨나 연령 조정 없이 현재에 이르렀다.
② 1980년대 초 65세 인구 비율은 전체의 4% 미만이고 2003년에는 전체의 19.0%에 달하므로 비율이 약 5배 늘어났음을 알 수 있다.
④ 우리나라는 OECD 회원국 중 노인빈곤률이 가장 높은 국가라고 하였다. 또한 노인 연령기준을 섣불리 높이면 가뜩이나 심각한 노인 문제가 더욱 악화될 것이라고 하였으므로 대책 없이 노인 기준연령 상향을 시행할 경우 노인 빈곤 문제가 더욱 심각해질 것이다.
⑤ 노인에 대한 부양 의무가 과도하게 커질 경우 젊은 층이 짊어지는 부담 역시 커지는 재정적인 문제가 있다고 하였다.

07 ②

② 문화상품의 국제적 유통에는 경제적 요인뿐만 아니라, 국가 간의 문화적 유사성과 같은 문화적 요인도 영향을 미친다고 하였다. 그리고 문화적 요인으로 인한 문화적 할인효과가 프로그램에 세계적 확대를 저해할 수 있다고 하였다. 하지만 그렇다고 해서 문화적 유사성이 경제적 요인보다 더 큰 영향을 준다고 볼 수는 없다.
① 텔레비전 프로그램의 국가 간 유통에는 경제적, 정치적, 문화적 요인이 영향을 미칠 수 있다고 하였다.
③ 아시아 국가들은 서구의 프로그램보다는 아시아에서 만들어진 프로그램을 선호한다고 하였다. 중국, 일본과 한국은 서로 비슷한 문화를 공유하고 있는 국가이기 때문에 문화적 유사성을 가지는 국가들에서 호소력을 갖는다는 개념으로 설명될 수 있다.
④ 문화적 할인효과는 프로그램 제작국 문화와 이질적인 문화권에서는 호소력이 감소하게 되므로 프로그램의 전 세계적 확대에는 부정적인 영향을 미친다고 할 수 있다.
⑤ 자국 시장이 클수록 더 많은 예산을 프로그램 제작에 투입할 수 있다고 하였으므로, 자국 시장이 작은 나라는 예산을 많이 투입할 수 없다고 볼 수 있다.

08 ④

④ 두 번째 문단에서 "파괴 후 머지않아 어떠한 기상이변이 나타나는 것은 아니나, 그것이 누적되어 거대한 기후변화가 나타날 것이다"라고 하였다.
① 두 번째 문단 마지막 줄에서 부식층이 얇기 때문에 삼림으로서 재생할 수 없다고 설명하고 있다.
② 마지막 문단에서 국제기업들이 목장을 만들기 위하여 대규모 벌채를 자행하고 소를 방목하고 있다고 설명하고 있다.
③ 마지막 문단과 두 번째 문단에서, 화전민들은 화전을 일구기 위해 숲에 불을 지르고, 숲이 불에 타 버리면 삼림으로서 재생이 불가능하다는 것을 알 수 있다.
⑤ 두 번째 문단의 "말레이시아나 콩고, 남미 아마존 일대에는 원시림이 남아 있지만", "세계에서 가장 큰 열대우림인 아마존 지역"에서 알 수 있다.

09 ②

② 이 글은 여름철 기온이 올라가면서 녹조 현상이 심해져, 수중 생태계가 파괴되고 있는 현상에 대해 서술하고 있다.
① 녹조 현상이 유속의 영향을 받는 것은 사실이지만 이 글에서는 지엽적인 사안이다.
③ 녹조 현상이 물의 용존산소량을 줄여 수중 생물들을 죽게 하는 것은 맞지만, 이는 이 글의 일부분만을 정리한 것이다.

10 ④

스키아파렐리보다 그린이 그린 화성의 지도가 더 정확했음에도 불구하고 스키아파렐리가 권위 있고 존경받는 천문학자였기 때문에 그의 지도가 더 공신력 있는 지도로 받아들여지게 되었다는 것이 이 글의 중심 내용이다.

11 ②

② 2021년의 가구당 평균 1년 주택소비전력량은 중국이 러시아의 4배 이하이다. 여기에 2021년의 주택소비전력 요금은 러시아가 중국보다 높으므로 가구당 평균 1년 주택소비전력 요금도 중국이 러시아의 4배 이하가 된다.
① $17,508 \div 6,837 \fallingdotseq 2.560$이므로 2.5배 이상이다. 이집트의 2023년 가구당 평균 주택소비전력량을 7,000으로 어림산하여도 중국의 2023년 가구당 평균 주택소비전력량은 $7,000 \times 2.5 = 17,500$보다 크다.

③ 매년 이탈리아 – 이집트 – 한국 순서이다.
④ 2021년의 전년 대비 주택소비전력 요금의 증가율은 한국 5.6%, 러시아 1.9%, 중국 0%, 이탈리아 14.5%, 이집트 9.6%이다. 어림으로 계산해 봐도 10%를 넘는 나라는 이탈리아가 유일하다.
⑤ 2024년 한국의 가구당 평균 1년 주택소비전력 요금은 10,104 × 119 = 1,202,376(원)이고, 2024년 이집트의 가구당 평균 1년 주택소비전력 요금은 6,922 × 183 = 1,266,726(원)이다.

12 ②

선택지에 제시된 국가와 연도의 증감률을 구하면 아래 표와 같다.

구분	증감률(%)
한국, 2023년	$\frac{(9{,}953-9{,}698)}{9{,}698}\times 100 \fallingdotseq 2.6$
러시아, 2021년	$\frac{(3{,}983-3{,}499)}{3{,}499}\times 100 \fallingdotseq 13.8$
중국, 2023년	$\frac{(17{,}508-15{,}518)}{15{,}518}\times 100 \fallingdotseq 12.8$
이탈리아, 2023년	$\frac{(6{,}483-6{,}333)}{6{,}333}\times 100 \fallingdotseq 2.4$
이집트, 2024년	$\frac{(6{,}922-6{,}837)}{6{,}837}\times 100 \fallingdotseq 1.2$

따라서 증감률이 가장 큰 경우는 2021년의 러시아이다.

13 ①

㉠ 전체 신고상담 건수는 전체 신고접수 건수의 $\frac{2{,}558}{729} \fallingdotseq 3.5$(배)이다.
㉡ 기타를 제외한 전체 신고접수 건수 대비 분야별 신고접수 건수의 비율이 가장 높은 분야는 $\frac{239}{729}\times 100 \fallingdotseq 32.8(\%)$를 차지하는 강력범죄 분야이다.
㉢ 분야별 전체 신고접수 건수 중 '이첩' 건수의 비중은 다음과 같다.

강력범죄 : $\frac{58}{239}\times 100 \fallingdotseq 24.3(\%)$

경제범죄 : $\frac{18}{61}\times 100 \fallingdotseq 29.5(\%)$

부패, 공공범죄신고 : $\frac{2}{7}\times 100 \fallingdotseq 28.6(\%)$

마약, 조직범죄 : $\frac{3}{6}\times 100 = 50(\%)$

성매매, 사행행위 : $\frac{1}{2}\times 100 = 50(\%)$

기타 : $\frac{123}{409}\times 100 \fallingdotseq 30.1(\%)$

따라서 분야별 전체 신고접수 건수 중 '이첩' 건수의 비중이 가장 큰 분야는 '마약, 조직범죄'와 '성매매, 사행행위'이다.
㉣ '내부처리' 건수는 전체 신고상담 건수의 $\frac{357}{2{,}558}\times 100 \fallingdotseq 14.0(\%)$이다.

14 ③

민호가 1, 2교시 강의를 선택하는 경우의 수는 3 × 3 = 9(가지), 1, 3교시 강의를 선택하는 경우의 수는 3 × 4 = 12(가지), 2, 3교시 강의를 선택하는 경우의 수는 3 × 4 = 12(가지)이다. 따라서 구하는 경우의 수는 9 + 12 + 12 = 33(가지)이다.

15 ③

③ 다세대 주택에서 고양이를 키우는 사람 수 : 93 × 0.269 ≒ 25.0이므로 25명
단독주택에서 고양이를 키우는 사람 수 : 162 × 0.16 ≒ 25.9이므로 26명
① 과거에 반려동물을 길렀으나 현재는 기르지 않는 남성 : 988 × 0.299 ≒ 295(명)
과거에 반려동물을 길렀으나 현재는 기르지 않는 여성 : 1,012 × 0.274 ≒ 277(명)
② 현재 반려동물을 기르는 사람의 비율은 단독주택에서 가장 높은데, 단독주택에서 고양이를 기르는 사람의 비율은 16%로 가장 낮다.
④ 양육 중인 반려동물 종류를 중복 선택하였으므로 각각의 반려동물 종류별 비율 합은 전체의 비율 합과 같지 않다.
⑤ 아파트에 거주하며 현재 반려동물을 기르고 있는 사람 수 : 1,109 × 0.252 ≒ 279(명)
원룸에 거주하며 반려동물을 한 번도 길러본 적 없는 사람 수 : 73 × 0.397 ≒ 29(명)

16 ⑤

반려동물을 양육 중인 남성 중 개를 키우는 사람은 83.8%, 고양이를 키우는 사람은 18.1%이다. 두 비율을 합하면 83.8 + 18.1 = 101.9%이므로, 개와 고양이를 모두 키우는 사람은 전체의 최소 1.9%이다. 따라서 반려동물을 양육 중인 남성은 988 × 0.262 ≒ 259(명)이고, 개와 고양이를 모두 키우는 사람은 최소 259 × 0.019 ≒ 5(명)이다.

17 ②

㉠ '여성 취업자 중 비정규직 비율은 75% 이상이었다.'라는 부분이 있는데 석사학위 취득자의 성별 고용률 현황으로는 알 수 없는 부분이므로 '석사학위 취득자 중 취업자의 성별 고용형태'는 추가되어야 하는 자료이다.

㉡ '석사학위 취득자의 평균 연봉은 취업자의 고용형태에 따라 차이가 큰 것으로 나타났다. 정규직 취업자의 경우~' 라는 부분이 있으므로 '석사학위 취득자 중 취업자의 고용형태별, 직장유형별 평균 연봉'은 추가되어야 하는 자료이다.
㉣ '전공계열별로는 예체능계열의 비정규직 비율이 가장 높고, 그다음으로 의약계열, 교육계열, 공학계열, 사회계열, 자연계열, 인문계열 순으로 나타났다.'라는 부분이 있으므로 '석사학위 취득자 중 취업자의 전공계열별 고용형태'는 추가되어야 하는 자료이다.
㉢ 평균 근속기간에 대해서는 〈보고서〉에 언급되지 않았으므로 추가될 필요가 없는 자료이다.
㉤ 성별과 전공이 평균 연봉과 관련이 있다는 내용은 〈보고서〉에 제시되지 않았으므로 추가될 필요가 없는 자료이다.

18 ①

2023년 석사학위 취득자 86만 명 중 고용된 사람은 860,000 × 0.58 = 498,800(명)이다.
따라서 민간연구소에 취업한 비정규직 수는 498,800 × 0.103 × 0.113 ≒ 5,806(명)이고, 대학에 취업한 정규직 수는 498,800 × 0.019 × 0.024 ≒ 227(명)이다.

19 ①

1월의 난방비 고지서는 동절기 단가를 적용해야 한다.
㉠: 77.55 × 54,962 = 4,262,303(원)
㉡: 1,072 × 4,400 = 4,716,800(원)
4월의 난방비 고지서는 춘추절기 단가를 적용해야 한다.
㉢: 25,241 × 91.78 = 2,316,618(원)
㉣: 841 × 4,400 = 3,700,400(원)

20 ⑤

㉡ 피인용비 = 영향력지수 × 전 세계 피인용비이므로, 중국의 피인용비는 $0.3 \times 10 = 3$이고, 특허등록건수는 $\frac{\text{기술력지수}}{\text{영향력지수}} = \frac{3.9}{0.3} = 13$(건)이다. 특허피인용건수는 피인용비 × 특허등록건수이므로, 3 × 13 = 39(건)이다.
영국의 피인용비는 0.1 × 10 = 1이고, 특허등록건수는 14건이므로 특허피인용건수는 1 × 14 = 14(건)이다.
핀란드의 피인용비는 0.7 × 10 = 7이고, 특허등록건수는 9건이므로 특허피인용건수는 7 × 9 = 63(건)이다.
따라서 중국과 영국의 특허피인용건수의 차이(39 − 14 = 25)는 중국과 핀란드의 특허피인용건수의 차이(63 − 39 = 24)보다 크다.
㉢ 특허등록건수 상위 10개국의 특허피인용건수를 구하면 다음과 같다.
한국: 영향력지수 = $\frac{\text{기술력지수}}{\text{특허등록건수}}$이므로 $\frac{600}{500}$ = 1.2가 된다. 피인용비는 1.2 × 10 = 12이고, 특허등록건수는 500건이므로 특허피인용건수는 12 × 500 = 6,000(건)이다.
미국: 피인용비는 1.0 × 10 = 10이고, 특허등록건수는 269건이므로 특허피인용건수는 10 × 269 = 2,690(건)이다.
독일: 피인용비는 0.6 × 10 = 6이고, 특허등록건수는 $\frac{45}{0.6} = 75$(건)이므로 특허피인용건수는 6 × 75 = 450(건)이다.
일본: 피인용비는 0.3 × 10 = 3이고, 특허등록건수는 59건이므로 특허피인용건수는 3 × 59 = 177(건)이다.
캐나다: 피인용비는 0.8 × 10 = 8이고, 특허등록건수는 $\frac{24}{0.8} = 30$(건)이므로 특허피인용건수는 8 × 30 = 240(건)이다.
프랑스: 영향력지수는 $\frac{30.8}{22} = 1.4$이므로 피인용비는 1.4 × 10 = 14이고, 특허등록건수는 22건이므로 특허피인용건수는 14 × 22 = 308(건)이다.
네덜란드: 피인용비는 0.6 × 10 = 6이고, 특허등록건수는 $\frac{10.2}{0.6} = 17$(건)이므로 특허피인용건수는 6 × 17 = 102(건)이다.
영국: 14건
중국: 39건
핀란드: 63건
따라서 특허등록건수 상위 10개국 중 일본의 특허피인용건수는 여섯 번째로 많다.
㉣ 캐나다의 특허등록건수는 30건으로 일본의 특허등록건수인 59건의 $\frac{30}{59} \times 100 ≒ 50.8$(%)이다.
㉠ 프랑스의 영향력지수는 $\frac{30.8}{22} ≒ 1.4$로 한국의 영향력 지수인 $\frac{600}{500} = 1.2$보다 크다.

21 ③

제시된 세 팀 중 마케팅팀에는 을이 배치되므로, 같은 팀에 배치되는 갑과 정은 마케팅팀에는 배치되지 않는다. 갑과 정은 총무팀 또는 인사팀에 배치된다. 따라서 다음과 같은 두 가지 경우가 가능하다.
ⅰ) 갑과 정이 총무팀에 배치되는 경우

총무팀	인사팀	마케팅팀
갑, 정	병, 무	을, 기
	병, 기	을, 무

ⅱ) 갑과 정이 인사팀에 배치되는 경우

총무팀	인사팀	마케팅팀
병, 무	갑, 정	을, 기
병, 기		을, 무

22 ④

B와 C 사이에 두 종류의 알파벳 카드가 있으며, B는 C보다 왼쪽에 놓여있다. E는 B의 왼쪽이나 오른쪽에 위치하게 되는데, D가 E의 바로 오른쪽이라고 하였으므로 E는 B의 왼쪽에 위치할 수 없고, B의 오른쪽에 위치하게 된다. 따라서 D는 E와 C 사이에 위치하게 된다.(BEDC)

A는 F보다 오른쪽에 놓여있다고 하였으므로 고려할 수 있는 경우는 FABEDC, FBEDCA, BEDCFA 세 가지이다.

④ B와 C 사이에 놓이는 알파벳은 정해져 있으므로 F는 B와 C 사이에 절대 위치할 수 없다.

23 ⑤

조건 ㉠, ㉡, ㉥을 동시에 고려하면 갑, 을, 병, 정, 무 중에서 아무도 신청하지 않은 수업은 1개뿐이어야만 한다.

조건 ㉤을 고려해보자. 먼저 병이 신청한 수업이 프랑스어 수업이라면 갑은 철학 수업을, 을은 미술사 수업을 신청했다고 할 수 있다. 하지만 이때 정은 프랑스어 수업이나 무용 수업을 신청해야 하는데 이것은 조건 ㉡과 ㉥에 모순된다. 따라서 병이 신청한 수업은 프랑스어 수업이 아닌 철학 수업이다.

그렇게 되면 갑, 을이 신청한 수업은 각각 프랑스어, 미술사 수업이며, 정, 무가 신청한 수업은 각각 프랑스어, 미술사 수업이 된다. 아무도 신청하지 않은 수업은 무용 수업이다.

24 ④

각자 시계 기준 출근 시각을 정리해 보면 다음과 같다.

구분	A	B	C	D	E
각자 시계 기준 출근 시각	7시 50분	7시 45분	8시	7시 55분	7시 50분

E는 정시인 8시에 도착하였으므로 시계가 10분 느리다는 것을 알 수 있다. D의 시계가 E의 시계보다 5분 느리고, B의 시계가 E의 시계보다 5분 빠르다고 하였으므로 각각의 시계가 시간이 얼마나 차이 나는지 알 수 있다.

또한 A는 출근 시각보다 15분 일찍 도착하였으므로 7시 45분에 도착하였다.

이를 바탕으로 실제 출근 시각 − 각자 시계 기준 출근 시각을 정리해 보면 다음과 같다.

구분	A	B	C	D	E
실제 출근 시각	7시 45분				8시
각자 시계 기준 출근 시각	7시 50분	7시 45분	8시	7시 55분	7시 50분
실제 출근 시각 − 각자 시계 출근 시각	−5분	+5분		+15분	+10분

실제 출근 시각을 구하면 다음과 같다.

구분	A	B	C	D	E
실제 출근 시각	7시 45분	7시 50분	7시 45분 이전	8시 10분	8시
각자 시계 기준 출근 시각	7시 50분	7시 45분	8시	7시 55분	7시 50분
실제 출근 시각 − 각자 시계 출근 시각	−5분	+5분		+15분	+10분

따라서 출근 순서는 C − A − B − E − D이다.

25 ⑤

모든 직원은 최소 한 개 종목에는 참가해야 하는데, B가 참가할 수 있는 종목은 배드민턴 하나이고, C가 참가할 수 있는 종목은 줄다리기 하나이므로 B는 배드민턴, C는 줄다리기 경기에 참가한다.

이때, 배드민턴 경기에 배정된 인원은 1명인데, 가능한 직원 A와 B 두 명 중 B가 배드민턴 경기에 참가하게 되므로, A는 참가할 수 없다. A가 참가 가능한 종목은 배드민턴과 줄다리기 2개뿐이므로 A는 줄다리기 경기에 참가한다.

또한 종목별로 살펴보면, 피구에는 3명이 참가해야 하는데 피구 종목에 참가 가능한 직원이 D, E, F 세 명이므로, D, E, F가 피구 경기에 참가한다.

100m달리기	D와 G 중 한 명 참가
피구	D, E, F 참가
배드민턴	B 참가
줄다리기	A, C 참가 / D, E, F 중 두 명 참가
이어달리기	D, E, F, G 중 2명 참가

이때 D는 피구 종목에는 참가가 확정되었으므로 100m달리기, 줄다리기, 이어달리기 중 한 종목에만 추가로 참가가 가능하다.

ⅰ) D가 100m 달리기에 참가할 경우

줄다리기에는 E와 F가 참가하게 되어 총 4명 참가 확정(A, C, E, F)

이어달리기에는 G만 참가가 가능하게 된다.(D, E, F, G 중 D, E, F가 두 종목에 참가하게 되므로)

이는 제시된 조건에 무순된다.

ⅱ) G가 100m 달리기에 참가할 경우

100m달리기	G 참가
피구	D, E, F 참가
배드민턴	B 참가
줄다리기	A, C 참가 / D, E, F 중 두 명 참가
이어달리기	D, E, F, G 중 2명 참가

따라서, ⅱ)의 경우만 가능하다.

① 100m 달리기에는 G가 참가한다.

② A, B, C가 한 개 종목에만 참가한다.

③ 피구 경기에 D, E, F가 참가하고 줄다리기에 이 세 명 중 2명이 참가, 이어달리기에는 D, E, F, G 중 2명이 참가하게 되므로 G는 이어달리기에 반드시 참가하게 된다.
④ 우선 E와 F는 피구 경기에 참가한다. 또한 줄다리기 또는 이어달리기 중 하나에는 참가하게 된다.
⑤ D는 이어달리기 경기에 참가할 수도, 참가하지 않을 수도 있다.

26 ④

A, B, C, D가 선택할 가장 저렴한 요금제는 다음과 같다.
A는 휴대폰, 노트북의 2개 기기에서 이용하려고 하므로 스탠다드 요금제를 선택한다.
B는 무조건 화질이 제일 좋은 것을 선택한다고 하였으므로 UHD화질 이용이 가능한 프리미엄 요금제를 선택한다.
C는 휴대용기기나 PC를 이용한다는 말이 없고, 집에서 부모님과 본인이 본다고 하였으므로 베이직 요금제를 선택한다.
D는 회사 동료들과 계정을 공유하려 하므로 동시 접속 인원수가 5명으로 가장 많은 프리미엄 요금제를 선택한다.
④ D는 프리미엄 요금제를 선택한다. D가 L통신사 이용자일 경우 3개월간 요금 20%를 할인받아 가장 싼 요금을 낼 수 있다.
이 경우 3개월 치 요금은 16,000 × 0.8 × 3 = 38,400(원)으로 4만 원을 넘지 않는다.
① A는 스탠다드 요금제, D는 프리미엄 요금제를 선택하므로 동일하지 않다.
② B는 프리미엄 요금제, C는 베이직 요금제를 선택하므로 동일하지 않다.
③ D는 프리미엄 요금제를 선택하고 D를 포함해 5명이 요금을 나누어 낸다. 이때 최대한 할인혜택을 받은 경우의 한 달 요금은 16,000 × 0.8 = 12,800(원)이고 이때 한 명이 낼 요금은 2,560원이다. 할인혜택을 전혀 받지 않은 경우의 한 달 요금은 16,000원이고 이때 한 명이 낼 요금은 3,200원이다. 따라서 2,500원은 항상 넘는다.
⑤ A와 B의 6개월 치 요금의 최대치가 15만 원 이하라는 내용이므로, 할인혜택을 적용하지 않은 A와 B의 6개월 치 요금을 구해보자. A는 스탠다드 요금제, B는 프리미엄 요금제를 선택하므로 (12,500 + 16,000) × 6 = 171,000(원)으로 18만 원 이하이다.

27 ⑤

먼저, 과장・차장급 직원의 성과급을 계산해 보자.
A: 업무능력, 실적 점수가 가장 높으므로 200만 원이고 실적 점수가 90점 이상이므로 성과급의 10%를 가산하여 220만 원
B: 근무태도 점수가 가장 높으므로 100만 원의 성과급을 받을 수 있지만 업무능력과 실적 점수가 75점 미만이므로 성과급 지급 대상에서 제외된다.
C: 성과급 없음
D: 성과급 없음
사원・대리급 직원의 성과급을 계산해 보자.
E: 50 + 30 + 30 = 110만 원
F: 70만 원이고, 업무능력에서 65점을 받았으므로 5%를 차감하여 66만 5천 원
G: 70 + 50 + 70 = 190만 원이고 실적 점수가 88점이므로 10%를 가산하여 209만 원
H: 30만 원이고, 근무태도에서 68점을 받았으므로 5%를 차감하여 28만 5천 원
I: 50만 원
따라서 가장 많은 성과급을 받는 직원은 220만 원인 A이고 가장 적은 성과급을 받는 직원은 28만 5천 원을 받은 H이다. 성과급 차이는 1,915,000원이다.

28 ①

성과급을 많이 받게 되는 직원 3명은 A(220만 원), G(209만 원), E(110만 원)이다.
이들의 실적 점수는 A, G, E가 각각 97점, 88점, 82점이므로 최종 성과급은 다음과 같다.
A: 220 + 100 = 320(만 원)
G: 209 + 50 = 259(만 원)
E: 110 + 30 = 140(만 원)
따라서 합계는 719만 원이다.

29 ②

은수가 수업이 있는 시간은 다음과 같다.
월요일: 11:00~11:50, 13:00~13:50
화요일: 13:00~13:50, 14:00~14:50
수요일: 13:00~13:50, 14:00~14:50
목요일: 12:00~12:50, 14:00~14:50, 15:00~15:50
금요일: 10:00~10:50
② 목요일 오전에는 수업이 없으므로 박 교수와 11:00에 상담이 가능하고, 13:00~14:00에 수업이 없으므로 오후에도 박 교수와 상담이 가능하다.
① 금요일 오후에는 수업이 없으므로 김 교수를 제외한 이 교수, 박 교수, 최 교수와 모두 상담할 수 있다.
③ 화요일 오전에는 박 교수, 오후에는 14:50에 수업이 끝나므로 최 교수, 김 교수와 상담이 가능하다.
④ 월요일 13시 수업이 끝난 후 이 교수의 오피스 아워에 맞춰 14시부터 상담이 가능하다.
⑤ 수요일에는 모든 교수의 오피스 아워가 13:00~15:00이고, 수업이 13시부터 연이어 있어 14:50에 끝나므로 상담할 시간을 잡을 수 없다.

30 ②

나영: {2,000 + (120 × 5)} × 1.3 = 2,600 × 1.3 = 3,380(만 원)
시오: 1,500 + 100 × 6 = 2,100(만 원)
이연: {1,500 + (120 × 8)} × 1.3 = 2,460 × 1.3 = 3,198(만 원)
지나: 2,000 + 100 × 7 = 2,700(만 원)

효준: 1,500 + (70 × 9) = 2,130(만 원)
가장 많은 포상금을 받게 되는 작가는 나영이며 3,380만 원을 받게 되고, 세 번째로 많은 포상금을 받게 되는 작가는 지나로 2,700만 원의 포상금을 받게 된다.
3,380만 원 − 2,700만 원 = 680(만 원)

31 ③

총 인원이 76명이므로 28인승 버스 3대를 대절해야 하며 이에 대한 비용은 96만 원이다.
도시락, 박물관 입장권 가격 합은 (9,000 + 7,000) × 76 = 1,216,000(원)
숙소 비용은 2인 기준 15만 원이므로, 150,000 × 38 = 5,700,000(원)
따라서 버스 대절비와 도시락, 박물관 입장권 가격, 숙소 비용의 합은 960,000 + 1,216,000 + 5,700,000 = 7,876,000(원)이다.

32 ②

100명에 10여 명 추가될 수 있다고 하였으므로 제2세미나실과 제3세미나실만 예약 대상이 되고, 비용이 더 저렴한 제2세미나실이 가장 적절하다. 13시부터 16시 사이에 예약이 가능한 날을 찾으면 1일(월), 3일(수), 6일(토), 8일(월), 13일(토)이고 금요일과 토요일을 제외하면 1일, 3일, 8일 중에 가능하다. 가급적 이른 시일 내에 예약하고 싶다고 했으므로 1일(월요일) 제2세미나실 13시~16시로 예약하는 것이 가장 적절하다.
그리고 빔프로젝터와 마이크 4개를 대여하므로, 장소 대여료와 장비 대여료를 합한 비용은
(250,000 × 3) + 30,000 + 15,000 × 4 = 840,000(원)이다.

33 ①

참석인원이 12 + 24 = 36(명)이므로 제1회의실을 제외한 회의실과 세미나실을 사용할 수 있다. 7월 1일~9일까지 월요일과 토요일을 제외한 2일, 3일, 4일, 5일, 9일 중에 예약 가능한 날짜를 살펴보자. 진행시간이 2시간이고 오후 1시까지는 마무리되어야 하므로
2일: 10시~12시 모든 회의실 사용 가능
3일: 시간대가 맞지 않아 사용 불가능
4일: 시간대가 맞지 않아 사용 불가능
5일: 10시~12시 또는 11시~13시 모든 회의실 사용 가능
9일: 10시~12시 모든 회의실 사용 가능
따라서 제2회의실, 제1~제3세미나실 중 2시간 대여료가 가장 저렴한 곳은 제2회의실이고, 2시간 대여료는 120,000원이다.
장소 대여료 및 장비 대여료를 합하면
120,000 + 30,000 + 30,000 = 180,000(원)이다.

34 ④

9시에 출발하고, 이동시간 4시간 + 식사 및 휴식시간 1시간을 고려하면 14:00에 세미나 장소에 도착한다. 30분 전에 도착하도록 하자고 하였으므로 세미나가 시작하는 시각은 14시 30분이다.

35 ①

기획팀 3명, 홍보팀 2명, 경영지원팀 3명이 세미나에 참석한다고 하였으므로 모두 8명이 함께 이동한다.
주유비는 이동 거리 × 1km당 소모한 연료량 × 기름값이므로, $\frac{\text{거리(km)}}{\text{연비(km/L)}}$ × 기름값(원/L)으로 계산한다.
차량 대여료와 주유비의 합을 계산해 보면 다음과 같다. (M마스터는 최대 탑승 인원이 7명이므로 제외한다.)
S어반: 138,000 + 79,200 = 217,200(원)
G스타렉스: 165,000 + 62,000 = 227,000(원)
R마스터: 180,000 + 52,800 = 232,800(원)
따라서 가장 저렴한 S어반을 선택하고, 이때 1인당 비용은 217,200 ÷ 8 ≒ 27,120(원)이다.

36 ②

비품 조달 업무를 담당하는 사람은 현재 팀에 필요한 물품의 수요를 조사한 후 그보다 약간 여유 있게 준비를 해두어야 한다.
경영지원팀 직원은 총 10명이므로 볼펜은 20개 필요한데 9개만 요청하는 것은 적절하지 않다. 같은 이유로 마우스도 여유 있게 준비하는 것이 좋고, 예산이 부족하니 우선순위를 따져서 간식비를 삭감해야 한다.
따라서 A4용지를 필요 수량에 딱 맞춰 주문하라는 ②의 지적이 가장 적절하지 않다.

37 ①

서울 본사의 근무시간이 오전 9시부터 오후 6시까지이므로, 로스앤젤레스, 캔버라, 쿠알라룸푸르의 근무시간은 서울 기준으로 다음과 같다.
로스앤젤레스: 오후 4시~오전 1시
캔버라: 오전 11시~오후 8시
쿠알라룸푸르: 오전 8시~오후 5시
따라서 한국 시각으로 오전 10시에 회의를 시작하여 1시간 동안 회의를 진행할 경우 모든 지사의 근무시간 이내에 끝낼 수 있다. 따라서 정답은 ①이다.

38 ①

㉠ A기업은 평가항목 중 최저 점수가 90점이므로, 가중치를 반영한 합산 점수도 반드시 90점 이상이 되어 1등급을 받는다.
㉡ B기업의 평가점수의 총점은 (90 × 0.2) + (70 × 0.3) + (70 × 0.1) + (70 × 0.2) + (95 × 0.2) = 18 + 21 + 7 + 14 + 19 = 79(점)이다. 따라서 예산의 10%를 감축해야 한다.
㉢ C기업에 대해 고용 증가율 가중치를 0.3으로, 특허출원·등록건수의 가중치를 0.1로 바꿔준 후 70점을 가평균으로 놓고 편차의 합을 계산하면 다음과 같다.
{(+ 10 × 0.3) + (−5 × 0.3) + (−15 × 0.1) + (−10 × 0.1) + (−20 × 0.2)} = −5
최종 평균은 70 − 5 = 65이므로 4등급이 되어 재정지원을 받을 수 없다.
㉣ D기업이 4등급 이하, 즉 70점 미만인지 확인해 보자.
{(+ 20 × 0.2) + (0 × 0.3) + (+ 10 × 0.1) + (−10 × 0.2) + (−5 × 0.2)} = 2
가평균을 70점으로 놓고 편차의 합을 구하면 양수가 되므로 평균은 70점 이상이 된다. 따라서 재정지원을 받을 수 있다.

39 ②

사업자의 평가항목 점수를 계산하면 아래와 같다.

사업자	기술 등급	경력 기간	연평균 실적 건수	연평균 실적금액	합산 점수
갑	18	28	18	27	91
을	20	25	16	30	91
병	20	30	12	27	89
정	20	25	12	27	84
무	15	28	20	25	88

평가항목별 합산 점수가 가장 높은 사업자는 갑과 을이고, 이 중 연평균 실적금액이 높은 을이 사업자로 선정된다.

40 ①

기술 등급 3급인 '무'를 제외한다.
경력 기간이 10년 미만이면서 연평균 실적 건수가 15건 미만인 사업자는 '정'을 제외한다.
갑, 을, 병을 대상으로 합산 점수를 구한다.

사업자	기술 등급	경력 기간	연평균 실적 건수	연평균 실적금액	합산 점수
갑	18	28	18	30	94
을	20	25	16	30	91
병	20	30	12	30	92

평가항목별 합산 점수가 가장 높은 사업자인 갑이 선정된다.

41 ③

○○사는 인천 서구에 위치하므로 가운데 자리는 314, 324, 315, 325가 된다. 인사팀장의 자리이므로 2001의 뒷자리를 가지게 되고, 전체 전화번호는 032) 314−2001, 032) 324−2001, 032) 315−2001, 032) 325−2001 중 하나가 된다. 따라서 가능한 것은 ③이다.

42 ④

○○사에는 300×의 뒷자리를 가지는 부서가 없다.

43 ⑤

팝업이 여러 개 실행되는 것은 컴퓨터 바이러스 감염을 의심할 수 있는 증상에 포함되지 않는다.

44 ⑤

확정분 자진납부에 대한 무(과소)납부고지의 결정구분코드는 05이다.

45 ④

④ 세목코드가 10인 것은 종합소득세이다.
① 2024년 3월은 김 씨가 납부고지서를 수령한 날짜가 아니다.
② 코드 03의 중간예납 및 예정신고 자진납부에 대한 무(과대가 아닌 과소)납부고지가 있다.
③ 김 씨가 납부한 세금은 종합소득세로 보통세 중 직접세에 해당한다.
⑤ 김 씨가 납부한 세금의 종류구분코드는 B02로 세목코드표에서 소득세에 해당하는 것은 모두 6개이다.

46 ②

① '웜'은 네트워크를 통해 자신을 복제하고 전파할 수 있는 악성 프로그램을 말한다. 다른 프로그램에는 영향을 주지 않지만 특정 컴퓨터에 숨어 있다가 네트워크를 통해 연결된 다른 컴퓨터에 침투해 감염시킨다.
③ '스파이웨어'는 사용자가 설치 사실을 모르거나 정확한 용도를 모르는 상태에서 컴퓨터에 설치되어 광고화면을 강제로 보여주는 등 사용자를 불편하게 하는 악성 프로그램 또는 데이터를 말한다.
④ '트로이 목마'는 겉으로 보기에는 전혀 해를 끼치지 않을 것처럼 보이고 자기 복제 능력이 없지만 실제로는 바이러스 등의 위험인자를 포함하고 있는 프로그램이다. 악의적인 목적으로 일부러 특정 컴퓨터에 넣어놓았다가 컴퓨터시스템을 파괴하거나 해당 컴퓨터 내의 자료를 몰래 훔쳐내는데 쓰인다.

⑤ '드로퍼'는 컴퓨터 사용자가 인지하지 못하는 순간에 바이러스 혹은 트로이목마 프로그램을 사용자의 컴퓨터에 설치하는 프로그램을 말한다. 자기 자신을 복제하는 기능은 없지만 컴퓨터 바이러스를 전파시킬 수 있는 위험이 있어 반드시 제거해야 한다.

47 ①

① 랜섬웨어는 악성코드를 없애도 암호화된 파일이 복구되지 않아 해커를 통해 파일을 열어야 하는데, 기한이 지나면 액수가 더 올라가고 파일을 복구할 수 없게 할 수 있다고 협박을 당하는 경우가 있다.
② 스톱 랜섬웨어의 피해를 예방하기 위해서는 출처가 불분명한 메일의 첨부파일 실행이나 의심되는 웹사이트 방문은 자제해야 한다.
③ 배드래빗을 예방하기 위해서는 PC 서버 간 공유폴더를 해제해야 한다.
④ 스톱은 기존의 랜섬웨어와 같지만, 사용자의 개인정보를 유출하는 기능까지 추가되었다.
⑤ 스톱 랜섬웨어가 아닌 배드래빗 랜섬웨어에 대한 설명이다.

48 ②

RANK는 해당 값이 범위에서 몇 위인지 순위를 구하는 함수이고, '=RANK(값,범위,옵션)'의 형식으로 나타낸다. 주어진 자료에서 확인하려는 값은 G2, 조건 범위는 $G$2:$G$10, 옵션은 0(내림차순)과 1(오름차순)을 사용한다. 가장 큰 값이 1위가 되어야 하므로 0을 사용한다. 따라서 올바른 함수는 ②이다.

49 ④

ROUND는 숫자를 지정한 자릿수로 반올림하는 함수이고, '=ROUND(반올림하려는 숫자, 반올림하려는 자릿수)'의 형식으로 나타낸다. 주어진 자료에서 반올림하려는 값은 평균을 구하는 함수 AVERAGE를 이용해 C2:F2의 값을 구해주고, 소수점 첫째 자리에서 반올림하기로 하였으므로 반올림하려는 자릿수는 0이다. 따라서 올바른 함수는 ④이다.

50 ④

㉠ FTP : File Transfer Protocol의 줄임말로 파일 전송 프로토콜을 의미한다. TCP/IP 프로토콜을 가지고 웹페이지 파일들을 서버로 옮기는 과정에서 사용하거나 서버의 파일을 자신의 컴퓨터에 옮길 때 사용한다.
㉣ DNS : Domain Name System의 줄임말로 문자로 표현된 도메인 네임을 다시 컴퓨터가 인식할 수 있도록 숫자로 표기된 IP주소로 변환해 주는 역할을 한다.

전공문제(전기)

01. ③	02. ③	03. ④	04. ⑤	05. ③
06. ②	07. ②	08. ⑤	09. ⑤	10. ①
11. ③	12. ①	13. ②	14. ①	15. ③
16. ④	17. ③	18. ⑤	19. ①	20. ⑤
21. ③	22. ②	23. ④	24. ⑤	25. ②
26. ⑤	27. ①	28. ④	29. ⑤	30. ①

01 ③

• 이도를 구하는 식

$L = S + \frac{8D^2}{3S}$[m]

(L : 이도를 고려한 경간, S : 지지점 간의 일직선 경간, D : 이도)

조건들을 위 공식에 대입해서 풀면 다음과 같다.

$L_1 = 360 + \frac{8 \times 8^2}{3 \times 360} = 360.47$[m]

$L_2 = 360 + \frac{8 \times 10^2}{3 \times 360} = 360.74$[m]

$L = L_2 - L_1 = 360.74 - 360.47 = 0.27$[m]

02 ③

• 역률개선에 필요한 콘덴서 용량 [kVA]

$Q = P(\tan\theta_1 - \tan\theta_2)$

$= P\left(\frac{\sqrt{1-\cos^2\theta_1}}{\cos\theta_1} - \frac{\sqrt{1-\cos^2\theta_2}}{\cos\theta_2}\right)$

위 식에 대입해서 풀어본다면 다음과 같다.

$Q = 20 \times \left(\frac{\sqrt{1-0.6^2}}{0.6} - \frac{\sqrt{1-0.8^2}}{0.8}\right)$

$= 20 \times \left(\frac{0.8}{0.6} - \frac{0.6}{0.8}\right) = 11.67$[kVA] ≒ 12[kVA]

03 ④

• 동기조상기 : 동기전동기를 무부하로 운전하여 역률을 개선하는 것이다.

− 경부하 시 : 부족여자 운전(지상 전류)

− 중부하 시 : 과여자 운전(진상 전류)

04 ⑤

피뢰침 설비로 접지극, 인하도선, 수뢰부는 동선 50[mm^2] 이상으로 해야 한다.

05 ③

[판단기준 제215조(옥내의 네온 방전등 공사)] 옥내에 시설되는 관등회로의 사용전압이 1[kV]를 넘는 관등회로의 배선은 애자 사용공사에 의하여 시설하고 또한 다음에 의할 것

1. 전선은 네온전선일 것
2. 전선은 조영재의 옆면 또는 아랫면에 붙일 것. 다만, 전선을 전개된 장소에 시설하는 경우에 기술상 부득이한 때에는 그러하지 아니한다.
3. 전선의 지지점 간의 거리는 1[m] 이하일 것
4. 전선의 상호 간의 간격은 6[cm] 이상일 것
5. 네온 변압기의 외함에는 제3종 접지공사를 할 것

접지공사, 1,500[V]인 특고압 전압이라는 두 가지 조건만 보고 제1종 접지공사로 고를 수 있는 함정이 있다. 반드시 문장을 끝까지 보고 문제의 변수들을 다 체크해야 한다.

06 ②

㉢ 전속밀도(D)는 변화하지 않고 일정하다.

㉠ $N = \frac{1}{\epsilon_s} N_0$ (감소)

㉡ 전하량이 일정한 상태에서 $E = \frac{1}{\epsilon_r} \times E$ (감소)

㉣ $V = \frac{1}{\epsilon_r} \times V$ (감소)

㉤ $W = \frac{1}{\epsilon_r} \times W$ (감소)

07 ②

• 변압기 효율 $= \frac{\text{출력}}{\text{출력} + \text{철손} + \text{동손}} \times 100[\%]$

이 공식에 대입한다면, $\frac{160}{160 + 1.6 + 1.4} \times 100[\%]$ ≒ 98.16[%]

이 도출된다.

08 ⑤

• 평행판 콘덴서 정전용량 $= \epsilon \frac{S}{d}[F]$

(ϵ: 극판 사이 유전율[F/m], d: 극판 사이 거리[m], S: 극판의 면적[m^2])

• 콘덴서, 전압, 전하량의 관계식: $Q = CV[C]$

• 용량이 같은 콘덴서 직렬연결: 내압 n배, 용량 $\frac{1}{n}$배(직렬연결은 전류가 일정하므로 전하량도 일정하다. 그래서 내압과 용량은 반비례 관계이다.)

• 용량이 같은 콘덴서 병렬연결: 내압 일정, 용량 n배

09 ⑤

• 리액터에 걸리는 전압의 양호도: $Q_L = \frac{V_L}{V} = \frac{wL}{R}$

• 커패시터에 걸리는 전압의 양호도: $Q_L = \frac{V_C}{V} = \frac{1}{wCR}$

따라서 전압의 양호도는

$Q_L = Q_C = \frac{wL}{R} = \frac{1}{wCR} = \frac{1}{R}\sqrt{\frac{L}{C}}$ 이다.

10 ①

① 표피 효과: 도선의 중심부로 갈수록 전류밀도가 적어지는 현상

② 홀 효과: 도체나 반도체의 전류를 흘리고 이때 직각방향으로 자계를 가한다면, 그 양자와 직각방향으로 기전력이 생기는 현상

③ 핀치 효과: 액체 도체에 전류를 흘리면, 축 중심방향으로 전자력이 작용하여 수축하는 현상

④ 스트레치 효과: 구부리기 쉬운 도선에 큰 전류를 흘리면 도선 상호 간의 반발력에 의하여 도선이 원을 형성하게 되는 현상

⑤ 펠티어 효과: 서로 다른 종류의 도체(금속 또는 반도체)를 접합하여 전류를 흐르게 할 때 접합부에 줄열(Joule's heat) 외에 발열 또는 흡열이 일어나는 현상

11 ③

$H = \frac{NI}{2\pi r} = \frac{40 \times 8\pi}{2\pi \times 0.1} = 1{,}600[\mathrm{AT/m}]$

(H: 자계[AT/m], N: 권수, I: 코일에 흐르는 전류[A], r: 중심부터 코일까지 거리[m])

12 ①

패러데이 법칙은 유도기전력의 크기를 구하기 위한 법칙이다. 유도기전력은 쇄교자속수의 시간에 대한 감쇠율에 비례하고 권수비에 비례한다.

렌츠의 법칙은 유도기전력의 방향을 나타내는 법칙이다. 쇄교자속에 방해하는 방향으로 기전력이 생긴다.

13 ②

전도전류 밀도 $i_s = kE[\mathrm{A/m^2}]$

변위전류 밀도 $I_D = jw\epsilon E[\mathrm{A/m^2}]$

$|i_s| = |I_D|$ 조건에서, $k = 2\pi f\epsilon$로 정리가 된다.

임계주파수$(f) = \frac{k}{2\pi\epsilon}[\mathrm{Hz}]$

14 ①

s < 0: 유도발전기

0 < s < 1: 유도전동기

1 < s: 유도제동기

15 ③

[판단기준 제67조(지선의 시설)]

• 지선의 안전율은 2.5 이상이어야 한다. 이 경우에 허용 인장하중의 최저는 4.31[kN]로 한다.

• 지선에 연선을 사용할 경우에는 다음에 의한다.

− 소선 3가닥 이상의 연선이어야 한다.

− 소선의 지름이 2.6[mm] 이상의 금속선을 사용한 것이어야 한다. 다만, 소선의 지름이 2[mm] 이상인 아연도강연선으로서 소선의 인장강도가 0.68[kN] 이상인 것을 사용하는 경우에는 그러하지 아니하다.

• 지중부분 및 지표상 30[cm]까지의 부분에는 내식성이 있는 것 또는 아연도금을 한 철봉을 사용하고 쉽게 부식되지 아니하는 근가에 견고하게 붙일 것. 다만, 목주에 시설하는 지선에 대해서는 그러하지 아니하다.

• 지선 근가는 지선의 인장하중에 충분히 견디도록 시설해야 한다.

• 도로를 횡단하여 시설하는 지선의 높이는 지표상 5[m] 이상으로 하여야 한다. 다만, 기술상 부득이한 경우로서 교통에 지장을 초래할 우려가 없는 경우에는 지표상 4.5[m] 이상, 보도의 경우에는 2.5[m] 이상으로 할 수 있다.

16 ④

• 지선에 걸리는 장력 $= \frac{\text{전선의 수평장력}}{\cos\theta}$ (θ: 지표면과 지선 간의 각도)

제시된 그림에서 지선에 걸리는 장력을 구하면 다음과 같다.

지선에 걸리는 장력= $\dfrac{170}{\dfrac{1}{\sqrt{17}}} = 170\sqrt{17}$ [kg]

17 ③

• 단상 3선식 채택 시 장점
— 소요 전선량, 전력손실, 전압강하가 줄어든다.
— 중성선과 전선 간, 전선과 전선 간의 전압, 즉 2가지 전압을 공급할 수 있다.
• 단상 3선식 채택 시 단점
— 중성선이 단선 시, 불평형 부하인 경우 부하 측 전압이 불평형된다. (대책: 저압밸런서 설치)
— 중성선과 전압선의 단락 시, 단락하지 않는 부하 측에 전압이 상승한다.

18 ⑤

[판단기준 제2조(용어의 정의)]
1. 조상설비: 무효전력을 조정하는 전기기계기구
2. 급전소: 전력계통의 운용에 관한 지시 및 급전조작을 하는 곳
3. 연접 인입선: 수용장소의 인입선에서 분기하여 지지물을 거치지 않고, 다른 수용장소의 인입구에 이르는 부분의 전선
4. 지중 관로: 지중 전선로·지중 약전류 전선로·지중 광섬유 케이블 선로·지중에 시설하는 수관 및 가스관과 이와 유사한 것 및 이들에 부속하는 지중함 등
5. 관등회로: 방전등용 안전기로부터 방전관까지의 전로(방전등용 안전기에 방전등용 변압기를 포함)

19 ①

스코트 결선을 자세히 표현한다면 다음과 같다.

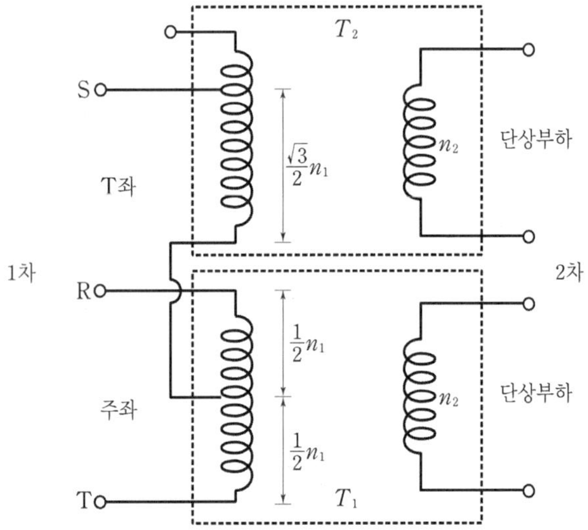

20 ⑤

• 풍압하중의 종류: 갑종, 을종, 병종
• 갑종 풍압하중: 구성체의 수직투영면적 1[mm^2]에 대한 풍압을 기초로 하여 계산할 것
• 을종 풍압하중: 전선 기타의 가섭선 주위에 두께 6[mm], 비중 0.9의 빙설이 부착된 상태에서 갑종 풍압의 2분의 1을 기초로 하여 계산할 것
• 병종 풍압하중: 갑종 풍압의 2분의 1을 기초로 하여 계산할 것
• 빙설이 많은 지방 이외의 지방에서는 고온계절에는 갑종 풍압하중, 저온계절에는 병종 풍압하중
• 빙설이 많은 지방에서는 고온계절에는 갑종 풍압하중, 저온계절에는 을종 풍압하중
• 빙설이 많은 지방 중 해안지방 기타 저온계절에 최대 풍압이 생기는 지방에서는 고온계절에는 갑종 풍압하중, 저온계절에는 갑종 풍압하중과 을종 풍압하중 중 큰 것

21 ③

[판단기준 제128조(특고압 가공전선과 삭도의 접근 또는 교차)] 특고압 가공 전선이 삭도와 제1차 접근 상태로 시설되는 경우에는 다음 각 호에 따라야 한다.
1. 특고압 가공전선로는 제3종 특고압 보안공사에 의할 것
2. 특고압 가공 전선과 삭도 또는 삭도용 지주 사이의 이격거리는 표에서 정한 값 이상일 것

구분	이격거리
35[kV] 이하	2[m](특고압 절연전선인 경우 1[m], 케이블인 경우 50[cm]
35[kV] 초과 60[kV] 이하	2[m]
60[kV] 초과	2[m]에 사용전압이 60[kV]를 초과하는 10[kV] 또는 그 단수마다 12[cm]를 더한 값

단수는 $\dfrac{154-60}{10} = 9.4$이므로, 10단으로 한다. 따라서 이격거리는 2 + 10 × 0.12 = 3.2[m]이다.

22 ②

토크 관련 문제는 2가지로 많이 출제가 된다.
1. [N · m] 단위에서 토크(γ)는 $9.55 \times \dfrac{P_0}{N}$ [N · m]
2. [kg · m] 단위에서 토크(γ)는 $0.975 \times \dfrac{P_0}{N}$ [kg · m]

토크의 단위가 [N · m]이므로, 첫 번째 식에 따라 구해야 한다.

전동기의 토크(γ)= $9.55 \times \dfrac{50 \times 10^3}{975} = 489.74$
≒ 490[N · m]

이와 같이 토크를 풀 때는 반드시 단위를 먼저 확인하고 접근해야 한다.

23 ④

동축케이블의 단위길이당 인덕턴스는 $\frac{u_0}{2\pi}\ln\frac{b}{a}$[H/m]이다.

24 ⑤

[판단기준 제38조] 과전류 차단기로 저압선로에 사용하는 배선용 차단기는 다음 각 호에 적합한 것이어야 한다.
1. 정격전류 1배의 전류로 자동적으로 동작하지 아니할 것
2. 정격전류의 1.25배 및 2배의 전류를 통한 경우에 표에서 정한 시간 내에 자동적으로 동작할 것

정격전류의 구분	시간	
	정격전류의 1.25배의 전류가 통한 경우	정격전류의 2배의 전류가 통한 경우
30[A] 이하	60분	2분
30[A] 초과 ~ 50[A] 이하	60분	4분
50[A] 초과 ~ 100[A] 이하	120분	6분
100[A] 초과 ~ 225[A] 이하	120분	8분
225[A] 초과 ~ 400[A] 이하	120분	10분

25 ②

제2종 접지공사 : 공칭 단면적 16[mm^2] 이상의 연동선(단, 고압 전로 또는 35[kV] 이하 특고압 가공 전선로의 전로와 저압 전로를 변압기에 의하여 결합하는 경우에는 공칭 단면적 6[mm^2] 이상인 연동선)

26 ⑤

평등전계가 아닌 평등자계 내에서 기전력이 발생한다.
기전력(E) = $(v\times B)l = vBl\sin\theta\,[V]$
(v : 이동속도[m/s], B : 자속밀도[wb/m^2], l : 도체의 길이[m])

27 ①

톰슨 효과는 동일한 금속을 접합하여 폐회로를 만들고, 두 접합점 사이에 전류를 흘리면 접합점에서 열의 흡수 또는 발생이 되는 현상을 말한다.

28 ④

• 전력선 측 대책
– 전력선과 통신선의 이격거리 증대
– 소호리액터접지 사용
– 차폐선 설치
– 지중전선로 방식 채용
– 고속도 지락보호 계전기 채용
• 통신선 측 대책
– 전력선과 통신선 교차 시 수직교차
– 배류코일 설치
– 절연변압기 설치
– 절연성능 강화
– 우수한 피뢰기 사용
– 연피케이블 사용

29 ⑤

$I_s = \frac{100}{\%Z}I_n$이므로, $\%Z$(임피던스) $= \frac{100}{5} = 20\,[\%]$이다.

30 ①

맥동률 $= \frac{\text{교류분}}{\text{직류분}} \times 100[\%]$

직류전압 = 교류전압의 평균전압, 정류기의 출력전압
위 공식에 넣어 교류분을 구하면 100 × 0.05 = 5[V]이다.

전공문제(ICT)

01. ⑤	02. ④	03. ②	04. ④	05. ⑤
06. ②	07. ①	08. ②	09. ⑤	10. ②
11. ①	12. ②	13. ③	14. ①	15. ④
16. ②	17. ①	18. ④	19. ②	20. ③
21. ②	22. ②	23. ④	24. ④	25. ③
26. ④	27. ③	28. ⑤	29. ①	30. ④

01 ⑤

개체 무결성 제약조건 : 기본키에 속해 있는 애트리뷰트는 언제나 널(NULL)값을 가질 수 없고, 중복 입력되지 않는다.
참조 무결성 제약조건 : 릴레이션은 참조할 수 없는 외래키 값을 가질 수 없다. 외래키 값은 널(NULL)이거나 참조 릴레이션에 있는 기본키와 같아야 한다.
① 참조 무결성 제약조건을 위배한다.
② 개체 무결성 제약조건을 위배한다.
③ 개체 무결성 제약조건을 위배한다.
④ 참조 무결성 제약조건을 위배한다.

02 ④

진리표를 그려 보면 다음과 같다.

A	B	Y
0	0	0
0	1	1
1	0	1
1	1	0

결과적으로 XOR 게이트와 같은 결과의 논리 회로이다.

03 ②

평균 접근 시간(Ta), 적중률(R), 캐시 메모리 접근 시간(Tc), 주기억 장치 접근 시간(Tm)

$Ta = R \times Tc + (1-R) \times (Tm + Tc)$

$30 = 0.9 \times Tc + (1-0.9) \times (200 + Tc)$

$0.9Tc + 20 + 0.1Tc = 1Tc + 20$

따라서 $Tc = 10ns$

04 ④

클라이언트가 응용서버(서비스 서버)에 보내는 티켓에는 클라이언트 ID, 접속하고자 하는 서버의 ID, 클라이언트 네트워크 주소, 클라이언트와 응용 서버 간의 세션키 정보, 티켓의 유효기간이 포함된다. 응용서버가 인증 서버의 네트워크 주소를 알 필요는 없다.

05 ⑤

비용 산정 기법에는 하향식과 상향식 기법이 있다. 하향식 기법에는 두 명 이상의 전문가에게 비용 산정을 의뢰하는 전문가 감정 기법과 전문가의 경험적 지식을 통해 문제 해결 및 미래를 예측하는 델파이 기법이 있다. 상향식 기법에는 원시 코드 라인 수의 비관치, 낙관치, 기대치를 측정하여 예측치를 구해 비용을 산정하는 LOC(원시 코드 라인수) 기법과 LOC에 생명 주기별로 비용을 산정하는 Effort Per Task 기법이 있다. COCOMO 모형은 개발할 소프트웨어의 규모를 예측하여 공식을 통해 비용을 산정하는 것으로 Boehm이 제안한 프로그램의 규모(LOC)에 기반한 비용 산정 기법이다.
문제에서 설명하고 있는 비관치, 낙관치, 기대치 예측을 통한 비용 산정 기법은 LOC 기법이다.

06 ②

$1kbyte = 2^{10}byte$

페이지 수 = 전체 주소 공간 / 페이지 단위 $= \frac{2^6 \times 2^{10}}{2^9} = 2^7 = 128$

블록 수 = 기억 공간 / 페이지 단위 $= \frac{2^2 \times 2^{10}}{2^9} = 2^3 = 8$

07 ①

X.25 프로토콜은 패킷 교환망에 사용되는 프로토콜이며, 서로 다른 네트워크의 통신을 가능하게 하는 기술이다. X.25의 구조는 물리 계층, 프레임(링크) 계층, 패킷 계층으로 이루어져 있고, 3~4계층의 기능을 포함하는 것은 패킷 계층이다.

08 ②

E의 가지가 2개로 가장 많으므로 차수는 2이다. 자식(가지)이 없는 것은 D, G, H, F로 터미널 노드는 4가 되므로, ②가 정답이다.

09 ⑤

mesg(message)는 메시지 수신을 허용할지 거부할지를 설정하는 명령어이다.

10 ②

일반적인 LAN 방식으로 CSMA/CD 방식을 사용하는 것은 버스(Bus)형이다.

11 ①

소프트웨어 유지 보수 유형에는 수정(Corrective)유지 보수, 적응(Adaptive) 유지 보수, 완전화(Perfective) 유지 보수, 예방(Preventive) 유지 보수가 있다. 완전화 유지 보수(Perfective Maintenance)는 새로운 기능을 추가하여 성능을 향상시키는 수정이 이루어지며 비용이 가장 많이 드는 유지 보수 형태이다.

② 환경(하드웨어, OS)의 변화를 소프트웨어에 반영하기 위한 수정이 이루어진다.

③ 시스템 운영 간 검사 단계에서 찾아내지 못한 오류를 수정한다.

④ 미래의 유지 보수를 용이하기 위해 하는 수정이 이루어진다.

⑤ 소프트웨어 유지 보수 유형에 포함되지 않는다.

12 ②

OR(Selective−set) 연산은 대응되는 비트들 간에 OR 연산을 수행하므로, 첫 번째 비트는 1, 두 번째 비트는 0, 세 번째 비트는 1, 네 번째 비트는 1이 된다.

OR	0	0	1	1
	1	0	1	0
	1	0	1	1

13 ③

피보나치 수열이란 1, 1, 2, 3, 5, 8, 13, …과 같이 앞의 연속된 2개 항을 합하여 새로운 항을 생성하는 수열이다.

알고리즘을 분석해보면, A와 B를 합하여 생성되는 새로운 피보나치 수열의 항을 C에 보관한다. S에는 피보나치 수열의 합을 보관한다. S의 초기값은 A와 B의 초기값을 더한 2이다. N에는 S의 합에 참여한 피보나치 수열 항의 개수를 저장한다.

ⓐ: S = S + C … 새로운 피보나치 항을 S에 추가로 누적한다.

ⓑ: A = B … 그 다음 피보나치 수열 항을 생성하기 위하여 A와 B의 값을 갱신한다.

ⓒ: N = 100 … 수열의 합 S를 구하는데 참여한 피보나치 수열 항의 개수가 100개인지를 검사한다. N = 100이면 합 S를 출력한다.

14 ①

Gray Code를 2진수로 바꾸는 과정은 첫 번째 자리는 그대로 내려 쓰고, 두 번째 자리부터는 n번째 자리와 n−1에서 구한 Gray Code와 XOR 연산을 하면 된다. (XOR는 1의 개수가 홀수이면 1이 반환되는 특징이 있다.)

	1	1	1	1
그대로 내려 쓰고	1			
결과 1과 두 번째 1 XOR		0		
결과 0과 세 번째 1 XOR			1	
결과 1과 네 번째 1 XOR				0
결과	1	0	1	0

따라서 2진수 1010이 된다.

15 ④

어떠한 연관 관계도 없는 응집도는 응집도 강도가 가장 낮은 경우인 우연적 응집도(Coincidental Cohesion)이다.

16 ②

지역의 범위에 따라 통신망은 MAN(Metropolitan Area Network, 도시형), WAN(Wide Area Network, 원거리), VAN(Virtual Area Network, 가상 지역), BAN(Body Area Network, 인체 지역)으로 구분된다.

17 ①

Select문의 사용법은 Select [속성명] From [테이블명] Where [조건] Group by [속성명] having [조건] Order by [속성명] [ASC 또는 DESC]; 순으로 작성되며, ASC는 오름차순, DESC는 내림차순을 의미한다.

18 ④

$B = 150$이고, $S/N = 15$이므로

$C = 150 \times \log_2(1+15) = 150 \times 4 = 600\text{kbps}$이다.

19 ②

이 알고리즘을 수행하면 다음과 같은 배열이 생성된다.

1	6	11	16	21
2	7	12	17	22
3	8	13	18	23
4	9	14	19	24
5	10	15	20	25

R에는 현재 처리 중인 배열 원소의 행 번호를 저장한다. C에는 현재 처리 중인 배열 원소의 열 번호를 저장한다. V는 배열 원소 A(R, C)에 저장할 값이고 1부터 순서대로 증가한다.
ⓐ: A(R, C) = V … R은 행 번호이고 C는 열 번호이다. A(R, C)에 값 V를 저장한다.
ⓑ: 5 … 5행 5열을 다 처리했는지 확인하는 부분이다.

20 ③

LRU(Least Recently Used)는 현재 기억장치에 적재되어 있는 페이지들에 대해 이들이 참조된 시간을 기준으로 교체될 페이지를 선정하는 기법으로, 모든 프레임에 페이지가 적재되어 있을 때에는 최근 가장 오랫동안 참조되지 않은 페이지를 교체한다.

요청된 페이지 번호	3	1	2	1	2	4	1	3	2	4	3
프레임 상태	3	3	3	3	3	4	4	4	2	2	2
		1	1	1	1	1	1	1	1	4	4
			2	2	2	2	2	3	3	3	3
페이지 부재	○	○	○			○		○	○	○	

따라서 페이지 부재는 총 7번 발생한다.

21 ②

Major State의 4단계는 Fetch, Indirect, Execute, Interrupt이다.

22 ②

복잡도V(G) = E(edge수) − N(node수) + 2
화살표 4개, 노드(점) 4개이므로 $V(G)=4-4+2=2$가 된다.

23 ④

버블 정렬은 뒤에서부터 가장 큰 값이 들어가는 특징이 있다.
PASS 1: 6, 7, 3, 5, 9
PASS 2: 6, 3, 5, 7, 9
PASS 3: 3, 5, 6, 7, 9

24 ④

구분	개념	요소기술
가상화 기술	물리적인 하드웨어의 한계를 넘어 시스템을 운용할 수 있는 기술	Resource Pool, 가상 I/O 등
서비스 프로비저닝	서비스 제공자가 실시간으로 자원을 제공하는 기술	자원 제공
SLA(서비스 수준관리)	계량화된 형태의 운영 품질 관리	서비스 수준관리 체제
오픈 인터페이스	인터넷을 통하여 서비스를 이용하고 서비스 간의 정보 공유를 할 수 있는 인터페이스 기술	SOA, Open API, Web Service 등
자원 유틸리티	전산자원에 대한 사용량을 수집하여 사용한 만큼만 비용을 지불하도록 하는 기술	사용량 측정, 사용자 계정관리, 과금 등

25 ③

네트워크의 변화가 있을 때, 전체 라우터에게 정보를 교환하는 방식은 OSPF이다. 최소 링크 비용에 기반한 OSPF는 RIP의 단점을 극복하기 위해 고안되었으며, 대규모 네트워크에 적합하다. 변화가 있을 때에 네트워크의 모든 라우터에게 정보를 교환한다.

26 ④

최초 적합(First Fit): 데이터가 들어갈 수 있는 크기의 영역 중 첫 번째 빈 영역에 배치 → 영역 2
최적 적합(Best Fit): 데이터가 들어갈 수 있는 크기의 영역 중 단편화를 가장 적게 남기는 영역에 배치 → 영역 3
최악 적합(Worst Fit): 데이터가 들어갈 수 있는 크기의 영역 중 단편화를 가장 많이 남기는 영역에 배치 → 영역 4

27 ③

해밍 코드는 2^n번째(1, 2, 4, 8번째) 비트의 오류 검출이 가능하고, 패리티 비트 진리표를 이용한다. P1을 결정하기 위해서는 1이 있는 1, 3, 5, 7번 비트를, P2는 2, 3, 6, 7번 비트를, P3는 4, 5, 6, 7번 비트를, P4는 8번 비트를 대상으로 1의 개수가 짝수가 되게 하면 된다. (홀수 패리티는 1의 개수가 홀수)

패리티 비트 진리표

구분	P4	P3	P2	P1
1	0	0	0	1
2	0	0	1	0
3	0	0	1	1
4	0	1	0	0
5	0	1	0	1
6	0	1	1	0
7	0	1	1	1
8	1	0	0	1

P1 : 첫 번째 Parity bit라는 의미
이를 문제에 적용하면 다음과 같다.

순번	1번째	2번째	3번째	4번째	5번째	6번째	7번째	패리티 비트 체크 결과
패리티	P1 (2^0)	P2 (2^1)		P3 (2^2)				
문제	0	0	1	1	0	1	1	
P1 적용	0		1		0		1	1이 2개로 오류 없음
P2 적용		0	1			1	1	1이 3개로 홀수
P3 적용				1	0	1	1	1이 3개로 홀수

P1은 왼쪽 2^0번째 0을 뜻하는데, P1의 적용을 통해 1, 3, 5, 7번째 비트의 1의 개수가 짝수이므로 오류가 없어 0을 그대로 쓴다.

P2는 왼쪽 2^1번째 0을 뜻하는데, P2의 적용을 통해 2, 3, 6, 7번째 비트의 1의 개수가 홀수이므로 오류가 생겨 1로 바꾼다.
P3는 왼쪽 4(2^2)번째 1을 뜻하는데, P3의 적용을 통해 4, 5, 6, 7번째 비트의 1의 개수가 홀수이므로 오류가 생겨 1로 바꾼다.
따라서 P1 = 0, P2 = 1, P3 = 1이 되고, 패리티 비트 진리표에서 P1 = 0 , P2 = 1, P3 = 1인 행은 구분 6에 해당되므로, 6번째 bit의 1을 0으로 바꾸면 수정이 완료된다.
0 0 1 1 0 1 1 → 0 0 1 1 0 0 1

28 ⑤

튜플의 참조와 관련된 무결성은 참조 무결성이다. 참조 무결성이란 릴레이션은 참조할 수 없는 외래 키 값을 가질 수 없다는 규정이다.

29 ①

SRT 스케줄링은 새로 도착한 프로세스를 포함하여 처리가 완료되는 데 가장 짧은 시간이 소요되는 프로세스를 먼저 수행한다.

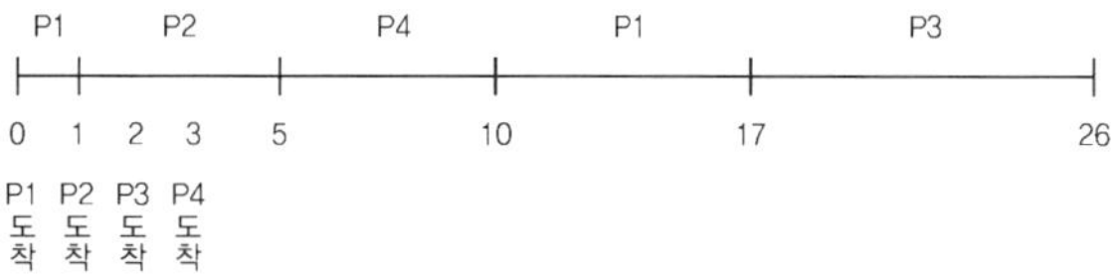

따라서 평균 반환시간은

$$\frac{17+(5-1)+(26-2)+(10-3)}{4}=13$$이다.

30 ④

프로그램 제어라 함은 오버플로, 언더플로, 인터럽트 등의 순간순간적인 시스템 상태에 관한 것이다. 시스템 상태와 관련된 레지스터는 상태 레지스터(Status Resister)이다.
① MAR은 기억 장치를 출입하는 데이터의 번지를 기억한다.
② 인덱스 레지스터는 주소의 변경, 반복 연산 횟수를 계수한다.
③ 누산기는 연산 결과를 일시적으로 기억한다.
⑤ 프로그램 카운터는 다음번에 실행할 명령어의 번지를 기억한다.

KEPCO
한국전력공사

직무능력검사

박문각

한국전력공사 직무능력검사(1회)

생년월일

					–	*	*	*	*	*	*	*
	①	①	①	①	①							
	②		②	②	②							
	③		③	③	③							
	④		④		④							
⑤	⑤		⑤		⑤							
⑥	⑥		⑥		⑥							
⑦	⑦		⑦		⑦							
⑧	⑧		⑧		⑧							
⑨	⑨		⑨		⑨							
⓪	⓪	⓪	⓪	⓪	⓪							

이름

㉠	ㅏ	㉠	㉠	ㅏ	㉠	㉠	ㅏ	㉠
㉡	ㅑ	㉡	㉡	ㅑ	㉡	㉡	ㅑ	㉡
㉢	ㅓ	㉢	㉢	ㅓ	㉢	㉢	ㅓ	㉢
㉣	ㅕ	㉣	㉣	ㅕ	㉣	㉣	ㅕ	㉣
㉤	ㅗ	㉤	㉤	ㅗ	㉤	㉤	ㅗ	㉤
㉥	ㅛ	㉥	㉥	ㅛ	㉥	㉥	ㅛ	㉥
㉦	ㅜ	㉦	㉦	ㅜ	㉦	㉦	ㅜ	㉦
㉧	ㅠ	㉧	㉧	ㅠ	㉧	㉧	ㅠ	㉧
㉨	ㅡ	㉨	㉨	ㅡ	㉨	㉨	ㅡ	㉨
㉩	ㅣ	㉩	㉩	ㅣ	㉩	㉩	ㅣ	㉩
㉪	ㅐ	㉪	㉪	ㅐ	㉪	㉪	ㅐ	㉪
㉫	ㅒ	㉫	㉫	ㅒ	㉫	㉫	ㅒ	㉫
㉬	ㅔ	㉬	㉬	ㅔ	㉬	㉬	ㅔ	㉬
㉭	ㅖ	㉭	㉭	ㅖ	㉭	㉭	ㅖ	㉭
	ㅘ			ㅘ			ㅘ	
	ㅚ			ㅚ			ㅚ	
	ㅝ			ㅝ			ㅝ	
	ㅟ			ㅟ			ㅟ	
	ㅢ			ㅢ			ㅢ	
	ㅙ			ㅙ			ㅙ	
	ㅞ			ㅞ			ㅞ	

응시번호

①	①	①	①	①	①	①	①
②	②	②	②	②	②	②	②
③	③	③	③	③	③	③	③
④	④	④	④	④	④	④	④
⑤	⑤	⑤	⑤	⑤	⑤	⑤	⑤
⑥	⑥	⑥	⑥	⑥	⑥	⑥	⑥
⑦	⑦	⑦	⑦	⑦	⑦	⑦	⑦
⑧	⑧	⑧	⑧	⑧	⑧	⑧	⑧
⑨	⑨	⑨	⑨	⑨	⑨	⑨	⑨
⓪	⓪	⓪	⓪	⓪	⓪	⓪	⓪

답안

1	① ② ③ ④ ⑤	21	① ② ③ ④ ⑤	41	① ② ③ ④ ⑤
2	① ② ③ ④ ⑤	22	① ② ③ ④ ⑤	42	① ② ③ ④ ⑤
3	① ② ③ ④ ⑤	23	① ② ③ ④ ⑤	43	① ② ③ ④ ⑤
4	① ② ③ ④ ⑤	24	① ② ③ ④ ⑤	44	① ② ③ ④ ⑤
5	① ② ③ ④ ⑤	25	① ② ③ ④ ⑤	45	① ② ③ ④ ⑤
6	① ② ③ ④ ⑤	26	① ② ③ ④ ⑤	46	① ② ③ ④ ⑤
7	① ② ③ ④ ⑤	27	① ② ③ ④ ⑤	47	① ② ③ ④ ⑤
8	① ② ③ ④ ⑤	28	① ② ③ ④ ⑤	48	① ② ③ ④ ⑤
9	① ② ③ ④ ⑤	29	① ② ③ ④ ⑤	49	① ② ③ ④ ⑤
10	① ② ③ ④ ⑤	30	① ② ③ ④ ⑤	50	① ② ③ ④ ⑤
11	① ② ③ ④ ⑤	31	① ② ③ ④ ⑤		
12	① ② ③ ④ ⑤	32	① ② ③ ④ ⑤		
13	① ② ③ ④ ⑤	33	① ② ③ ④ ⑤		
14	① ② ③ ④ ⑤	34	① ② ③ ④ ⑤		
15	① ② ③ ④ ⑤	35	① ② ③ ④ ⑤		
16	① ② ③ ④ ⑤	36	① ② ③ ④ ⑤		
17	① ② ③ ④ ⑤	37	① ② ③ ④ ⑤		
18	① ② ③ ④ ⑤	38	① ② ③ ④ ⑤		
19	① ② ③ ④ ⑤	39	① ② ③ ④ ⑤		
20	① ② ③ ④ ⑤	40	① ② ③ ④ ⑤		

한국전력공사 직무능력검사 (2회)

생 년 월 일

						–	*	*	*	*	*	*	*
	①	①	①	①	①								
	②		②	②	②								
	③		③	③	③								
	④		④		④								
⑤	⑤		⑤		⑤								
⑥	⑥		⑥		⑥								
⑦	⑦		⑦		⑦								
⑧	⑧		⑧		⑧								
⑨	⑨		⑨		⑨								
⓪	⓪	⓪	⓪	⓪	⓪								

이 름

ㄱ	ㅏ	ㄱ	ㄱ	ㅏ	ㄱ	ㄱ	ㅏ	ㄱ
ㄴ	ㅑ	ㄴ	ㄴ	ㅑ	ㄴ	ㄴ	ㅑ	ㄴ
ㄷ	ㅓ	ㄷ	ㄷ	ㅓ	ㄷ	ㄷ	ㅓ	ㄷ
ㄹ	ㅕ	ㄹ	ㄹ	ㅕ	ㄹ	ㄹ	ㅕ	ㄹ
ㅁ	ㅗ	ㅁ	ㅁ	ㅗ	ㅁ	ㅁ	ㅗ	ㅁ
ㅂ	ㅛ	ㅂ	ㅂ	ㅛ	ㅂ	ㅂ	ㅛ	ㅂ
ㅅ	ㅜ	ㅅ	ㅅ	ㅜ	ㅅ	ㅅ	ㅜ	ㅅ
ㅇ	ㅠ	ㅇ	ㅇ	ㅠ	ㅇ	ㅇ	ㅠ	ㅇ
ㅈ	ㅡ	ㅈ	ㅈ	ㅡ	ㅈ	ㅈ	ㅡ	ㅈ
ㅊ	ㅣ	ㅊ	ㅊ	ㅣ	ㅊ	ㅊ	ㅣ	ㅊ
ㅋ	ㅐ	ㅋ	ㅋ	ㅐ	ㅋ	ㅋ	ㅐ	ㅋ
ㅌ	ㅒ	ㅌ	ㅌ	ㅒ	ㅌ	ㅌ	ㅒ	ㅌ
ㅍ	ㅔ	ㅍ	ㅍ	ㅔ	ㅍ	ㅍ	ㅔ	ㅍ
ㅎ	ㅖ	ㅎ	ㅎ	ㅖ	ㅎ	ㅎ	ㅖ	ㅎ
	ㅘ			ㅘ			ㅘ	
	ㅚ			ㅚ			ㅚ	
	ㅝ			ㅝ			ㅝ	
	ㅟ			ㅟ			ㅟ	
	ㅢ			ㅢ			ㅢ	
	ㅙ			ㅙ			ㅙ	
	ㅞ			ㅞ			ㅞ	

응 시 번 호

①	①	①	①	①	①	①	①
②	②	②	②	②	②	②	②
③	③	③	③	③	③	③	③
④	④	④	④	④	④	④	④
⑤	⑤	⑤	⑤	⑤	⑤	⑤	⑤
⑥	⑥	⑥	⑥	⑥	⑥	⑥	⑥
⑦	⑦	⑦	⑦	⑦	⑦	⑦	⑦
⑧	⑧	⑧	⑧	⑧	⑧	⑧	⑧
⑨	⑨	⑨	⑨	⑨	⑨	⑨	⑨
⓪	⓪	⓪	⓪	⓪	⓪	⓪	⓪

1	①	②	③	④	⑤	21	①	②	③	④	⑤	41	①	②	③	④	⑤
2	①	②	③	④	⑤	22	①	②	③	④	⑤	42	①	②	③	④	⑤
3	①	②	③	④	⑤	23	①	②	③	④	⑤	43	①	②	③	④	⑤
4	①	②	③	④	⑤	24	①	②	③	④	⑤	44	①	②	③	④	⑤
5	①	②	③	④	⑤	25	①	②	③	④	⑤	45	①	②	③	④	⑤
6	①	②	③	④	⑤	26	①	②	③	④	⑤	46	①	②	③	④	⑤
7	①	②	③	④	⑤	27	①	②	③	④	⑤	47	①	②	③	④	⑤
8	①	②	③	④	⑤	28	①	②	③	④	⑤	48	①	②	③	④	⑤
9	①	②	③	④	⑤	29	①	②	③	④	⑤	49	①	②	③	④	⑤
10	①	②	③	④	⑤	30	①	②	③	④	⑤	50	①	②	③	④	⑤
11	①	②	③	④	⑤	31	①	②	③	④	⑤						
12	①	②	③	④	⑤	32	①	②	③	④	⑤						
13	①	②	③	④	⑤	33	①	②	③	④	⑤						
14	①	②	③	④	⑤	34	①	②	③	④	⑤						
15	①	②	③	④	⑤	35	①	②	③	④	⑤						
16	①	②	③	④	⑤	36	①	②	③	④	⑤						
17	①	②	③	④	⑤	37	①	②	③	④	⑤						
18	①	②	③	④	⑤	38	①	②	③	④	⑤						
19	①	②	③	④	⑤	39	①	②	③	④	⑤						
20	①	②	③	④	⑤	40	①	②	③	④	⑤						

한국전력공사 직무능력검사(3회)

번호						번호						번호					
1	①	②	③	④	⑤	21	①	②	③	④	⑤	41	①	②	③	④	⑤
2	①	②	③	④	⑤	22	①	②	③	④	⑤	42	①	②	③	④	⑤
3	①	②	③	④	⑤	23	①	②	③	④	⑤	43	①	②	③	④	⑤
4	①	②	③	④	⑤	24	①	②	③	④	⑤	44	①	②	③	④	⑤
5	①	②	③	④	⑤	25	①	②	③	④	⑤	45	①	②	③	④	⑤
6	①	②	③	④	⑤	26	①	②	③	④	⑤	46	①	②	③	④	⑤
7	①	②	③	④	⑤	27	①	②	③	④	⑤	47	①	②	③	④	⑤
8	①	②	③	④	⑤	28	①	②	③	④	⑤	48	①	②	③	④	⑤
9	①	②	③	④	⑤	29	①	②	③	④	⑤	49	①	②	③	④	⑤
10	①	②	③	④	⑤	30	①	②	③	④	⑤	50	①	②	③	④	⑤
11	①	②	③	④	⑤	31	①	②	③	④	⑤						
12	①	②	③	④	⑤	32	①	②	③	④	⑤						
13	①	②	③	④	⑤	33	①	②	③	④	⑤						
14	①	②	③	④	⑤	34	①	②	③	④	⑤						
15	①	②	③	④	⑤	35	①	②	③	④	⑤						
16	①	②	③	④	⑤	36	①	②	③	④	⑤						
17	①	②	③	④	⑤	37	①	②	③	④	⑤						
18	①	②	③	④	⑤	38	①	②	③	④	⑤						
19	①	②	③	④	⑤	39	①	②	③	④	⑤						
20	①	②	③	④	⑤	40	①	②	③	④	⑤						

생 년 월 일

						–	*	*	*	*	*	*	*
	①	①	①	①	①								
	②		②	②	②								
	③		③	③	③								
	④		④		④								
⑤	⑤		⑤		⑤								
⑥	⑥		⑥		⑥								
⑦	⑦		⑦		⑦								
⑧	⑧		⑧		⑧								
⑨	⑨		⑨		⑨								
⓪	⓪	⓪	⓪	⓪	⓪								

이 름

㉠	ㅏ	㉠	㉠	ㅏ	㉠	㉠	ㅏ	㉠
㉡	ㅑ	㉡	㉡	ㅑ	㉡	㉡	ㅑ	㉡
㉢	ㅓ	㉢	㉢	ㅓ	㉢	㉢	ㅓ	㉢
㉣	ㅕ	㉣	㉣	ㅕ	㉣	㉣	ㅕ	㉣
㉤	ㅗ	㉤	㉤	ㅗ	㉤	㉤	ㅗ	㉤
㉥	ㅛ	㉥	㉥	ㅛ	㉥	㉥	ㅛ	㉥
㉦	ㅜ	㉦	㉦	ㅜ	㉦	㉦	ㅜ	㉦
㉧	ㅠ	㉧	㉧	ㅠ	㉧	㉧	ㅠ	㉧
㉨	ㅡ	㉨	㉨	ㅡ	㉨	㉨	ㅡ	㉨
㉩	ㅣ	㉩	㉩	ㅣ	㉩	㉩	ㅣ	㉩
㉪	ㅐ	㉪	㉪	ㅐ	㉪	㉪	ㅐ	㉪
㉫	ㅒ	㉫	㉫	ㅒ	㉫	㉫	ㅒ	㉫
㉬	ㅔ	㉬	㉬	ㅔ	㉬	㉬	ㅔ	㉬
㉭	ㅖ	㉭	㉭	ㅖ	㉭	㉭	ㅖ	㉭
	ㅘ			ㅘ			ㅘ	
	ㅚ			ㅚ			ㅚ	
	ㅝ			ㅝ			ㅝ	
	ㅟ			ㅟ			ㅟ	
	ㅢ			ㅢ			ㅢ	
	ㅙ			ㅙ			ㅙ	
	ㅞ			ㅞ			ㅞ	

응 시 번 호

①	①	①	①	①	①	①	①
②	②	②	②	②	②	②	②
③	③	③	③	③	③	③	③
④	④	④	④	④	④	④	④
⑤	⑤	⑤	⑤	⑤	⑤	⑤	⑤
⑥	⑥	⑥	⑥	⑥	⑥	⑥	⑥
⑦	⑦	⑦	⑦	⑦	⑦	⑦	⑦
⑧	⑧	⑧	⑧	⑧	⑧	⑧	⑧
⑨	⑨	⑨	⑨	⑨	⑨	⑨	⑨
⓪	⓪	⓪	⓪	⓪	⓪	⓪	⓪

한국전력공사 직무능력검사(4회)

생년월일													
						–	*	*	*	*	*	*	*
5 6 7 8 9 0	1 2 3 4 5 6 7 8 9 0	1 0	1 2 3 4 5 6 7 8 9 0	1 2 3 0	1 2 3 4 5 6 7 8 9 0								

이름

(3 syllable blocks, each: 초성 / 중성 / 종성)

- 초성·종성: ㄱ ㄴ ㄷ ㄹ ㅁ ㅂ ㅅ ㅇ ㅈ ㅊ ㅋ ㅌ ㅍ ㅎ
- 중성: ㅏ ㅑ ㅓ ㅕ ㅗ ㅛ ㅜ ㅠ ㅡ ㅣ ㅐ ㅒ ㅔ ㅖ ㅘ ㅚ ㅟ ㅝ ㅢ ㅙ ㅞ

응시번호

1 2 3 4 5 6 7 8 9 0	1 2 3 4 5 6 7 8 9 0	1 2 3 4 5 6 7 8 9 0	1 2 3 4 5 6 7 8 9 0	1 2 3 4 5 6 7 8 9 0	1 2 3 4 5 6 7 8 9 0	1 2 3 4 5 6 7 8 9 0	1 2 3 4 5 6 7 8 9 0

1	① ② ③ ④ ⑤	21	① ② ③ ④ ⑤	41	① ② ③ ④ ⑤
2	① ② ③ ④ ⑤	22	① ② ③ ④ ⑤	42	① ② ③ ④ ⑤
3	① ② ③ ④ ⑤	23	① ② ③ ④ ⑤	43	① ② ③ ④ ⑤
4	① ② ③ ④ ⑤	24	① ② ③ ④ ⑤	44	① ② ③ ④ ⑤
5	① ② ③ ④ ⑤	25	① ② ③ ④ ⑤	45	① ② ③ ④ ⑤
6	① ② ③ ④ ⑤	26	① ② ③ ④ ⑤	46	① ② ③ ④ ⑤
7	① ② ③ ④ ⑤	27	① ② ③ ④ ⑤	47	① ② ③ ④ ⑤
8	① ② ③ ④ ⑤	28	① ② ③ ④ ⑤	48	① ② ③ ④ ⑤
9	① ② ③ ④ ⑤	29	① ② ③ ④ ⑤	49	① ② ③ ④ ⑤
10	① ② ③ ④ ⑤	30	① ② ③ ④ ⑤	50	① ② ③ ④ ⑤
11	① ② ③ ④ ⑤	31	① ② ③ ④ ⑤		
12	① ② ③ ④ ⑤	32	① ② ③ ④ ⑤		
13	① ② ③ ④ ⑤	33	① ② ③ ④ ⑤		
14	① ② ③ ④ ⑤	34	① ② ③ ④ ⑤		
15	① ② ③ ④ ⑤	35	① ② ③ ④ ⑤		
16	① ② ③ ④ ⑤	36	① ② ③ ④ ⑤		
17	① ② ③ ④ ⑤	37	① ② ③ ④ ⑤		
18	① ② ③ ④ ⑤	38	① ② ③ ④ ⑤		
19	① ② ③ ④ ⑤	39	① ② ③ ④ ⑤		
20	① ② ③ ④ ⑤	40	① ② ③ ④ ⑤		